PIERLUIGI ROMEO DI COLLOREDO

EMME ROSSA!

LE CAMICIE NERE SUL FRONTE RUSSO 1941-1943

A Laura, come sempre

ISBN: 978-88-9327-1561   1st edition: Novembre 2016
Title EMME ROSSA - Le camicie nere sul fronte russo 1941-1943
By Pierluigi Romeo di Colloredo Mels
Editor: SOLDIERSHOP PUBLISHING. Cover & Art Design: L. S. Cristini.
Prima edizione a cura di Associazione Italia Storica

Per venti anni i popoli della terra sono stati agitati da questa alternativa, da questo ferreo dilemma: fascismo o bolscevismo, o Roma o Mosca. L'urto tra i due mondi, che noi abbiamo iniziato negli anni lontani delle squadre della rivoluzione, è giunto al suo epilogo. Noi vinceremo perché la Storia dice che i popoli i quali rappresentano le idee del passato devono perdere dinanzi ai popoli che rappresentano le idee dell'avvenire.

Benito Mussolini, 31 luglio 1941.

Sono stato a rimuginare la guerra, il diritto internazionale ed altri concetti affini, cercando, sotto la stretta della terribile passione di questi giorni, la parte da condannare moralmente. Ma la conclusione è stata la rassodata conferma che la guerra non si giudica né moralmente né giuridicamente, e che quando c'è la guerra non c'è altra possibilità né altro dovere che cercare di vincerla.

Benedetto Croce, 1943.

PREMESSA

Questo libro nasce da una frase detta all'autore da un colonnello degli Alpini, reduce di Russia e poi prigioniero dei tedeschi in Polonia, durante la cerimonia per il ritorno in Patria delle salme di alcuni caduti sul fronte orientale: *Le Camicie Nere erano le uniche che stimavamo più di noi*. In un'altra occasione, l'allora ordinario militare emerito monsignor Pintonello, anch'egli reduce della campagna di Russia, definì i legionari della *Tagliamento* con una sola parola: *leoni*. Entrambi gli episodi avvennero nel 1997. E poi due film, gli unici due a mia memoria che citino i legionari in Russia. In un film italo-sovietico degli anni sessanta, girato in URSS, *Italiani brava gente*, le Camicie Nere erano presentate nell'atto di stuprare donne ucraine, di scappare preceduti dai loro ufficiali, vigliacchi nel momento del combattimento, degli arroganti il resto del tempo. Un comandante addirittura è rappresentato mentre simula una mutilazione. Ciò a dispetto delle cifre. Il novanta per cento dei comandanti di Legione uccisi o feriti, il settanta per cento degli ufficiali, il cinquantacinque per cento della truppa. L'altro film è il *Compagno Don Camillo*, quando, durante il viaggio in URSS dei comunisti di Brescello, il Brusco chiede a don Camillo di aiutarlo a ritrovare la tomba del fratello morto sul Don. E gli mostra una foto, ritraente un legionario che saluta romanamente: *Camicia Nera? Ma se mi avevi sempre detto che era negli Alpini…* Il cimitero non esiste più, e su di esso è stato seminato il grano. Ecco, mi sembrarono – e mi sembrano ancora – rappresentativi del bilancio di quella spedizione: la diffamazione e la rimozione, come se ci si dovesse vergognare di migliaia di morti colpevoli di avere una camicia di un colore diverso dal grigioverde. Durante la guerra fredda, i dispersi in Russia divennero un elemento di scontro tra comunisti e democristiani. Ma si doveva parlare solo di Alpini, al limite di Bersaglieri e fanti (raramente della cavalleria, troppo vicina alla monarchia[1]). La Milizia, ancor peggio! I Battaglioni *M* furono completamente rimossi come qualcosa di cui vergognarsi. Le Camicie Nere presenti in Russia sono stati gli unici soldati italiani ad esser paragonati – e da autori stranieri – come efficienza alle *Waffen-SS*[2], pur disponendo di un armamento inferiore qualitativamente e quantitativamente. E con le *Waffen-SS* dividevano un'altra circostanza: quella di venire spesso uccisi sul posto in caso di cattura. Ma, a differenza delle *SS*, alle Camicie Nere non sono attribuiti crimini di guerra di nessun genere, sul fronte orientale. Per quanto volutamente rimossi dalla memoria collettiva, furono tra i migliori soldati italiani sul fronte russo. Nel 1961 Nikita Krushov dichiarò all'onorevole Giuseppe Codacci Pisanelli (democristiano), in un'intervista che ebbe ampia risonanza sulla stampa italiana:

Ho combattuto contro gli italiani nel settore del Donetz ed avevo di fronte proprio le Camicie Nere, che ritenevo i più malvagi tra gli italiani. Avevano combattuto molto bene, e pensavo fossero accaniti contro di noi. Dopo aver interrogato molti prigionieri, ho dovuto costatare invece che non avevano odio contro di noi[3].

Non entreremo negli aspetti politici e strategici della guerra tedesco-sovietica, troppo complessi per essere qui riassunti, e su cui esiste una bibliografia vastissima cui rimandiamo, ma esamineremo solo i combattimenti della Milizia sul fronte orientale, inquadrandoli nel contesto delle operazioni svolte dal C.S.I.R. prima, dall'ARM.I.R. poi. Esamineremo anche la storia militare e l'organizza-

---

1 In un film degli anni Cinquanta, *Carica Eroica*, che trattava della carica del *Savoia Cavalleria* ad Isbushenskij la bandiera venne epurata dallo stemma sabaudo, e anziché *Savoia* i dragoni gridavano *Hurrà!* Come in un film di cowboys…
2 J. Greene, A. Massignani, *Rommel's North Africa Campaign*, New York 1994 (tr. it. Milano 1996): *a giudizio degli studiosi più accreditati il rendimento delle unità CC.NN. nel corso della seconda guerra mondiale risultò mediamente sempre inferiore a quello delle corrispondenti unità del Reich* [ossia le *Waffen-SS*] *con l'unica eccezione delle formazioni inviate in Russia* (p. 40).
3 L'intervista a N. Krushov è del 15 novembre 1961, e pubblicata su *Discussioni* 22, 1961.

zione della M.V.S.N. sino alla costituzione dei Battaglioni *M* nel 1941. Un capitolo sarà dedicato alle operazioni svolte prima dal C.S.I.R. e quindi dall'8ª Armata (ARM.I.R.) in modo da inquadrare nel giusto quadro storico le operazioni svolte dai Raggruppamenti e dai Gruppi. Infine, due capitoli saranno dedicati ad unità meno note, la Legione Volontari Croati, equipaggiata ed armata dalla M.V.S.N., e la Milizia della Strada. In appendice sono riportati il messaggio rivolto da Mussolini ai Reduci dell'ARM.I.R. al loro rientro in Italia, le motivazioni delle decorazioni a reparti ed individuali, e gli inni cantati dai Battaglioni *M* sul fronte russo, canti che più di mille parole aiutano a comprendere la mentalità degli uomini che combatterono e morirono con la camicia nera e le *M* rosse al bavero.

La Milizia è la guardia armata della Rivoluzione e l'occhio vigile e attento del Regime. Combatterà con le sue legioni inquadrata nelle grandi unità dell'Esercito. Le legioni dovranno perpetuare le tradizioni guerriere dell'arditismo e dello squadrismo: pugnale fra i denti, bombe alle mani e un sovrano disprezzo del pericolo nei cuori.

Benito Mussolini, 1 febbraio 1928

LA MVSN DALLE ORIGINI ALLA SECONDA GUERRA MONDIALE

La Milizia Volontaria per la Sicurezza Nazionale era stata creata il primo febbraio del 1923[1], sulla base delle vecchie squadre d'azione fasciste; il primo comandante generale fu Italo Balbo, quadrumviro della Marcia su Roma e futuro Maresciallo dell'Aria. Con Regio Decreto del 4 aprile 1924, la M.V.S.N. entrò a far parte delle Forze armate dello Stato. Le Camicie Nere prestavano giuramento al re, e non al Partito fascista, e la Milizia divenne la quarta forza armata italiana, *al servizio di Dio e della Patria*, come recita il decreto istitutivo. Contrariamente a quanto spesso si è sostenuto, più o meno in buona fede, non fu Milizia di partito, ma dello Stato, come si vide all'indomani del 25 luglio 1943, quando i militi sostituirono i fasci sulle fiamme con le stellette[2]. La M.V.S.N. era strutturata su base volontaria e territoriale, formata da iscritti al Partito Nazionale Fascista tra i 17 ed i 50 anni; oltre i 36 anni il milite entrava nelle unità territoriali sino ai 55 anni, con il nome di *triario*. La Milizia aveva una struttura basata sulla *Zona* (equivalente alla Divisione, grossomodo corrispondente ad una regione: ad esempio la 1ª Zona CC.NN. era il Piemonte, la 2ª Zona, la Lombardia, etc.), *gruppo* (brigata), *legione* (reggimento), *coorte* (battaglione), Centuria (compagnia), *manipolo* (plotone) e *squadra*. La struttura della M.V.S.N. era ad ordinamento ternario: tre Manipoli formavano una Centuria, tre Centurie una Coorte, tre Coorti una Legione, con una terminologia d'ovvia origine romana. Anche i gradi si richiamavano all'antica Roma: così i Colonnelli della M.V.S.N. erano chiamati *Consoli*, i Capitani *Centurioni*, e così via[3]. La M.V.S.N. era costituita dalla Milizia ordinaria e da quelle speciali[4]. A fianco delle Milizie speciali e delle Legioni territoriali, furono create già nel 1923 delle Legioni destinate a combattere in Libia, che divennero poi le Legioni *Oea* e *Misurata* della Milizia Coloniale. Alla vigilia della guerra d'Etiopia, la Milizia Coloniale aveva in Eritrea una Coorte ed in manipolo ed una squadra nella Somalia italiana. Tali unità aumentarono dopo la conquista dell'Impero, arrivando, alla vigilia del secondo conflitto mondiale a 26.643 uomini (858 ufficiali, 1.439 sottufficiali, 24.345 CC.NN.) su trenta Battaglioni CC.NN. d'Africa. Alla vigilia della seconda guerra mondiale, in Italia e nelle Colonie vi erano 132 Legioni. Ogni Legione territoriale era strutturata su due Battaglioni, uno attivo, formato dai Militi dai ventuno ai trentasei anni, destinato in caso di mobilitazione all'impiego in linea, ed un secondo formato dai Militi più anziani (dai quaranta ai cinquantacinque anni) destinato a compiti di difesa territoriale; ad essi si affiancavano il Battaglione complementi e i reparti ausiliari. Quando mobilitato, il I Battaglione assumeva il numerale romano della Legione d'appartenenza: ad esempio, la 63ª Legione *Tagliamento* fu mobilitata con il I Battaglione dell'omonima Legione di Udine, che prese la denominazione di LXIII e dal I Battaglione della 79ª Legione *Cispadana* di Reggio Emilia, che assunse il numero romano LXXIX.

---

1   La M.V.S.N. fu istituita con Regio Decreto n. 31 del 14 gennaio 1923 ed entrato in vigore il 1 febbraio del medesimo anno; il Regio Decreto fu convertito in legge (n. 473 del 17 aprile 1925) (Lucas, De Vecchi 1976, pp. 25 segg.).
2   Molto è stato detto e scritto a proposito del comportamento della Milizia, *la guardia armata della Rivoluzione fascista*, nel luglio del 1943; si deve ricordare però che nella concezione fascista l'interesse dello Stato era prevalente su quello del Partito. Come scrisse Mussolini, *per il fascismo, tutto è nello Stato* [...] *Né individui fuori dello Stato (partiti politici, associazioni, sindacati, classi)*: Mussolini 1940, capp. VII-VIII. La M.V.S.N. fu sciolta dal governo Badoglio il sei dicembre 1943.
3   Per le corrispondenze tra i gradi della Milizia Volontaria Sicurezza Nazionale e quelli del Regio Esercito si veda la tabella in appendice.
4   Le specialità della M.V.S.N. erano: Forestale, Stradale, Ferroviaria, Postelegrafonica e Portuale. Alla Milizia ordinaria appartenevano la Milizia Confinaria, quella Coloniale e l'Universitaria (con compiti d'istruzione premilitare). Nel 1930 furono aggiunte la Milizia per la difesa contraerea (prima D.A.T., poi DiCat) e Marittima (MilMart). La Milizia, insieme con il Regio Esercito, aveva anche lo scopo di occuparsi del settore territoriale. Così la Milizia Difesa Contraerea era organizzata dalla M.V.S.N., il cui Comando si occupava del reclutamento e della disciplina, con personale premilitare ed al di sopra dell'età di leva, in modo da non incidere sul personale disponibile per la mobilitazione, mentre all'esercito erano demandati addestramento e materiali (Bovio 1998, p. 138). Ufficiali della Milizia inquadravano anche i reparti delle organizzazioni giovanili del Partito fascista (G.I.L.). È da rilevare come la gran parte delle Milizie speciali continuò ad esistere come specialità della Polizia (Stradale, Ferroviaria, Portuale, Postelegrafonica, oggi Postale) o come corpo autonomo, nel caso della Guardia Forestale.

LA GUERRA D'ETIOPIA

Il Duce, ritenendo la guerra per la conquista dell'Impero come la controprova dell'efficienza del fascismo, volle che alle operazioni partecipassero anche Grandi Unità della Milizia Volontaria Sicurezza Nazionale, e poiché le Camicie Nere non disponevano né d'artiglierie né di servizi, chiese al Sottosegretario alla guerra Baistrocchi che le Divisioni CC.NN. fossero completate ed equipaggiate dal Regio Esercito[5]. Baistrocchi non si oppose, ma ancorò il proprio assenso al soddisfacimento d'alcune condizioni fondamentali. Innanzi tutto che l'addestramento dei Militi e dei reparti venisse rivisto e fosse effettuato sotto la sovrintendenza dello Stato Maggiore del Regio Esercito, e che comandante, vicecomandante e Capo di Stato Maggiore delle divisioni della M.V.S.N. fossero ufficiali dell'Esercito e non della Milizia. Ciò era legata alla scarsa considerazione che i militari di professione avevano della Milizia fascista[6], e portò anche a gravi conseguenze, per esempio a Mai Beles, quando il Generale Somma, dando più o meno velatamente dell'incompetente al Console Diamanti e ordinandogli di avanzare oltre il fiume Beles, provocò la crisi più grave di tutta la campagna. Ad ogni modo, anche se si trattava di condizioni molto dure, esse non modificavano sostanzialmente la situazione di fatto che s'era venuta a creare: la Milizia poteva schierare finalmente le proprie grandi unità a fianco di quelle dell'esercito; ciò che per anni lo Stato Maggiore aveva cercato di evitare s'era verificato[7]. Per l'*Esigenza A.O.I.* furono mobilitate sette Divisioni Camicie Nere. Le prime cinque (*23 Marzo*, *28 Ottobre*, *21 Aprile*, *3 Gennaio* e *1 Febbraio*) erano su tre legioni, mentre la 6ª *Tevere*, che operò in Somalia, ebbe quattro Legioni e la 7ª *Cirene*, di presidio in Libia, ne ebbe otto. In totale, su 167.000 Camicie Nere mobilitabili ne furono inviate in Africa 117.000. Le divisioni della Milizia rispecchiavano la struttura della quarta forza armata, basandosi su legioni arruolate volontariamente su base locale e così i militi provenivano dalle stesse zone, aumentando la coesione dei reparti, così come avveniva nei reparti Alpini. Il morale delle Camicie Nere era assai elevato, trattandosi di volontari; ciò talvolta andava a scapito della disciplina e dell'addestramento, a volte sommario, soprattutto nei reparti arrivati in seguito. A ciò suppliva l'elevata motivazione dei reparti. Essendo su base volontaria, la Milizia non poteva disporre di personale delle classi di leva; l'età media era perciò più elevata di quella dei reparti dell'esercito. Se ciò poneva problemi dal punto di vista dell'efficienza fisica, aveva il vantaggio di avere personale veterano della guerra mondiale, e dunque già provato al fuoco ed in grado di affrontare maggiori fatiche rispetto alle classi di leva. La Divisione Camicie Nere era strutturata su tre Legioni, la cui consistenza era però inferiore a quella dei Reggimenti del Regio Esercito, avendo due Battaglioni anziché tre[8]. A ciascuna Legione era aggregata una Compagnia mitraglieri ed una di artiglieria someggiata con pezzi da 75/17. Ogni Battaglione CC.NN. comprendeva tre Compagnie, ciascuna con sei mitragliatrici leggere. Il Battaglione aveva un organico nominale di 20 ufficiali, 650 tra sottufficiali e militi, 52 quadrupedi, 2 autocarri e 18 mitragliatrici leggere. La Compagnia comprendeva tre Plotoni moschettieri. Ogni Divisione Camicie Nere era rinforzata da reparti dell'Esercito: un Gruppo d'artiglieria su tre Batterie più la Comando, recante il numero della Divisione.

---

5   O. Bovio, *In alto la bamdiera. Storia del Regio Esercito*, Foggia 1999, p. 144.
6   G. Bucciante *I generali della dittatura*, Milano 1987, pp. 72 segg. Negli ambienti del Regio Esercito la sigla M.V.S.N. era interpretata ironicamente come l'abbreviazione di *Mai Visto Sudare Nessuno*.
7   Bovio 1999, p. 145. Va detto però che il comando della 5ª Divisione CC.NN. *1 Febbraio* andò ad un ufficiale della M.V.S.N., il Luogotenente Generale Attilio Teruzzi.

8   Si noti come nelle Divisioni CC.NN. create per l'*esigenza A.O.* venne utilizzata la normale terminologia militare per le unità minori (Compagnia anziché Centuria, Plotone anziché Manipolo), mentre per quelle maggiori si continuarono ad usare Gruppo e Legione al posto di Battaglione e Reggimento. Le Legioni mobilitate per l'Africa Orientale ebbero il proprio numerale aumentato di cento: così la 1ª Legione *Sabauda* di Torino divenne 101ª Legione, la 80ª Legione *Alessandro Farnese* di Parma, 180ª e così via.

Le Camicie Nere in Africa Orientale diedero una prova di sé migliore di quanto atteso dai Comandi dell'Esercito Regio: in particolare si distinse la Divisione *28 Ottobre*, con il Gruppo CC.NN. d'Eritrea *Diamanti*[9], nel corso della battaglia difensiva di Passo Uarieu (prima battaglia del Tembien) quando le Camicie Nere resistendo per tre giorni fermarono i ventiquattromila uomini di ras Cassa e di ras Seyum, e nell'occupazione della posizione, ritenuta impossibile, dell'Amba Work, catturata nottetempo con un colpo di mano audacissimo[10]. Al termine delle operazioni, molte unità di Camicie Nere rimasero in Africa Orientale con compiti di polizia coloniale, in altre parole di controguerriglia.

---

9   Il Luogotenente Generale Filippo Diamanti partecipò poi alla campagna di Russia comandando il Raggruppamento CC.NN. *M d'assalto 3 gennaio* formato dai Gruppi CC.NN. *M Tagliamento* e *Montebello*.
10   Sulle CC.NN. in Africa Orientale, si veda P. Romeo di Colloredo, *Passo Uarieu. Le Termopili delle Camicie Nere in Etiopia*, Genova 2008.

LA GUERRA DI SPAGNA

Il buon risultato della M.V.S.N. in Africa portò ad un impiego di grandi unità della medesima anche nella guerra civile spagnola scoppiata alla fine del 1936 e nella quale l'Italia intervenne in forma non ufficiale, con l'invio di armi e mezzi, e soprattutto di uomini. L'Esercito partecipò con la Divisione *Littorio,* mentre la Milizia organizzò le proprie truppe in Gruppi di *Banderas,* corrispondenti ad un Reggimento, che parteciparono in modo decisivo alla conquista di Malaga tra il 5 ed il 10 febbraio 1937. Purtroppo nel caso della guerra civile spagnola le federazioni del P.N.F. non avevano compiuto una selezione adeguata dei volontari come era avvenuto per l'Africa, contando sul numero piuttosto che sulle capacità militari. Ciò si vide nella battaglia di Guadalajara del marzo 1937. Vale la pena di esporre, sia pure in maniera succinta, l'andamento della battaglia, perché spesso l'esito dello scontro è stato utilizzato per criticare le capacità militari della Milizia. All'offensiva su Guadalajara presero parte tre Divisioni di CC.NN. oltre alla *Littorio*:

1ª Divisione Volontari *Dio lo vuole* (CC.NN.): Gen. Rossi

2ª Divisione Volontari *Fiamme nere* (CC.NN.): Gen. Coppi

3ª Divisione Volontari *Penne Nere* (CC.NN.): Gen. Nuvoloni

4ª Divisione *Volontari del Littorio* (Esercito): Gen. Bergonzoli

ad esse andava aggiunto il Raggruppamento Banderas *23 Marzo* (CC.NN.) del Console Francisci[1].

La mattina dell'otto marzo, sotto una bufera di nevischio[2], e malgrado il mancato appoggio delle forze nazionaliste sullo Jarama, il C.T.V. attaccò i repubblicani[3], senza ottenere l'auspicato sfondamento immediato, e respingendo indietro lentamente il nemico, sino ad arrivare all'occupazione di trentacinque-quaranta chilometri per un'ampiezza di fronte di venti, più di quanto i franchisti avessero sino ad allora ottenuto sul fronte di Madrid. L'undici si ebbe una stasi delle operazioni, dovuta alla sempre crescente resistenza repubblicana, dovuta all'afflusso al fronte le proprie unità migliori, le *Brigadas Internaccionales,* oltre alla Brigata *Campesinos,* alla *Brigada de Carros de Combate Pavlov* (sovietica, su cinque Compagnie di carri *T-26 B*). La stasi permise ai repubblicani di far affluire da Madrid nei giorni seguenti numerosi reparti che, assieme a quelli già giunti, che attaccarono il diciannove marzo[4]. Le linee italiane ressero bene l'urto della XI[5] e della XII[6] Brigata internazionale e della Brigata del *Campesino,* malgrado la presenza di corazzati sovietici, tranne nel settore di Brihuega, tenuto dalla 1ª Divisione volontari *Dio lo vuole,* dove le CC.NN. del 1° Gruppo Banderas, non abbastanza armate e prive di un addestramento adeguato, cedettero ripiegando davanti ai *T-26* di Pavlov, senza riuscire a riorganizzarsi sulle posizioni retrostanti, anche per il panico seguito alla morte del comandante, Tenente Colonnello Frezza. Il Colonnello C. Salvi,

---
1 Come si dirà più avanti il futuro Luogotenente Generale Francisci comanderà in Russia il Raggruppamento *23 Marzo,* omonimo di quello che combatté in Spagna (Gruppi Battaglioni CC.NN. *M Leonessa* e *Valle Scrivia*).
2 Gli italiani, malgrado la temperatura sotto lo zero, indossavano le uniformi coloniali!
3 All'inizio della battaglia erano presenti la *12ª Division de Infanteria* (Brigate 49ª, 48ª, 50ª, 71ª, 72ª), i Battaglioni *Espartacus, Mangada, Pi y Margall, Teruel,* un Gruppo d'artiglieria, mezza Compagnia di carri sovietici *T-26 B* ed una Compagnia di cavalleria.
4 Si trattava di sei Brigate di fanteria (9ª, 35ª, 65ª, arrivate l'11 marzo, la 33ª arrivata il 13; il giorno dopo giunse anche la *Brigada de Choque,* cui il sedici si aggiunse anche la 70ª) due Battaglioni della 6ª e della 7ª *Division,* i Battaglioni comunisti *Barceno, Huelva, Goya* e *Joventud,* un Reggimento indipendente di fanteria, un Battaglione e tre Compagnie di cavalleria, due Battaglioni mitraglieri, uno del genio ed tre d'artiglieria.
5 Battaglioni *Thaelmann* (tedeschi), *Commune de Paris* (francesi), *Edgar Andre* (tedeschi).
6 Battaglioni *Garibaldi* (italiani), *Dombrowski* (polacchi), *André Marti* (francesi e belgi).

comandante del 2° Gruppo Banderas, di propria iniziativa riuscì a chiudere la falla nel settore del 1° Gruppo, e la situazione sembrò ristabilita, tanto più che l'attacco repubblicano era andato scemando d'intensità per arrestarsi alle 19.00. Ma il comandante della *Dio lo vuole*, Rossi, alle 19.15 comunicò d'aver ordinato alla propria Divisione la ritirata, il che costrinse il Generale Roatta, comandante del C.T.V. a dare l'ordine di arretramento sulla seconda posizione (linea Cogolludo-Ledanca-Masegoso) tutte le Divisioni. Qui si ebbero ingorghi dovuti allo scavalcamento tra la 1ª Divisione e reparti della *Penne Nere*, che permisero agli aerei repubblicani (l'aviazione legionaria e quella nazionalista erano impossibilitate a volare per le condizioni dei campi di fortuna come Talavera, a differenza di quelli di Madrid, asfaltati) di distruggere molti automezzi. Il giorno dopo tuttavia i brigatisti, provati dalle perdite (a Palacio Ibarra i tedeschi del battaglione *Thaelmann* erano stati annientati totalmente dalla *Littorio*[7]) non tornarono all'attacco consentendo ai legionari di rafforzarsi sulle posizioni arretrate. I *rojos* tornarono all'attacco il 21 ed il 22 con violenti attacchi, respinti dagli italiani; ciò portò il governo repubblicano a porre termine alla controffensiva, e le linee si stabilizzarono. Al termine della battaglia di Guadalajara gli italiani, pur avendo fallito l'obiettivo di raggiungere l'omonima cittadina, erano rimasti padroni di venticinque dei trentacinque chilometri occupati nei primi tre giorni, infliggendo all'avversario quasi il quadruplo delle perdite subite. Gli italiani persero 415 morti, 1.969 feriti e 153 prigionieri; i repubblicani persero 2.200 morti, 4.000 feriti e 400 prigionieri[8]. In sintesi, la battaglia può essere divisa in tre fasi:

1. Offensiva italiana e suo arresto per l'irrigidimento della difesa repubblicana,

2. Controffensiva repubblicana e ripiegamento del C.T.V. sulla seconda posizione,

3. Arresto della controffensiva repubblicana e successo difensivo del C.T.V.[9].

La *disfatta*, la *batosta* dei fascisti che secondo Hemingway erano fuggiti con le scarpe in mano per far prima, non esiste se non nella propaganda antifascista dell'epoca[10]. Gli italiani restarono padroni di buona parte del campo di battaglia, fermando forze molto superiori di numero, ma ciò non può far dimenticare che non sfondarono, malgrado la propaganda fatta dopo la presa di Malaga, e ciò permise alla stampa antifascista di inventare una sconfitta che non ci fu. Come scrive Renzo De Felice, Guadalajara *sotto il profilo meramente militare [...] non ebbe niente di drammatico*[11]. Se alcune unità della Milizia si erano battute molto bene, altre, quelle del 1° Gruppo Banderas, erano fuggite di fronte ai carri sovietici. Si erano evidenziate carenze di preparazione nei quadri subalter-

---

7 Dopo lo scontro di Palacio Ibarra con la *Littorio* il *Thaelmann* aveva perso ogni possibilità operativa: quando giunse l'ordine d'attaccare la risposta fu: *Impossibile! Il battaglione Thaelmann è stato distrutto!* (AA.VV., *The Third Reich. Iron Fists*, New York 1988, p. 155). Per alzare il morale dei legionari, Bergonzoli (che si guadagnò il soprannome di *Barba Elettrica* proprio a Guadalajara, dove combatté in prima linea armato di moschetto) ordinò alla fanfara di suonare durante il combattimento la *Marcia Reale* e *Giovinezza*.

8 A. Rovighi, F. Stefani, *La partecipazione Italiana alla guerra civile spagnola (1936-1939)*, I, Roma 1992, p. 313.

9 Bovio 1999, p. 148-9.

10 Il romanziere americano arrivò addirittura ad affermare nientemeno che Guadalajara era *una tra le battaglie decisive della storia dell'umanità!* [oltre che nella "propaganda dell'epoca", il *mito Guadalajara* persiste tuttora vivo e vegeto, se, nel 1997, il professor Claudio Costantini, docente di storia moderna della facoltà di lettere dell'università di Genova, durante una lezione, ove, con enfasi parossisticamente in crescendo, si toccarono vari avvenimenti che ci parvero – forse a torto – esulare dallo studio degli accadimenti tra il Seicento e l'Ottocento, quali le dichiarazioni dell'allora presidente del consiglio Silvio Berlusconi, e il film di Ken Loach sulla guerra civile spagnola *Terra e libertà*, definì la battaglia in questione come *la prima vittoria della Resistenza italiana e l'inizio della fine del fascismo*. Credo che pochi possano spassionatamente condividere tali conclusioni, diciamo *storiografiche*, né, tantomeno, celebrare con la soddisfazione mostrata dal docente succitato, peraltro tra i più competenti dell'ateneo genovese, uno dei numerosi casi dove degli italiani, perpetuando una purtroppo lunga tradizione, si scontrarono contro altri italiani, NdE].

11 R. De Felice, *Mussolini il duce. II. Lo Stato totalitario 1936-1940*, Torino 1981, p. 391-2.

ni degli ufficiali della Milizia, si trattava spesso di ex ufficiali di complemento (spesso reduci della guerra mondiale) che dopo il congedo non avevano ricevuto né aggiornamenti né addestramento all'uso delle armi moderne. Ma le colpe più gravi ricadevano sul comandante di Divisione che si era fatto prendere dal panico ordinando il ripiegamento; va ricordato che si trattava di un generale dell'Esercito e non della Milizia. Ciò portò il nuovo comandante del C.T.V. Ettore Bastico e l'ispettore Luogotenente Generale Achille Teruzzi, giunto appositamente da Roma, a far rimpatriare buona parte dei volontari che si erano dimostrati non all'altezza, quali quelli arruolatisi per il premio d'ingaggio. I rimpatri degli elementi meno affidabili diedero luogo ad un ridimensionamento e parallelamente ad un rafforzamento dello spirito combattivo delle Camicie Nere, che ebbe modo di manifestarsi durante la campagna per la conquista della Vizcaya, nell'assedio di Teruel e nella presa di Bilbao il 19 maggio. Ad agosto il C.T.V. riportò un nuovo successo conquistando la città di Santander[12], e in seguito contenendo e poi respingendo l'offensiva repubblicana in Aragona. In seguito ad accordi internazionali riguardo il ritiro dei volontari, il governo italiano decise nel 1937 una riduzione della presenza italiana in terra spagnola, creando unità miste ispano-italiane, oltre alla *23 Marzo* ed alla *Littorio*, interamente italiane. Le Camicie Nere ora erano inquadrate in Brigate miste, le *Flechas*, addestrando ed equipaggiando gli spagnoli: *Frecce Nere* e *Frecce Azzurre* (dai colori del Fascismo e della Falange), poi fuse nella Divisione *Frecce*. La *23 Marzo* e la Brigata *Frecce Azzurre* si comportarono molto bene nelle operazioni nella zona di Valencia. Il 1 ottobre 1938 Franco decretò il congedo dei legionari con oltre diciotto mesi di servizio; ciò permise a Mussolini un'ulteriore riduzione del C.T.V., anche in cambio del riconoscimento inglese dell'impero in Etiopia, ritirando diecimila volontari. Le Divisioni interamente italiane si ridussero alla sola *Littorio d'Assalto*, nata dalla fusione tra la vecchia *Littorio* e la *23 Marzo*, su due Reggimenti fanteria, il primo dell'Esercito ed il secondo della Milizia[13]; con le *Frecce* furono create le nuove Divisioni miste, ma con armamento e comando italiani, *Frecce Azzurre* e *Frecce Verdi* che s'aggiunsero alla *Frecce Nere*. Il C.T.V. ebbe modo di essere la migliore unità nazionalista nelle battaglie di Catalogna conquistando Badalona e Gerona e nell'offensiva finale da Toledo, quando i legionari conquistarono il porto di Alicante il 30 marzo 1939, segnando la fine della guerra. La guerra civile spagnola era costata cara all'Italia in termini di perdite: caduti: 272 ufficiali (105 della M.V.S.N.), 2.764 sottufficiali e soldati (1.357 della Milizia), feriti: 981 ufficiali (399 della M.V.S.N.), 10.205 sottufficiali e soldati (5.200 della Milizia), dispersi: 9 ufficiali (4 della M.V.S.N.), 272 militari deceduti per malattia e incidenti vari. A ciò vanno aggiunte le ingenti perdite di materiale che depauperarono il già scarso potenziale bellico italiano alla vigilia della seconda Guerra Mondiale, quantificabili in 14 miliardi di lire dell'epoca[14].

---

12   Vi presero parte le Divisioni *Fiamme Nere* (Frusci), *23 Marzo* (Francisci), *Littorio d'Assalto* (Bergonzoli), il Raggruppamento Artiglieria del C.T.V. ed unità minori e logistiche. Le Camicie Nere si distinsero particolarmente nella presa del Puerto de Escudo.
13   2° Regg. fanteria *Littorio* (Ten. Col. F. Olivetti): 4 Battaglioni (*Ardente, Inflessibile, Lupi, Vampa*); 1 Batteria da 65/17, Plotone carri *CV 35*; Plotone artieri.
14   In Spagna combatterono complessivamente 29.000 Camicie Nere; nel corso del conflitto la M.V.S.N. meritò le seguenti decorazioni: 4 Ordini Militari di Savoia; 33 Medaglie d'Oro al Valor Militare; 426 Medaglie d'Argento al Valor Militare; 532 Medaglie di Bronzo al Valor Militare; 1.745 Croci di Guerra al Valor Militare (De Vecchi, Lucas 1976, p. 150).

ESPANSIONE E DISFATTA

DALL'ANTEGUERRA ALLA SECONDA GUERRA MONDIALE

Dopo la guerra d'Etiopia, nel 1936, il nuovo ordinamento della M.V.S.N. sanzionò la costituzione di 14 comandi di zona, di 32 (poi 33) comandi Gruppi Battaglioni CC.NN., 133 Legioni ordinarie, una motorizzata, sei coorti autonome e reparti speciali permanenti di stanza a Roma. Tra i reparti speciali vi erano un reparto per la sorveglianza dei confinati politici a Ponza e Ventotene ed un reparto Ordine Pubblico. Inoltre fu deciso di affiancare una Legione CC.NN. alle Divisioni dell'esercito, divenute binarie con la riforma Pariani. La Legione divisionale veniva così a costituire il terzo elemento di fanteria della Divisione (anche se assai più debole del Reggimento fanteria). Era composta di due Battaglioni di CC.NN., ciascun Battaglione attivo di una Legione territoriale: il primo della Legione stessa, l'altro di una Legione possibilmente limitrofa. Ciascun Battaglione era designato *Legione*, dato che rappresentava la Legione di provenienza, della quale conservava il numero, ed era articolato in:

Comando Legione divisionale (al I Battaglione)

Comando Legione (II Battaglione)

Un Battaglione CC.NN.

Reparto Complementi CC.NN.

Coorte territoriale CC.NN.

Una o più Coorti territoriali CC.NN.

Reparti speciali

Si trattava di un sistema alquanto macchinoso, e in seguito le Legioni furono denominate Battaglioni col numerale romano della Legione d'appartenenza. Su 133 Battaglioni CC.NN., 22 furono assegnati ai Corpi d'Armata, 82 Battaglioni di Legioni territoriali da immettere nelle Divisioni di fanteria; 24 Battaglioni nelle Divisioni CC.NN. libiche (1ª *23 Marzo*, 2ª *28 Ottobre*, 3ª *21 Aprile*, 4ª *3 Gennaio*); restavano di riserva quattro Battaglioni CC.NN. e la Legione CC.NN. di Zara. Furono poi costituiti altri Battaglioni nell'ambito delle cosiddette Legioni di Frontiera. Tali Battaglioni furono assegnati ai Corpi d'Armata schierati alle frontiere settentrionali. Il sei aprile del 1939 fu occupata l'Albania; alla breve ed incruenta campagna parteciparono inizialmente due Battaglioni, sbarcati a Valona il primo giorno: XL (Verona) e LXXVI (Copparo) Btg. CC.NN. Il dieci aprile sbarcò, insieme alla Divisione *Murge* (poi *Ferrara*) il XCII Battaglione CC.NN. di Firenze, mentre a Valona sbarcarono i Battaglioni CXI (Pesaro) CXII (Roma) e CLII (Lecce). Questi sei Battaglioni rientrarono in patria a dicembre. Il 29 settembre 1939 furono costituite quattro Divisioni Camicie Nere Libiche: 1ª *23 Marzo*, 2ª *28 Ottobre*, 3ª *21 Aprile*, e 4ª *3 Gennaio*. Essendo fortemente sotto organico, nel maggio 1940 la *21 Aprile* fu disciolta, ed il personale appartenente alla Milizia trasferito alle altre Divisioni Camicie Nere, e quello appartenente all'esercito alla Divisione *Catanzaro*. Della *21 Aprile* solo l'LXXXI Battaglione CC.NN. (Ravenna) non fu disciolto, ma fu trasferito alla

3 Gennaio al posto del disciolto CLIV Battaglione (Taranto)[1]. Le Divisioni libiche furono inquadrate in due Corpi d'Armata CC.NN., XXII e XXIII, agli ordini dei Generali Somma (quello di passo Uarieu) e Berti, già comandante del C.T.V. in Spagna. In Africa Orientale furono costituite sette Legioni CC.NN. permanenti, suddivise in due Gruppi Legioni CC.NN. d'Africa:

I Gruppo Legioni CC.NN. (Addis Abeba)

1ª Legione *Arnaldo Mussolini* (Addis Abeba)

2ª Legione *Filippo Corridoni* (Harar)

5ª Legione *Luigi Razza* (Mogadiscio)

6ª Legione *Luigi Valcarenghi* (Gimma)

II Gruppo Legioni CC.NN. (Asmara)

2ª Legione *Ivo Olivetti* (Asmara)

3ª Legione *Reginaldo Giuliani* (Gondar)

7ª Legione *Francesco Battista* (Dessiè)

Un'altra Legione e numerosi Battaglioni furono creati più tardi con gli italiani trasferitisi in Africa Orientale, sino a raggiungere trenta Battaglioni[2]. Nel 1940, allo scoppio della guerra, la M.V.S.N. era composta da migliaia di uomini, e poteva schierare in linea 312.000, di cui 112.000 nei centonovantaquattro Battaglioni CC.N.N. attivi (8 Btg. della Milizia Coloniale, 24 nelle Divisioni libiche, 4 Btg. di mitraglieri libici, 108 Battaglioni d'assalto, dieci di frontiera, uno di mitraglieri metropolitani, 39 Battaglioni di complementi) cui andavano aggiunti i 135 Battaglioni territoriali (64.000 uomini), 26.000 legionari dei trenta Battaglioni in A.O.I., 25.000 nella MilMart (che si distinsero nel dicembre 1941 e nell'estate 1942 in Nord Africa) ed 85.000 della DiCat, la difesa contraerea. Ma, come già nella prima fase della guerra spagnola, l'accrescersi dei numeri non andò di pari passo con l'efficienza bellica. Si arrivò ad una sorta di doppione dell'esercito, con l'aggravante che le unità CC.NN. erano più leggere e dotate di un armamento più scarso rispetto alle corrispettive unità del R.E., già di per se spesso non all'altezza del nemico quanto ad armamenti; e anche se gli uomini erano valorosi non ci si poteva attendere, e non si ebbe, una sorte diversa da quella delle altre unità. Le Divisioni scomparvero una ad una nel corso dell'offensiva di O'Connor in Libia nel dicembre 1940-febbraio 1941, sacrificandosi in azioni di retroguardia e di difesa di Tobruk e Derna: la *3 Gennaio* si arrese il 10 dicembre a Sidi el Barrani, a Bardia e Tobruk fu la volta della *23 Marzo* e della *28 Ottobre*. La sorte delle CC.NN. fu la stessa dei loro commilitoni dell'Esercito, anche se va detto che le Camicie Nere, pur senza distinguersi particolarmente, usualmente si batterono con maggior tenacia dei fanti ed erano meno pronte alla resa. Purtroppo una visione strategica arretrata tipica del comando italiano, anziché trarre vantaggio dalle caratteristiche peculiari dei volontari e della loro maggiore mobilità li impiegò come normale fanteria in una guerra di posizione (in Afri-

---

1   Oltre alle quattro Divisioni in Libia esistevano anche quattro Legioni della Milizia Coloniale (Tripoli, Misurata, Bengasi, Derna), che fornirono altrettanti Battaglioni assegnati ai Corpi d'Armata.
2   G. Rosignoli, *M.V.S.N.. Storia, organizzazione, uniformi e distintivi*, Parma 1995, pp. 27-34.

ca!) per la quale non avevano né addestramento né tanto meno un armamento adeguato. A gennaio del 1941 le Divisioni della Milizia avevano cessato di esistere; gli unici reparti CC.NN. rimasti in Africa Settentrionale erano due Battaglioni sotto organico, il V ed Il VI CC.NN., usati per la difesa costiera. Di quali elementi fossero ormai formate le Legioni lo spiega Giuseppe Berto, che fu capo-manipolo del VI Btg. CC.NN. d'Africa:

> [...] ci sono due qualità di militi: gli anziani e i complementi. Gli anziani sono fanatici, insofferenti della disciplina e dell'inerzia, e di quando in quando ne scappa davvero qualcuno che vuol andare a combattere per forza. I complementi invece, che si trovano in Africa da meno d'un anno [Berto scriveva nel 1942, n.d.A.] son brava gente, tutt'altro che bellicosi, e volontari per modo di dire. Sono in gran parte braccianti siciliani e calabresi, con moglie e figli a casa, quasi tutti arruolati con un trucco. Infatti erano disoccupati ed era stato fatto creder loro che, per trovar lavoro, era opportuno iscriversi alla milizia. Una volta iscritti, diventarono automaticamente volontari, e il loro federale potè fare una magnifica figura spedendoli in guerra: dimostrava in tal modo che, nella sua provincia, la fede fascista non era fatta solo di chiacchiere. Così questi poveretti son capitati in Africa contro loro volontà, ma non è detto siano dei cattivi soldati. Anzi, per il servizio che siamo chiamati a svolgere sono molto migliori degli anziani[3].

Non è qui possibile riassumere la storia, Battaglione per Battaglione, dei reparti che, aggregati alle Divisioni del Regio Esercito combatterono in Africa Orientale o sul fronte greco-albanese. In A.O.I. dopo una prima fase che vide gli italiani occupare Kassala nel Sudan, Moyale in Kenia e conquistare la Somalia britannica, vide il ritorno offensivo avversario: l'offensiva britannica iniziò nel gennaio 1941 dal Sudan, mentre un'altra offensiva scattò contemporaneamente dal Kenia contro la Somalia. Gli italiani resistettero a lungo sulle posizioni di Cheren, abbandonando poi le posizioni dopo una strenua lotta. Gli inglesi conquistarono Asmara ed Addis Abeba, ed il duca d'Aosta si asserragliò sull'Amba Alagi con 3.850 uomini, fino alla resa con l'onore delle armi il 6 maggio. La lotta continuò a Gondar, contro le truppe del Generale Nasi, la cui difesa faceva perno sulle posizioni del passo di Uolchefit, Debra Tabor, Celgà e Culcaber[4]. Debra Tabor, difesa accanitamente dal CXVI, CXXXI e DCCXLV Battaglione CC.NN. d'Africa e da truppe coloniali irregolari, con sei cannoni e due mortai. Debra Tabor resistette sino al 4 luglio. A Gondar, il 28 novembre si ebbe l'ultimo episodio della guerra in Africa Orientale, quando le Camicie Nere del CCXL Battaglione caricarono alla baionetta i fucilieri del *King's African Rifles* a Fercaber di Culcaber, un episodio totalmente dimenticato rispetto all'attacco dei Carabinieri lo stesso giorno. Tutti i reparti della M.V.S.N. in Africa Orientale andarono perduti[5].

---

3   G. Berto, *Guerra in camicia nera*, Venezia 1985, p. 26.
4   Alla difesa di Gondar parteciparono 12 Battaglioni di Camicie Nere.
5   XI Legione (XLIV e CLXX Btgg. CC.NN.); Battaglioni I, II, III, IV, V, XI, XII, XIII, XIV, CXVI, CXLI, CXLVI, CLI, CLXIV, CLXVI, CCXL, DII, DIV, DV, DVI, DLXXXV, DCXXXI, DCCXXXI, DCCXLV, la 155ª Compagnia autonoma CC.NN., il distaccamento della Milizia Forestale e unità minori (dati ripresi da Rosignoli 1995, p. 51).

IL FRONTE GRECO
E LA COSTITUZIONE DEI BATTAGLIONI M

Non è il caso di tracciare una storia degli avvenimenti sul fronte greco: basti dire che dall'ottobre del 1940 all'aprile 1941 la Milizia impiegò in combattimento contro l'esercito greco e, ad aprile, anche contro quello jugoslavo ben 56 Battaglioni. Di questi ne furono perduti 27, di cui 20 di complementi assorbiti per ripianare le perdite e sette per lo scioglimento di Battaglioni ridotti agli estremi avendo perduto quasi tutti gli uomini. Ciò che colpì gli Stati Maggiori della Milizia e dell'Esercito fu la maggiore combattività di alcune Legioni d'assalto, per esempio la 15ª *Leonessa*, che sconfisse sempre i greci che si trovò di fronte, la 30ª Legione d'assalto, e soprattutto le Camicie Nere del Raggruppamento *Galbiati* (dal nome del comandante, Console Generale Enzo Galbiati) formata da tre Battaglioni CC.NN. da montagna lombardi (VIII Btg., Varese; XVI Btg., Como e XXIX Btg., Arona). Si trattava di reparti eccezionali, pur senza avere un armamento adeguato, ma con un morale fortissimo, le cui prestazioni ricordavano quelle degli Arditi della Grande Guerra, soprattutto in un momento di grave crisi per le armi italiane. I tre Battaglioni di Galbiati e altre unità di Camicie Nere si dimostrarono più efficienti nei combattimenti montani anche di grandi unità, raggiungendo risultati migliori di intere Divisioni di fanteria, come nella battaglia di Maritzait del febbraio 1941 quando il Raggruppamento, appoggiato dal II Battaglione mortai del 54° fanteria *Sforzesca* e da due Gruppi artiglieria riuscì da solo a stroncare l'impeto offensivo della migliore Divisione greca, la *Kritai*, sino ad allora imbattuta, il cui compito era lo sfondamento del fronte italiano e la conquista, ritenuta ormai certa dai comandi ellenici, di Valona[1]. Analoghi risultati il Raggruppamento li ebbe nella battaglia di Valle Drino all'alba del 17 aprile, sfondando le linee greche (ciò che agli italiani non era mai riuscito dall'inizio della campagna) e dando inizio all'offensiva finale che, insieme all'offensiva tedesca, portò alla resa della Grecia. Le prove del tutto inaspettate fornite da alcuni reparti fortemente motivati e, a differenza dei finti *volontari* di cui parla Berto e di taluni Battaglioni aggregati all'Esercito, caratterizzati da una fortissima motivazione politica portò il Comando Supremo e la Milizia ad un ripensamento circa i Battaglioni da impiegare al fronte, riprendendo le esperienze dei Battaglioni di Arditi della guerra 1915-1918. Nello stesso periodo oltretutto anche le *Waffen-SS* tedesche si stavano dimostrando, nonostante l'opposizione della *Wehrmacht*, tra le migliori unità tedesche, ed il Comando Supremo cercò di tener conto di quell'esperienza[2]. Bisognava migliorare, fondandosi sulle esperienze fatte sino a quel momento, le unità delle Camicie Nere, aumentando la selezione e scegliendo il personale più adatto fisicamente e moralmente e con una maggiore fede fascista, soprattutto si dovevano scegliere i militi che in combattimento avessero dato maggiore prova di combattività, d'ardimento e coraggio, migliorandone armamento ed inquadramento secondo le nuove esigenze e gli insegnamenti tratti dalle esperienze fatte sino ad allora. I nuovi Battaglioni avrebbero ricevuto l'appellativo onorifico di *M*, ed al posto dei fasci sulle fiamme nere avrebbero portato la *M* autografa mussoliniana smaltata di rosso[3]; al posto del labaro della normale M.V.S.N. l'insegna sarebbe stata una fiamma nera a due punte, dello stesso modello di quella dei Battaglioni d'assalto della Grande Guerra, con la scritta

---

1 La battaglia di Maritzait venne considerata la data di nascita "morale" dei Battaglioni *M* anche nel loro inno: *Contro l'odio c'è il sangue e fa la storia, contro i ghetti profumano i giardini, sul mondo batte il cuor di Mussolini, a Marizai il buon seme germogliò!*
2 U. Cavallero, *Diario 1940-1943* (a cura di G. Bucciante), Roma, 1984, pp. 200-201; 234-235.
3 La *M* significava semplicemente Mussolini, e si ispirava alla *Leibstandarte Adolf Hitler* delle *Waffen-SS*, cui Cavallero si ispirò per i battaglioni *M*. La forma stessa della *M* riprende la ben nota firma del Duce. Le ipotesi che la *M* stesse per *mobile* o addirittura per *morte* non rispondono al vero.

Seguitemi! e la *M* rossa con fascio sul lato sinistro ed il numero del battaglione sull'altro. Come scrissero i Consoli Lucas e De Vecchi

[…] gli uomini che formarono i Btgg. "M" erano dei soldati veri: erano partiti volontari in camicia nera, e questo allora era relativamente facile, combattendo in camicia nera, cosa meno facile, e molti di essi erano morti in camicia nera, cosa molto più difficile. Erano quelli che non parlavano, ma si arruolavano e partivano, sapendo di andare volontariamente anche verso la morte[4].

Anche dal punto di vista fisico gli uomini dei Battaglioni *M* si distinguevano dal resto della Milizia, poiché i legionari non potevano avere un'altezza inferiore al metro settanta, superiore alla media italiana dell'epoca[5]. A proposito della nuova concezione riportiamo un passo del diario del Capo di Stato Maggiore Generale, gen. Ugo Cavallero, anche perché esprime concetti sino ad ora non abbastanza sottolineati circa i nuovi Battaglioni da impiegare in Russia, il cui impiego era già chiaro a Cavallero e che qui, per quel che ci consta, sono espressi per la prima volta:

19 giugno − Ricevo il tenente colonnello Fornara. Argomenti: grandi unità per la Russia. Due soluzioni: o due divisioni autotrasportate ed una celere ovvero una celere i due trasportabili. Si propende per la seconda soluzione; invece del corpo d'armata speciale sarebbe preferibile l'autotrasportabile Zingales: la milizia deve diventare una specie di S.S. (*Schutzstaffeln*[6]): scaglioni di difesa e guardia armata della rivoluzione e qualche unità che entrerebbe nell'esercito. Divisione tipo "Adolfo Hitler"[7]. Riprendo il colloquio con Fornara. Rientro della milizia nell'esercito. Non concordo. Deve diventare una S.S. […] Alle 18 ricevo l'eccellenza Galbiati[8]. Argomenti: mio criterio circa la M.V.S.N. Noi dobbiamo avere per ogni corpo d'armata una legione motocorazzata di milizia con addestramento perfetto (3 anni di ferma). Galbiati propone di sostituire alla parola legione la parola gruppo; guardia del Duce: una divisione motocorazzata e cioè 20 battaglioni S.S. scelti tra i battaglioni esistenti[9]. I reclutati tra volontari che lo fanno solo per accaparrarsi un posto non vanno. La divisione deve pensare in profondità S.S. Deve avere una organizzazione corrispondente a un certo numero delle attuali legioni. Devono essere permanenti e stare in un campo d'addestramento; addestramento non può essere a parte. Occorre unico indirizzo. Non si possono proporre dei corazzati senza i mezzi necessari. Conclusione: noi dovremmo avere: a) S.S. (con nome italiano, però); b) divisione del Duce; c) unità di massima da assegnare ai corpi d'armata. Ferma non meno di due anni; reclutamento attuale: da gente che ha fatto la guerra; modo per allettare la gente: futuro impiego nella M.V.S.N. territoriale. Galbiati si dichiara entusiasta della organizzazione che ho proposto[10].

---

4 Lucas, De Vecchi 1976, p. 428.
5 L'altezza minima per entrare a far parte delle FFAA era 1.53 cm (l'altezza del Re); solo pochi reparti avevano un limite d'altezza minimo, tra essi ovviamente i Granatieri di Sardegna (1.80 mt) − ma non i Granatieri di Savoia in A.O.I., per ovvi motivi legati alla scarsità di personale − ed i Carabinieri Guardie del Re, ossia i Corazzieri.
6 Sic! Probabilmente si tratta di un refuso di stampa, Cavallero parlando correntemente il tedesco.
7 Ovvero *1. SS-Panzerdivision Leibstandarte SS Adolf Hitler*. Come riportato in una nota precedente, proprio per analogia alla Divisione *LSSAH* i Battaglioni furono denominati M[ussolini].
8 Galbiati era divenuto Capo di S.M. della Milizia il 17 aprile 1941, succedendo ad Achille Starace, fatto dimettere ufficialmente per aver indossato un distintivo di ferita non autorizzato (Starace era stato effettivamente ferito, ed aveva diritto al distintivo, ma l'aveva fatto cucire sulla divisa prima dell'autorizzazione), ma in realtà, ricordò Galbiati, per varie ragioni, tra cui quella *di non essere riuscito a sincronizzare con lo stato maggiore dell'esercito e rimanere quindi inascoltato nelle sue richieste di maggiore valutazione e potenziamento della milizia* (E. Galbiati, *Il 25 luglio e la MVSN*, Milano 1950 p. 119); cfr. anche G. Pini, D. Susmel, *Mussolini l'uomo e l'opera*, IV, *Dall'Impero alla Repubblica (1938- 1945)*, IVa ed. Firenze 1973, p. 124.
9 La Divisione corazzata *M*, equipaggiata con carri tedeschi fu effettivamente istituita nel 1943 con i Battaglioni reduci dal fronte russo.
10 Cavallero 1984, alla data del 19 giugno. Per inciso, ciò smentisce chi, contro ogni documento storico, sostiene che Hitler informò gli italiani dell'Operazione Barbarossa *dopo* il suo inizio, ma fossero invece già allo studio le forme di un intervento italiano in Russia.

La data di istituzione dei Battaglioni *M* non è chiara, secondo talune fonti il 10 aprile 1941[11], secondo altre l'ottobre dello stesso anno. Quest'ultima data è però da considerarsi errata: Cavallero, in un colloquio con Galbiati il dodici settembre cita espressamente *i battaglioni M già costituiti (tre a Roma[12] e due a Fregene[13])*: ad ottobre vennero in realtà completati i Battaglioni dei Gruppi Galbiati e *Leonessa*[14]. D'altra parte la data del dieci aprile è parimenti errata: in quella data non fu emesso alcuna disposizione in tal senso, e ancora nel giugno, come s'è visto, Cavallero parla ancora, genericamente, di *S.S.* (con nome italiano, però). Infatti, ad aprile fu deciso di addestrare i Battaglioni dei due Gruppi suddetti in maniera speciale, tale da renderli particolarmente efficienti, ma se l'idea già esisteva in nuce, ancora non era nata la denominazione di battaglioni *M* né la particolare struttura organica. La prima menzione fatta dal generale Cavallero nel suo diario è appunto quella del 12 settembre. Cavallero infatti era tornato sull'argomento delle *S.S.*, ormai già chiamate Battaglioni *M*, con Galbiati, nel corso di un colloquio molto interessante per il presente lavoro:

12 settembre – Alle 9 ricevo l'eccellenza Galbiati[15] […] I battaglioni M già costituiti (3 a Roma e 2 a Fregene) sono selezionati, ben addestrati, hanno fatta la guerra. Manca l'armamento (armi da accompagnamento, anticarro e lanciafiamme). Galbiati chiede questi mezzi. Faccio presente la scarsità che abbiamo. Il Duce ha ordinato di formare 16 divisioni, ma lo stato maggiore ne può fare solo 6 e le altre saranno soltanto stanziali. Ciò premesso, per andare incontro chiedo l'elenco dei materiali occorrenti, facendo presente che non vedo però la necessità degli anticarro. A mio parere i battaglioni M dovrebbero essere tipo S.S. (polizia politica). Risponde che lui intenderebbe dare invece reparti di guerra che però possono essere impiegati sempre per scopi militari. A mia volta dico allora che prepari i reparti M con caratteristiche di assaltatori. Concorda e dice che ne vuol fare 100 in tre anni. Criterio dell'eccellenza Galbiati sui battaglioni M: i battaglioni M stanno nella milizia come i carabinieri stanno all'esercito e come gli Alpini stanno alla fanteria. Incarico Fornara di vedere se si può dare per i battaglioni M almeno qualche arma per l'addestramento.

L'ultima frase ci pare indicativa della differenza tra italiani e tedeschi, la disponibilità di un armamento adeguato. I Battaglioni *M* furono dapprima quelli menzionati indirettamente da Cavallero:

VIII (Varese); XVI (Como), XXIX (Arona) del Raggruppamento *Galbiati*;

XIV (Bergamo); XV (Brescia); XXXVIII Armi Accompagnamento (A.A.) (Asti), del Gruppo *Leonessa*,

cui si aggiunsero poi:

VI (Mortara); XXX (Novara); XII A.A (Aosta), del Gruppo *Montebello*;

V (Tortona); XXXIV (Savona); XLI A.A. (Trento), del Gruppo *Valle Scrivia*.

I Battaglioni CC.NN. LXIII (Udine) e LXXIX (Reggio Emilia) non erano *M* quando partirono per la Russia, ma lo divennero per merito di guerra con la trasformazione della 63ª Legione *Tagliamento* in Gruppo Battaglioni *M*. Altri Battaglioni *M* furono:

11   D. Del Giudice, "L'85° Battaglione Camicie Nere. Storia ed impiego dal 1937 al 1945", *Storia e battaglie* 22 (2003), p. 23.
12   Il raggruppamento Galbiati con i Battaglioni. *M* VIII, XVI e XXIX, nel Campo addestramento Battaglioni *M* di Trastevere.
13   Gruppo *Leonessa*, con i Battaglioni *M* XIV e XV.
14   Lucas, De Vecchi 1976, p. 428.
15   Galbiati all'inizio del colloquio elencò i dati da noi sopra riportati sulla partecipazione della M.V.S.N. alla guerra: 197 Battaglioni, 112.000 Camicie Nere, e sulle perdite subite, pari al 41% della capacità numerica iniziale. Seguono alcune questioni tecniche.

X (Voghera)[16];

LXXXV (Apuania);

XLII (Vicenza);

LXXI (Faenza);

XLIII (Belluno);

LX (Pola);

L (Treviso);

LXXI (Ravenna).

I legionari dei Battaglioni *M* dovevano ricevere un addestramento simile a quello degli arditi della prima guerra mondiale, con l'uso di munizioni vere e grande selettività[17]; i corsi si svolgevano presso il campo dei Battaglioni *M* a Trastevere, comandato dal Console Generale Guia, che ricopriva il ruolo di Ispettore dei Battaglioni *M*. I Battaglioni *M* non erano inquadrati in Legioni CC.NN. d'Assalto, ma, come proposto dal Generale Cavallero a Galbiati nel colloquio del 19 giugno, in Gruppi di Battaglioni i quali inquadravano due Battaglioni d'assalto ed uno armi d'accompagna-mento ciascuno. La struttura di ogni Battaglione *M* era:

Plotone comando;

Plotone esploratori;

Tre Compagnie assaltatori;

Compagnia mitraglieri.

La struttura del Battaglione armi d'accompagnamento era:

Plotone comando;

Compagnia mortai da 81 mm;

Compagnia cannoni controcarro da 47/32.

---

16 Il X Btg. *M* venne inviato in Tunisia nel 1943 e fu l'unico Battaglione *M* presente in Africa; al momento della resa inglobò anche il VI Battaglione CC.NN. d'Africa: ricorda Berto che il 13 maggio, *il comandante ci ha mandato i distintivi "M" e l'ordine di metterci in camicia nera. Bisogna presentarsi al nemico con proprietà e fierezza* (Berto 1985, p. 219). Caratteristica degli *M* era di combattere in camicia nera, a differenza di altri reparti della Milizia che portavano la camicia grigioverde o kaki con cravatta nera.

17 Che la realtà non fosse sempre questa lo si desume dai ricordi di Piero Calamai, del *Montebello*, che dovette essere inviato in fretta sul fronte russo senza avere il tempo di completare il proprio addestramento: *Come addestramento sparammo tre colpi di moschetto e lanciammo una bomba a mano SRCM in riva al Tevere* [...] *Ci insegnarono anche a cantare correttamente* Giovinezza *e* Battaglioni M *ed infine* Vecchia Pelle, *la bellissima canzone che ci accompagnò per tutta la campagna* [...] (P. Calamai, in P. Calamai, N. Pancaldi, M. Fusco, *Marò della X*ª *Flottiglia MAS*, Bologna 2002 p. 28) Il *Montebello* terminò poi il proprio addestramento nelle retrovie del fronte russo: *A Millerovo fu necessario fare quello che non avevamo fatto a Roma, cioè andare all'assalto, perché questo era il nostro mestiere. La conclusione fu che, alla fine, avevamo raggiunto un alto livello addestrativo, almeno pari a quello dei migliori reparti dell'esercito* (ibid., p. 34).

Il Gruppo Battaglioni riuniva una forza complessiva di 74 ufficiali, 112 sottufficiali e 1.606 graduati e Camicie Nere per un totale di 1.792 combattenti. I Gruppi *Tagliamento*, *Montebello*, *Leonessa* e *Valle Scrivia* combatterono in Russia; il X in Tunisia, mentre i Battaglioni XLII, XLIII, L, LX vennero destinati *all'Operazione C3*, lo sbarco a Malta pianificato dallo Stato Maggiore Italiano per l'estate del 1942, ed addestrate di conseguenza per operazioni anfibie, costituendo un Gruppo CC.NN. *M* da sbarco. Dopo l'abbandono dell'*Operazione C3* e l'occupazione della Francia di Vichy alla fine del 1942 i Battaglioni furono utilizzati per lo sbarco e l'occupazione della Corsica. In seguito il XLII ed il L Battaglioni *M* vennero destinati alla zona d'occupazione in Francia. Elementi delle disciolte CC.NN. *M* da sbarco, dopo l'otto settembre, si scontrarono con la *16. Reichsführer SS*, in ripiegamento verso il porto di Bastia. Nel maggio del 1943 prese corpo l'idea di una Divisione *Guardia del Duce*, formata dai veterani della Russia. Venne, infatti, costituita la divisione corazzata CC.NN. *M*, armata con mezzi tedeschi, ottenuti grazie all'intervento personale di Himmler. La divisione fu equipaggiata a tempo di record, con 12 carri *Pz.Kf.Wg. IV Ausf. G* con cannone da 75/48; 12 carri *Pz.Kf.Wg. III Ausf. N* con cannone da 75/24, 12 semoventi *Sturmgeschütz III* con cannone da 75/48; 24 cannoni antiaerei da 88 mm con relativi trattori semicingolati. Furono anche consegnate quarantasei mitragliatrici *MG 42* e ventiquattro lanciafiamme spalleggiabili d'assalto; la Divisione disponeva anche di materiale italiano. Si trattava dell'unità meglio armata delle Forze Armate italiane, e fu addestrata da istruttori tedeschi. Tutto il personale era veterano, e tutti gli ufficiali erano provenienti dai Battaglioni *M*. I veterani rientrati dalla Russia, dopo un solo mese di licenza, inquadrarono i volontari nella zona di Chiusi, per trasferirsi poi nella zona di Bracciano-Campagnano Romano dove si trovava il 25 luglio. Dai reparti che avevano combattuto in Russia furono ripresi nome e tradizioni:

Gruppo corazzato *Leonessa*

Gruppo d'assalto *Tagliamento*

Gruppo d'assalto *Montebello*

Raggruppamento antiaereo e controcarro *Valle Scrivia*

LE OPERAZIONI DEL CORPO DI SPEDIZIONE ITALIANO IN RUSSIA (1941-1942)

Questo capitolo ha lo scopo di fornire un riassunto dell'attività delle truppe italiane in Russia, in modo da dare un quadro generale degli avvenimenti nei quali furono coinvolte le unità di Camicie Nere. Dopo esser stato passato in rassegna da Mussolini, il Corpo di Spedizione Italiano iniziò il 10 luglio 1941 il proprio trasferimento verso la Russia. Il trasferimento fu lungo e complesso, coinvolgendo oltre duecento treni e si svolse in venticinque giorni, compresi diciassette di movimenti effettivi. Il percorso si svolse per ferrovia sino oltre l'Ungheria, poi lo C.S.I.R. utilizzò i propri mezzi per raggiungere la zona di radunata nella regione di Gura Humororului, nella Moldavia rumena. Quando il C.S.I.R. giunse in Russia (Messe aveva sostituito Zingales, colto da improvviso malore – una congestione polmonare – a Vienna) gli italiani furono posti dapprima alle dipendenze dell'*11. Armee* tedesca, ma già il quattordici agosto lo C.S.I.R. passò agli ordini del generale Ewald von Kleist, comandante della *1. Panzerarmee*. Durante l'offensiva tedesca sul Bug, che faceva seguito alla distruzione della 6ª e della 12ª Armata sovietiche, la 9ª Divisione *Pasubio* ricevette il battesimo del fuoco l'11 agosto nella battaglia detta dei due fiumi (Bug e Dniestr). La *Pasubio* ebbe l'incarico di tagliare la ritirata ai sovietici che fuggivano verso le testa di ponte di Nikolajev, dove si trovava l'unico ponte rimasto in mano sovietica. Una colonna, composta da elementi dell'80° fanteria *Roma* combatté a Pokrovskoie ed a Jasnaja Polyana tra il 12 ed il 14 settembre, riuscendo a catturare parte delle forze avversarie, anche se altre riuscirono a passare il fiume. Poche settimane dopo, nell'area del Dnjepr *Pasubio* e *Torino* appoggiate dalla *Celere* ebbero un ruolo decisivo nella battaglia di Petrikowka, nella quale furono catturati sessantamila sovietici; in quest'occasione le Camicie Nere della Legione *Tagliamento* ebbero il battesimo del fuoco. La chiusura della sacca di Petrikowka concluse le operazioni per la testa di ponte di Dnjepropetrowsk. Con ciò il gruppo d'armate Sud (*Heeresgruppe Süd*) di von Rundstedt si preparava ad assicurarsi il controllo del bacino minerario ed industriale del Donetz. Kleist aveva due obiettivi: la città di Stalino, con il vicino distretto minerario di Gorlowka-Rykowo, e la città di Rostow. Compito del Corpo di Spedizione era di proteggere il fianco sinistro della *Panzerarmee* di Kleist, un compito che sarebbe durato sino all'estate del 1942. I sovietici avevano ora adottato la tattica della terra bruciata, lasciando indietro agguerrite retroguardie, e ciò creava non pochi problemi alle forze dell'Asse, insieme al fango autunnale. Dal 9 all'11 ottobre una colonna composta dal LXXIX Battaglione CC.NN. della *Tagliamento*, nota come colonna Garelli, eliminò, insieme alla *198. Infanterie-Division* tedesca, una tenace testa di ponte sovietica sul fiume Samara, permettendo la conquista di Pawlograd. L'avanzata fu rallentata dal cattivo tempo, ma nonostante questo, e nonostante il deterioramento degli autoveicoli, sovente sostituiti da cavalli, il 17 i dragoni del *Savoia Cavalleria* ed i *Lancieri di Novara* avevano sfondato le linee sovietiche sul fiume Suche Jeay ad Uspenowka e Ulaklj permettendo l'avanzata verso Stalino: i Bersaglieri del 3° catturarono la città insieme ai tedeschi del *XLIX Gebirgskorps* il 20 ottobre. Intanto la *Pasubio*, con il suo 80° Reggimento comandato dal colonnello Chiaramonti, aveva sfondato le linee sovietiche. All'inizio delle operazioni, le divisioni *Celere* e *Pasubio* presero Gorlowka, dopo un combattimento casa per casa che dimostrò come i sovietici divenissero sempre più agguerriti, e meno disposti a cedere terreno. La colonna Chiaramonti, allo scopo di chiudere un varco di una cinquantina di chilometri tra lo schieramento italiano e i tedeschi occupò Nikitowka, ma fu assediata per sei giorni dall'intera 74ª Divisione fucilieri; nonostante i vari tentativi di sblocco non avessero avuto esito felice, Chiaramonti riuscì a tornare nelle linee italiane il 12 novembre. Il settore tenuto dalla divisione *Torino* – che aveva a sua volta conquistato la città di Rykowo – rimase invece più tranquillo. All'inizio di dicembre, lo C.S.I.R. era schierato lungo la cosiddetta *Linea Z*. Nello stesso periodo, l'82° fanteria *Torino* strappò al 95° Reggimento della *NKVD* la città di Chazepetowka nell'ultima offensiva italiana. L'arrivo dell'inverno, le perdite ed il deterioramento dei materiali spinsero Messe a rifiutare di compiere una nuova avanzata, come richiesto da Kleist, definendola un atto suicida. I fatti gli dettero ragione, perché il 25 dicembre, approfittando della festività e coperte da tempeste di neve, due Divisioni di fanteria sovietiche (136ª e 296ª) e due di cavalleria (68ª e 35ª) attaccarono il settore di venti chilometri dell'ala sinistra della *Celere* tenuto da soli cinque Battaglioni (due della *Tagliamento* e tre del 3° Bersaglieri). La lotta fu durissima, ma, sebbene le forze sovietiche fossero dieci volte (!) più numerose, le linee delle CC.NN. tennero (i Bersaglieri cedettero ad Ivanovka), permettendo a Messe di passare al contrattacco[1]. Nel frattempo la *Pasubio* e la *Torino* condussero anch'esse contrattacchi per ridurre la pressione sulla *Celere*, bloccando la 74ª Divisione sovietica. Anche la *198. Infanterie-Division* dovette respingere numerosi assalti. Il 31 dicembre la battaglia era terminata con una vittoria italiana. Nell'occasione i sovietici si macchiarono di numerosi crimini, tra cui il massacro di tutti i feriti dell'ospedale del XVIII Bersaglieri ad Ivanovka. Lo C.S.I.R. si attestò a difesa della *Linea Z*, restandovi tutto l'inverno. Dopo i combattimenti di Woroshilowa, che nella seconda decade di gennaio impegnarono la *Celere* per eliminare alcuni punti deboli del fronte, e costarono circa 250 perdite, si ebbe solo qualche scontro con i sovietici di scarsa importanza; il più notevole avvenne a febbraio nel settore della divisione *Torino*. A febbraio arrivò anche in linea il battaglione sciatori *Monte Cervino*, da poco ricostituito, che fu impiegato in primavera, insieme a Bersaglieri e guastatori, nelle operazioni del *III. Panzerkorps* per la riduzione del saliente di Isjum[2]. Ad aprile entrò in linea la Legione Croata, circa 1.200 volontari croati con divisa della Milizia.

---

[1] Secondo il generale Cesare Amè, capo del Servizio Informazioni Militari, data e ora dell'attacco sovietico erano noti agli italiani: C. Amè, *Guerra segreta in Italia 1940-1943*, Roma 1954, pp. 78-79.
[2] L'Armata Rossa scatenò una nuova offensiva nella terza decade di gennaio e riuscì a penetrare nello schieramento germanico ad ovest di Isjum, creando una sacca larga un'ottantina di chilometri e profonda ottanta. I tedeschi in primavera tornarono all'offensiva, eliminando la sacca di Isjum e riconquistando la Crimea, con la caduta della fortezza di *Sebastopoli*.

L'ARMATA ITALIANA IN RUSSIA (1942-1943)

Nel frattempo, data la deteriorata situazione in U.R.S.S. (i tedeschi erano stati respinti da Mosca e da Leningrado, e Timoshenko aveva creato ad Isjum una vasta testa di ponte) Hitler chiese a Mussolini l'invio di altre truppe, soprattutto quelle alpine da impiegare sul Caucaso, a ciò spinto anche dai brillanti risultati del C.S.I.R.. Malgrado il parere negativo del Capo di Stato Maggiore Generale Cavallero (che finì col cedere) e di Messe[1], Mussolini dispose l'invio, oltre agli Alpini del Corpo d'Armata Alpino, di un altro Corpo d'Armata, il XIX, che con lo C.S.I.R. (ora XXXV Corpo) avrebbe formata l'8ª Armata, o Armata Italiana in Russia. Il comando fu affidato al Generale Italo Gariboldi, per un totale di due Divisioni autotrasportabili (9ª *Pasubio* e 52ª *Torino*), 4 Divisioni di fanteria (156ª *Vicenza*, 2ª *Sforzesca*, 3ª *Ravenna* e 5ª *Cosseria*), 3 Divisioni alpine (2ª *Tridentina*, 3ª *Julia* e 4ª *Cuneense*), una Divisione *Celere* (3ª *Amedeo duca d'Aosta*), due Raggruppamenti CC.NN. *M*, equivalenti a due piccole Divisioni (*23 Marzo*, *3 Gennaio*) un Raggruppamento a cavallo, anch'esso da considerare una Divisione binaria, ovvero una Brigata (3° *Savoia cavalleria*, 11° *Lancieri di Novara*, Reggimento Artiglieria a Cavallo) oltre a truppe d'Armata e servizi, per un totale di 229.005 uomini su 164 battaglioni, con 16.700 automezzi, 4.470 motociclette, 31 carri armati *L6* e 19 semoventi da 47/32 e 64 aerei[2]. Le operazioni dell'ARM.I.R. ripresero a luglio del 1942, nell'ambito della ripresa offensiva germanica verso il Caucaso ed il Volga, che aveva come obiettivo Stalingrado. Dall'11 al 22 luglio le unità del XXXV corpo del generale Messe (ossia il vecchio C.S.I.R., cui si erano aggiunti la Divisione *Sforzesca*, il Battaglione *Monte Cervino* e la Legione croata) inquadrate per l'occasione nella *17. Armee*, concorsero all'occupazione del bacino carbonifero di Krasnij Lutsch ed alla battaglia di Serafimovitch, dove dopo lo sfondamento avversario del settore tenuto dall'indebolito *Infanterie-Regiment 278* tedesco, i Bersaglieri del 6° Reggimento respinsero truppe appartenenti alla 124ª e alla 36ª Divisione fucilieri appoggiate anche da carri *T-34*, che gli italiani videro qui per la prima volta[3] (31 luglio-1 agosto); la *Celere* aveva dunque conseguito ottimi risultati nell'ambito dell'operazione *Fall Blau*, guadagnandosi molti elogi da parte tedesca[4] ma subendo pesanti perdite. Il 28 luglio Stalin ordinò di non cedere più un metro della Madrepatria, puntando sul nazionalismo per coalizzare i sovietici contro gli invasori[5]. L'Armata Rossa, mentre la *Wehrmacht* declinava quantitativamente e qualitativamente nel materiale umano, si andava evolvendo verso un'organizzazione totalmente diversa da quella del 1941: la reintroduzione dei distintivi di grado di tipo tradizionale sulle uniformi, la designazione delle unità scelte come *Guardie* seguendo la tradizione zarista, l'abbandono della propaganda internazionalista per quella patriottica, ebbero forti riflessi collettivi sulla psicologia del popolo. La guerra non era più una guerra comunista, ma una guerra russa, nel solco di Aleksander Nevskij, di Pietro il

---

1   Mussolini alle osservazioni di Messe circa i pericoli di una maggior presenza militare in Russia fece presente che Hitler non avrebbe avuto considerazione, a fine guerra, per chi non avesse partecipato alla campagna sul fronte russo; a tale scopo *i duecentomila dell'ARM.I.R. conteranno più dei sessantamila dello C.S.I.R*. (G. Messe, *La guerra al fronte russo. Il Corpo di Spedizione Italiano in Russia*, V ed. Milano 1963, pp. 232 segg.).

2   71° Gruppo: 16 *Ca 311* e 7 *Br 20*; 21° Gruppo Autonomo Caccia Tattica (sostituì il 22°): 30 *Mc 200* e 11 *Mc 202*.

3   I carri della 652ª Brigata corazzata indipendente attaccarono quota 201.1 con 24 *T-34* e quota 176.7 con 15 *T 26*; malgrado la mancanza di mezzi anticarro, i Bersaglieri del XIII/6° presero posizione sfruttando il terreno, eliminarono le fanterie avversarie che seguivano i corazzati e attaccarono i carri isolati con mine e bottiglie incendiarie, mentre il I ed il II Gruppo del 120° Reggimento Artiglieria intervenne contro i carri che avanzavano in formazione distruggendo 15 tra *T-34* e *T-26* e mettendone fuori uso numerosi altri. Alla fine del ciclo operativo la 652ª Brigata perse quarantasette carri su cinquanta ad opera degli italiani della *Celere*; 35 distrutti dall'artiglieria e dai Bersaglieri, 12 abbandonati nelle acque del Don: Messe 1954, p. 258.

4   Il comandante della *79. Infanterie-Division* affermò a proposito dei combattimenti del 30 luglio: *Voi Bersaglieri siete meravigliosi. Pur senza mezzi adeguati avete fermato i carri sovietici. Nelle vostre condizioni, noi tedeschi stessi non avremmo potuto combattere neppure un giorno di guerra* (cit. in R. Zizzo, *1942-1943. La tragedia dell'ARM.I.R. nella Campagna di Russia*, Campobasso 1996, p. 96)

5   S. Merritt Miner, *Stalin's Holy War. Religion, Nationalism and Alliance Politics, 1941-1945*, Raleigh 2006.

Grande e di Kutusov. Hitler non era più solo il *nemico fascista*, ma anche il nuovo Napoleone da respingere. Anche la mancanza di lungimiranza dei tedeschi nell'amministrazione dei territori occupati, inasprì l'atteggiamento dei russi, che pure avevano accolto i tedeschi come liberatori. Intanto le forze dell'Asse avevano raggiunto la riva del Don, mentre la *6. Armee* puntava su Stalingrado, impantanadosi in una lotta feroce sulle rive del Volga; all'ARM.I.R., ai rumeni della 4ª Armata ed agli ungheresi della 2ª, fu affidata la difesa delle rive del Don. Gli italiani si schierarono nel settore tra Pawlosk e la confluenza del Choper nel Don, in un settore lungo in linea d'aria 180 chilometri, che però diventavano 270 seguendo le rive del fiume. Gli italiani avevano sulla sinistra la 2ª Armata ungherese, e sulla destra la 6ª Armata tedesca (Paulus) e le rumene 3ª e 4ª e di fronte la 63ª Armata sovietica. Lo schieramento dell'ARM.I.R. era quantomeno infelice: uno spreco di forze se il settore non fosse stato investito, troppo poche se fosse avvenuto il contrario. Dopo una serie continua di assaggi esplorativi da parte avversaria, intorno alla metà di agosto, il 20 i sovietici attaccarono in forza, mettendo in fuga parte della *Sforzesca*, che si guadagnò il poco invidiabile appellativo di "Divisione *Cikay*" (scappa). La feroce resistenza del Gruppo *Tagliamento* ancora una volta, come a Natale, evitò il peggio, tanto che il *Tagliamento*, elementi della *Pasubio*, dell'*Infanterie-Regiment 179* (*62. Infanterie-Division*), del 3° e 6° Bersaglieri passarono alla controffensiva. Il 24 si svolse la celeberrima carica di Isbushenskij: il *Savoia Cavalleria* caricò l'avversario, mettendo in fuga due battaglioni sovietici. Ma l'onda sovietica pareva inarrestabile: l'Armata Rossa era riuscita a far passare il Don a diversi Battaglioni della 197ª e 203ª Divisione fucilieri e della 14ª Divisione *Guardie*, il che portò ad un arretramento della linea italiana sulle posizioni di Jagodny e Tchebotarewskij malgrado la strenua resistenza delle CC.NN. del *Tagliamento* attestate sulla quota 232.2 di Tchebotarewskij. Il 25 settembre la 14ª *Guardie* conquistò il caposaldo di Tchebotarewskij, tenuto dal Gruppo *Tagliamento* e dai resti del I/54 (in tutto meno di un migliaio di uomini) e la linea italiana parve sul punto di collassare anche a Jagodny il 28, ma quando la collina 187.9, presidiata dai Bersaglieri del XXV, stava per cadere nelle mani di tre Reggimenti sovietici (610°/203ª Divisione, 619°/203ª, 889°/197ª); un violento contrattacco degli Alpini sciatori del *Monte Cervino* ristabilì la situazione, e i sovietici ripiegarono senza fare altri tentativi contro Jagodny. Ma il punto di svolta fu l'arrivo degli Alpini della *Tridentina*: richiamati in gran fretta dalla marcia verso il Caucaso, fecero pendere l'ago della bilancia dalla parte degli italiani, e i sovietici furono respinti nella controffensiva terminata vittoriosamente il 1 settembre[6]. La prima battaglia difensiva del Don s'era conclusa vittoriosamente per gli italiani, ma con forti perdite[7]; inoltre, i sovietici continuavano a tenere numerose teste di ponte sulla riva destra del Don. Ad ottobre Messe lasciò a Zingales (il suo predecessore designato) il comando del XXXV Corpo e partì per la Tunisia, dove avrebbe assunto il comando della *Panzerarmee Afrika*[8], ridenominata 1ª Armata italiana. Nei tre mesi che intercorsero tra quella che gli italiani chiamarono prima battaglia difensiva del Don e la seconda (per i sovietici *Operazione Piccolo Saturno*) si ebbero continui scontri di pattuglie di piccola entità (con qualche eccezione, come i combattimenti tra l'11 ed il 12 settembre) l'Armata si dedicò ad apprestare le posizioni in vista della sosta invernale, a ripianare le perdite ed ad inserire in linea il Corpo d'Armata Alpino. Le azioni sovietiche partivano soprattutto dalle teste di ponte che il nemico aveva creato sulla sponda destra del fiume. L'ARM.I.R. presentava uno schieramento a cordone su una fronte estesa per 270 chilometri, senza profondità e senza un'adeguata densità di truppe, e senza

---

6   Il 6° Alpini subì numerose perdite nel corso del contrattacco del 1° settembre, perché i reparti tedeschi (elementi della *79. Infanterie-Division* con carri del *Panzer-Regiment 22*) che avrebbero dovuto fiancheggiare l'azione sulla destra non si mossero; e, anziché avvertire, comunicarono che gli obiettivi *erano stati presi*. Come risultato, il 6° Alpini si spinse troppo avanti, essendo attaccato sul fianco scoperto e subendo forti perdite.

7   L'ARM.I.R. ebbe 2.704 tra morti e dispersi (tra cui 139 ufficiali) e 4.212 feriti.

8   A.C.I.T., Armata Corazzata Italo-Tedesca.

riserve: malgrado Gariboldi avesse fatto più volte presente la situazione al Gruppo d'Armate B (von Weichs) non gli era stata mai prestata attenzione[9]. Il 19 settembre, i sovietici lanciarono nel settore del Don l'*Operazione Urano*, che mise in rotta la 3ª Armata rumena (Generale P. Dumitrescu) e la 4ª Armata (Generale C. Costantinescu)[10]. Due giorni dopo le armate dei Generali Vatutin ed Eremenko (rispettivamente comandanti dei Fronti del Don e di Stalingrado[11]) si riunirono a Kalach, circondando ed isolando la *6. Armee* di Paulus a Stalingrado. Per indebolire lo schieramento germanico, i sovietici dopo la distruzione della 4ª Armata rumena decisero di colpire i settori tenuti dagli alleati dei tedeschi, meno armati e sprovvisti di adeguate misure contro i corazzati: così gli obiettivi seguenti furono l'8ª Armata italiana e la 2ª Armata ungherese. Il punto prescelto fu il settore tenuto dal II Corpo d'Armata, di fronte a dove si congiungevano i settori del Fronte di Voronetz (generale Golikov) e di quello del Don (generale Vatutin), che avrebbero agito congiuntamente e a massa. Come già a dicembre dell'anno precedente ed ad agosto, l'offensiva sovietica contro gli italiani fu preceduta da una serie locali (1-10 dicembre); l'11 iniziò l'operazione *Piccolo Saturno*. Sul fronte tenuto dal II Corpo d'Armata, avente in linea le Divisioni binarie *Cosseria* e *Ravenna*, ed il Raggruppamento *23 Marzo* (gruppi *Tagliamento* e *Montebello*), su sedici Battaglioni di fanteria italiani, uno di guastatori (XXX), tre Battaglioni del *318. Infanterie-Regiment* tedesco, nove Batterie italiane ed una cinquantina di *Panzer III* tedeschi, attaccarono novanta Battaglioni di fanteria, venticinque di fanteria motorizzata, trenta Battaglioni carri con ottocentodieci *T-34*, duecento lanciarazzi multipli.

In prima schiera:

XV Corpo d'Armata:

Divisioni: 172ª, 350ª, 267ª fucilieri;

IV Corpo d'Armata Guardie:

Divisioni: 195ª, 41ª fucilieri *Guardie*;

VI Corpo d'Armata Guardie:

Divisioni 44ª, 1ª fucilieri *Guardie*;

114ª brigata corazzata:

Reggimenti carri: 82° e 213°;

127ª Divisione fucilieri (indipendente)

---

9 Un ulteriore esempio di *schlumperei* dei comandi tedeschi: David Irving ricorda che Hitler era preoccupato per la mancanza di armi anticarro di italiani ed ungheresi sul Don, e *ordinò che fosse immediatamente posto riparo a quell'omissione attingendo al bottino fatto ai francesi*: D. Irving, *Hitler's War*, Londra 1989 (tr. it. Roma 2001, p. 641). Non fu fatto nulla, anche se è dubbio se le obsolete armi francesi avrebbero potuto fare molto contro i *T-34*.
10 Tra il 19 novembre 1942 ed il 7 gennaio 1943 i rumeni persero 158.854 uomini, sedici Divisioni su diciotto schierate sul fronte del Cir, e 73 aerei: cfr. A. Rosselli, "Le forze romene a Stalingrado", *Storia e battaglie* 19 (2002), p. 28.
11 Il *Fronte* sovietico corrispondeva al Gruppo d'Armate tedesco.

In seconda schiera:

XVII Corpo d'armata corazzato:

Brigate corazzate: 66ª, 175ª, 67ª

31ª Brigata meccanizzata;

XXV Corpo d'armata corazzato Guardie:

Brigate corazzate 111ª, 162ª, 173ª *Guardie*

16ª brigata meccanizzata *Guardie*;

XVIII Corpo d'armata corazzato Guardie:

Brigate corazzate: 110ª, 18ª, 170ª *Guardie*

32ª Brigata meccanizzata *Guardie*;

XXIV Corpo d'armata corazzato Guardie:

Brigate corazzate 4ª, 154ª, 130ª

24ª Brigata meccanizzata *Guardie*;

In riserva:

Divisioni di fanteria 160ª e 35ª *Guardie*.

L'attacco contro il fronte della Cosseria, a nord sarebbe stato portato dalla 6ª Armata del Fronte di Voronetz (127ª, 115ª Brigata corazzata, XV Corpo d'Armata, XVII Corpo d'Armata corazzato, 160ª) di Golikov mentre quello contro la *Ravenna* dalla 1ª Armata *Guardie* (Generale Kuznetov) del Fronte di Sud Ovest di Vatutin[12]. Per incredibile che possa sembrare, la linea italiana resistette sino al 17, finché cedette come inevitabile. La battaglia si estese per duecento chilometri e l'ala destra dell'ARM.IR., rimasta esposta per il crollo della 3ª Armata rumena, resistette sino al diciannove, dovendo abbandonare le posizioni sino allora difese, ma l'abbandono, dato il ritardo con il quale giunse l'autorizzazione dell'*O.K.W.*, avvenne in una situazione del tutto compromessa. Von Weichs si prodigò invano per arginare l'avanzata sovietica inviando contro i russi la 27. *Panzer-Division*, che potè fare ben poco. Annotò Galeazzo Ciano nel proprio diario in data 13 dicembre 1942: Quando sono arrivato [a Görlitz, dove doveva incontrare il ministro degli esteri tedesco Joachim von Ribbentrop] non si è nascosto né a me né ai miei collaboratori il disagio per le notizie della rotta sul fronte russo. Si tendeva apertamente a noi la colpa. Hewel, che vive molto vicino ad Hitler ha avuto con Pansa [vice capo del cerimoniale degli Esteri] il seguente colloquio. Pansa: "Had our Army many losses?". Hewel: "No losses at all: they are running". Pansa: "Like you did in Moskow

---

12   L'appellativo *Guardie* era concesso alle unità che si erano più distinte in combattimento, ed erano le truppe scelte dell'Armata Rossa.

last year". Hewel: "Exactly"[13]

Le vicende del ripiegamento furono tragiche; la ritirata si svolse su due colonne, quella settentrionale formata dai resti del II Corpo d'Armata e quella meridionale da quelli del XXV Corpo, che si ritiravano in condizioni meteorologiche terribili, a −38° sotto continue tempeste di neve. Gli italiani riuscirono a sottrarsi all'accerchiamento, grazie anche alla tenace resistenza dei tedeschi a Millerovo, a quella dei resti del Raggruppamento CC.NN. M *3 Gennaio* a Tcherkowo ed agli abili contrattacchi tattici condotti dal *XLVIII. Armee-Korps* di von Knobelsdorf[14]. Infine l'8ª Armata, o meglio quel che ne restava, si attestò su una nuova linea difensiva, anche se in realtà troppo indebolita per combattere ancora, e venne riordinato, ricevendo a propria disposizione il *XXIV. Panzerkorps* tedesco[15], oltre al Corpo Alpino[16] rimasto sul Don per ordine del Gruppo d'Armate. I sovietici diressero i loro attacchi contro la 2ª Armata ungherese, che fu travolta, e anche il *XXIV Panzerkorps* [17] fu pressoché annientato dopo durissimi attacchi diretti contro la *17. Panzerdivision*, il *Führer-Begleit-Bataillon* e il *Kampfgruppe Fegelein*[18]. Finalmente fu autorizzato il ripiegamento del Corpo d'Armata Alpino (alle 12.30 del 17 gennaio 1943), ma esso era già stato aggirato da punte corazzate sovietiche. La ritirata del Corpo Alpino e dei resti dell'ARM.I.R. fu tragica: ritardato dagli ordini contraddittori dei tedeschi e da disguidi, in condizioni climatiche difficilissime, venne continuamente ostacolato dai sovietici che tentarono di fermare gli Alpini ed annientarli con successivi sbarramenti. Il 18 mossero le Divisioni *Tridentina* e *Vicenza*, il giorno dopo la *Julia*, la *Cuneense* ed i resti del *XXIV. Panzerkorps* con la *385.* e *387. Infanterie-Division*. Le colonne si riunirono il 22 gennaio, dopo vari combattimenti a Krawzowka e a Scheljakino, in una sola colonna a Ladomirowka. Il Corpo d'Armata Alpino proseguì la ritirata nei giorni successivi combattendo truppe regolari e partigiani sovietici che tentavano di bloccare la strada a Dectjarnia il 23 gennaio, a Arbusowo, Valuikj, Postojaly, Skororyo, Wikotka; e se i resti della *Julia* e della *Cuneense* caddero infine in mano sovietica, la *Tridentina* sfondò due volte nello stesso giorno (26 gennaio) gli sbarramenti sovietici prima a Nikitowka, e poi a Nikolajewka, dove guidata dal generale Reverberi (caduto incitando i suoi uomini al grido di *Avanti, che siete Alpini!*) si aprì un varco attaccando all'arma bianca, con l'appoggio di due semoventi tedeschi, le posizioni sovietiche riuscendo a sfondare ed ad uscire dalla sacca. I superstiti giunsero il 30 gennaio a Bolsche Troizkoje ed il 31 a Shebekino,

---

13   Autori come Frederick W. Deakin o, dall'altra parte, il più recente David Irving, opposti nei giudizi ma egualmente con molti pregiudizi verso gli italiani (stranamente Irving finge di ignorare totalmente l'uso di Ultra nel Mediterraneo, per rispolverare la favoletta degli alti ufficiali italiani conniventi col nemico) riprendono il diario di Ciano, ma evitando di riportare la risposta di Pansa e l'ammissione di Hewel sulla rotta dei tedeschi a Mosca: F.W. Deakin, *The Brutal Friendship. Mussolini, Hitler and the Fall of Italian Fascism*, Londra 1962 (tr. it. Torino 1990, I, p. 131-132) ed Irving 1989 (tr. it., p. 648) [il diario di Ciano, tuttavia, non è in generale una fonte molto attendibile, essendo specchio dell'ego del suo estensore, che in più parti del diario non esita a dare una cronaca falsata degli avvenimenti di cui fu protagonista o testimone, NdE].

14   A. Giovanditto, *Panzer all'attacco. La guerra dei carri dalla Russia a Berlino*, Roma 1977, p. 102. Il ruolo svolto dalle truppe tedesche per arginare l'avanzata di Kutnezov è totalmente ignorato o trascurato dalla memorialistica italiana, che preferisce insistere sui casi di scarso cameratismo dei tedeschi; che tali atti avvenissero è indubbio, anche se per onestà storica va ricordato come anche gli italiani si comportassero spesso allo stesso modo verso i germanici, come documentato da Alessandro Massignani in *Alpini e Tedeschi sul Don*, Valdagno 1991.

15   Il *XXIV. Panzerkorps* includeva operativamente la 3ª Divisione Alpina *Julia*.

16   Divisioni *Tridentina*, *Cuneense* e *Vicenza*.

17   Il comandante del *XXIV. Panzerkorps* Wender definì gli Alpini della *Julia*, che avevano combattuto con i suoi soldati, *Panzersoldaten*. Wender fu catturato dai sovietici, e sostituito dal generale Eibl, il quale annunciò il 14 al generale Ricagno, comandante della *Julia*, la sua decisione di ritirarsi.

18   L'*SS-Brigadeführer* Hermann Fegelein era il marito della sorella di Eva Braun. Il suo *Kampfgruppe*, che comprendeva insieme ad altri reparti l'*8. SS Kavallerie-Division*, (dal marzo 1944 ridenominata *8. SS-Kavallerie-Division Florian Geyer*) fu impiegato nella lotta antipartigiana. Fegelein assisté alla carica di Isbushenskij, confidando poi ammirato al comandante del *Savoia Cavalleria* colonnello Bettoni: *Noi queste cose non le sappiamo più fare!* Cfr. G. Williamson, *The Waffen SS (2) 6. to 10. Divisions*, Oxford 2004, pp. 17 segg. (spesso inesatto: non ricorda la presenza della Divisione alle dipendenze del *XXIV. Panzerkorps*).

dove furono finalmente riforniti, dopo aver compiuto 350 chilometri di marcia a piedi nella neve ed aver sostenuto tredici combattimenti vittoriosi per aprirsi la strada. Lo stesso giorno a Stalingrado, Paulus, appena promosso Feldmaresciallo, si arrendeva a Eremenko con i resti della sua Armata. Il primo febbraio l'8ª Armata cedette il comando di settore e raggiunse la zona di riordino e di raccolta a nord-est di Kiev, in Bielorussia. Tra febbraio e marzo rientrarono i primi contingenti dalla Russia, sessantacinquemila uomini; il 22 aprile rimpatriarono i quarantamila superstiti del II Corpo d'Armata, sino ad allora trattenuti per un possibile impiego in linea. Le ultime truppe a rientrare furono i 9.500 soldati dell'Intendenza militare. Rientrarono in Patria 114.500 uomini, su 229.005 appartenuti all'Armata Italiana in Russia. Le forze armate italiane persero in Russia 89.938 uomini tra morti e dispersi[19], ed ebbero 43.282 uomini tra feriti e congelati. Tragica fu la sorte dei prigionieri sopravvissuti alla cosiddetta marcia del *Davai*, durante la quale i prigionieri che non avevano abbastanza forze venivano abbandonati o finiti con un colpo alla nuca[20]. Degli italiani prigionieri di guerra internati in Inghilterra, in India ed altri parti dell'impero britannico tornarono il 98.4 %, di quelli prigionieri in U.S.A. il 99.8 %, di quelli internati in Germania dopo il 1943 fecero ritorno in Patria il 94.4 %, dall'U.R.S.S. il 14 %[21].

---

19   Dalla prigionia rientrarono solo 10.030 uomini.
20   Almeno 20.000 prigionieri di guerra italiani morirono durante le marce del *Davai*, indeboliti dagli stenti e abbandonati o uccisi dai sovietici.
21   Non si può dimenticare qui il ruolo svolto dai fuoriusciti comunisti (tra gli altri Togliatti e D'Onofrio) nella tragedia dei prigionieri italiani, trattati in aperto spregio delle convenzioni internazionali: V. Galitzkij, *"Il più efficace degli antidoti". La morte dei prigionieri italiani in Russia*, in S. Bertelli, F. Bigazzi (curr.), *P.C.I.: la storia dimenticata*, Milano 2001, pp. 199-221 con documenti in appendice. Il titolo del saggio è una citazione della famigerata, agghiacciante frase di Palmiro Togliatti: [...] *il fatto che per migliaia e migliaia di famiglie la guerra di Mussolini, e soprattutto la spedizione contro la Russia, si concludano con una tragedia, con un lutto personale, è il migliore, è il più efficace degli antidoti* [...] (P. Togliatti, lettera a D.L. Bianco, rip. in Galitzkij 2001, p. 219); nella stessa lettera il *Migliore* scriveva: [...] *La nostra posizione di principio rispetto agli eserciti che hanno invaso l'Unione Sovietica, è stata definita da Stalin, e non vi è più niente da dire. Nella pratica, però, se un buon numero di prigionieri morirà, in conseguenza delle dure condizioni di fatto, non ci trovo assolutamente niente di male* [...] (ibid.).

LE UNITA' DELLA MVSN
SUL FRONTE ORIENTALE, 1941-1943

63ª LEGIONE D'ASSALTO TAGLIAMENTO
POI GRUPPO BATTAGLIONI CAMICIE NERE M D'ASSALTO TAGLIAMENTO

Comandanti: Console Niccolò Nicchiarelli; Console Domenico Mittica; Primo Seniore Mario Rosmino (interim); Console Galardo (tre ferite).

Aiutante Maggiore in prima: Seniore Diana (caduto)

Cappellani: Centurione don Guglielmo Biasutti (rimpatriato per polmonite); Centurione don Giuseppe Cante (deceduto a Leopoli in seguito a congelamento)

LXIII Btg. CC.NN. d'Assalto (Udine): Primo Seniore E. Zuliani; Primo Seniore M. Rosmino; Seniore N. Mezzetti (*caduto*)

LXXIX Btg. CC.NN. d'Assalto (Reggio Emilia): Primo Seniore Patroncini; Seniore Gamboni; Seniore Gangemi (ferito); Seniore S. Margini

183ª Compagnia mitraglieri CC. NN.: Cent. A. Zanotti (disperso)

103ª Compagnia mitraglieri CC.NN.: Centurione M. Gentile (caduto); Centurione G. Chelotti (mutilato per congelamento)

LXIII Battaglione Armi d'Accompagnamento Sassari (Regio Esercito), mobilitato presso il deposito dl 151° Reggimento Fanteria Sassari: Tenente Colonnello V. De Franco (ferito, deceduto in Italia dopo il rimpatrio)

GRUPPO BATTAGLIONI CAMICIE NERE M D'ASSALTO MONTEBELLO

Comandante: Console Italo Vianini

VI Btg. CC.NN. M (Vigevano): Seniore O. Goldoni (caduto)

XXX Btg. CC.NN. M (Novara): Seniore G. Pollini

XII Btg. Armi d'Accompagnamento CC.NN. M (Aosta): Seniore S. Superti (caduto)

RAGGRUPPAMENTO CC.NN. M D'ASSALTO 3 GENNAIO

formato dai Gruppi Tagliamento e Montebello

Comandanti: Luogotenente Generale Filippo Diamanti; poi Console Generale Alessandro Lusana.

GRUPPO BATTAGLIONI CC.NN. M D'ASSALTO LEONESSA

Comandante: Console Generale Graziano Sardu (caduto)

XIV Btg. CC.NN. M (Bergamo): Seniore Comincioli (caduto)

XV Btg. CC.NN. M (Brescia): Seniore Albonetti

XXXVIII Btg. Armi d'Accompagnamento CC.NN. M (Asti): Seniore Vannini

GRUPPO BATTAGLIONI CC.NN. M D'ASSALTO VALLE SCRIVIA

Comandante: Console Generale Mario Bertoni

V Btg. CC.NN. M (Tortona): Primo Seniore Masper (caduto)

XXXIV Btg. CC.NN. M (Savona): Seniore Gloria (ferito)

XLI Btg. Armi d'Accompagnamento CC.NN. *M* (Trento)

RAGGRUPPAMENTO CC.NN. M D'ASSALTO 23 MARZO

Formato dai Gruppi *Leonessa* e *Valle Scrivia*

Comandanti: Luogotenente Generale Enrico Francisci; Luogotenente Generale Edgardo Preti (interim); Luogotenente Generale Martinesi.

LA 63ª LEGIONE D'ASSALTO TAGLIAMENTO, IL GRUPPO CC.NN. M D'ASSALTO MONTEBELLO ED IL RAGGRUPPAMENTO 3 GENNAIO

Per ragioni di continuità tratteremo nell'ordine le vicende della 63ª Legione d'Assalto *Tagliamento* dall'estate 1941 alla sua trasformazione in Gruppo Battaglioni CC.NN. *M* d'assalto, la nascita del Raggruppamento *3 Gennaio* di cui il *Tagliamento*, sino all'autunno del 1942, fu l'unità principale, per trattare poi dell'arrivo del Gruppo Battaglioni CC.NN. *M Montebello* che entrò a far parte del Raggruppamento operando a fianco del Gruppo *Tagliamento* sino al rientro in Italia nella primavera del 1943; pertanto, per il periodo tra l'autunno del 1942 e il rientro tratteremo congiuntamente dei due Gruppi nell'ambito delle attività operative del raggruppamento *3 Gennaio*.

LA 63ª LEGIONE D'ASSALTO CC.NN. TAGLIAMENTO

LA COSTITUZIONE E LE PRIME OPERAZIONI
(FEBBRAIO 1941-NOVEMBRE 1941)

La 63ª Legione d'assalto fu formata nel febbraio del 1941 con i Battaglioni CC.NN. d'assalto LXIII di Udine (al comando del Primo Seniore Ermacora Zuliani) e LXXIX – proveniente dalla Legione *Cispadana* – di Reggio Emilia (Primo Seniore Patroncini) e con la 183ª Compagnia mitraglieri di Piacenza (Centurione A. Zanotti). Il comando fu affidato al Luogotenente Generale Niccolò Nicchiarelli. Il reparto era stato creato come Legione da inquadrare nella Divisione di fanteria *Pistoia*, ma l'evoluzione della situazione militare portò ad accantonare il progetto. Le truppe furono poste sotto il comando della 63ª Legione *Tagliamento*, che aveva in tempo di pace la propria sede ad Udine, e, come detto, ai friulani del Battaglione Zuliani furono aggiunti gli emiliani del LXXIX Battaglione ed i mitraglieri della 183ª Compagnia; tuttavia la potenza di fuoco era ancora inferiore a quanto necessario per un impiego al fronte. Pertanto, quando in seguito la 63ª fu trasformata in Legione autocarrata, le furono assegnate un'altra Compagnia mitraglieri, la 103ª Compagnia CC.NN. di Cuneo (comandata dal Centurione M. Gentile), e un Battaglione del Regio Esercito (LXIII Battaglione A.A. *Sassari*[1]), allo scopo di aumentarne la potenza di fuoco. Con l'inizio dell'operazione *Barbarossa* e la decisione di Mussolini di inviare in URSS un contingente italiano, la Legione *Tagliamento* fu prescelta per rappresentare la Milizia: era costituita da 1.191 ufficiali e Camicie Nere, e da 284 ufficiali e soldati del Regio Esercito appartenenti al LXIII Battaglione armi d'accompagnamento (A.A.), mobilitato dal deposito del 151° Reggimento fanteria *Sassari*, al comando del Tenente Colonnello V. De Franco; al Regio Esercito appartenevano anche i 133 autieri addetti agli automezzi della Legione. La *Tagliamento* doveva dunque rappresentare le Camicie Nere ed il Partito Nazionale Fascista nella *crociata* contro il comunismo sovietico, affiancandosi alle grandi unità dell'esercito; e d'altro canto la sua composizione aveva lo scopo dichiarato di sottolineare la cooperazione tra la M.V.S.N. e il Regio Esercito. Tra il 9 ed il 10 agosto la *Tagliamento*, trasportata da cinque treni, attraversò il confine del Brennero giungendo sino a Trusesti, in Romania, da dove, il 23 dello stesso mese, si trasferì per via ordinaria a Perwomajsk. Qui giunta, la 63ª Legione fu posta, il 27 agosto, alle dipendenze operative della Divisione fanteria autotrasportabile *Torino* (81° e 82° fanteria); il giorno successivo, al quadrivio di Ladishinka, diciotto chilometri a sud di Uman, la Legione, insieme con altri reparti[2], fu passata in rassegna da Mussolini, da Hitler, accompagnati dai rispettivi Stati Maggiori, e dal Generale Giovanni Messe, comandante del Corpo di Spedizione Italiano in Russia[3]. Così descrive la scena Dino Alfieri:
A causa delle condizioni veramente disastrose del terreno del terreno [la rivista] si svolse in modo che fu inevitabilmente un po' disordinato. I conducenti degli autocarri facevano sforzi per tenere le distanze, per procedere sulla stessa linea, per attenuare gli slittamenti. I reparti si presentavano bene, i soldati erano sbarbati, le armi ben tenute. Quando passavano davanti a Mussolini, e voltavano, con uno scatto, il viso verso di lui, molti non sapevano trattenere un'espressione di compiacimento e di contentezza[4].

---
1   Su questo Battaglione si veda: Comando Divisione Sassari, *Il LXXIII Battaglione Sassari della Legione* Tagliamento, s.a.i.
2   Un reparto di Bersaglieri motociclisti, un Battaglione ed un Gruppo d'artiglieria della *Torino* ed un Battaglione controcarro.
3   Il viaggio del Duce sul fronte russo era stato ritardato a causa della morte in un incidente di volo del figlio Bruno.
4   Cit. in Pini, Susmel 1973, IV, p. 141. Sulla visita di Mussolini in Russia e l'incontro con Hitler, cfr. S. Corvaja, *Mussolini nella tana del lupo*, Milano 1982, pp. 248 segg.

Il nove settembre 1941 le Camicie Nere della *Tagliamento* sostituirono il reggimento *Lancieri di Novara* nella difesa di un tratto della sponda occidentale del Dnjepr presso Dnjeprodsershink, venendo poste alle dipendenze della 3ª Divisione Celere *Amedeo duca d'Aosta*. Sulle sponde del Dnjepr i legionari ebbero il battesimo del fuoco, respingendo tre colpi di mano sovietici, e perdendo in questi primi combattimenti dodici caduti e diciotto feriti. Il 21 la *Tagliamento* lasciò la sponda destra del fiume, e affiancata alla *Torino* appoggiò le azioni dei fanti e delle SS dei Reggimenti *Germania* e *Westland* della *5. SS Panzer-Division Wiking* del *Gruppenführer* Felix Steiner, nella testa di ponte di Dnjepropetrowsk[5]. Messe aveva disposto che la *Tagliamento* formasse un Gruppo con la divisione *Torino* nell'ambito dell'azione a massa dello C.S.I.R. volta all'annientamento delle forze sovietiche nella grande ansa del Dnjepr, tra l'Orely e Dnjepropetrowsk. La Divisione *Torino* e la Legione *Tagliamento* (rafforzate dal II Battaglione anticarro) da una parte, e la *Pasubio* dall'altra, muovendo ciascuno verso l'altro, rispettivamente dalla testa di ponte di Dnjepropetrowsk e dalle posizioni conquistate dai fanti del 79° *Roma* della *Pasubio* sull'Orely avrebbero dovuto chiudere in una sacca, senza possibilità di scampo, tutte le unità sovietiche presenti nell'ansa del Dnjepr[6]; a tal scopo Messe richiese a von Kleist che la Divisione *Pasubio* tornasse alle sue immediate dipendenze (era, infatti, stata posta sotto il comando tedesco per coprire il fianco del *XI. Armee-Korps*). Le Camicie Nere furono scelte oltre che per la combattività anche per la mobilità superiore a quella della normale fanteria. I legionari riuscivano a marciare con maggiore speditezza, perché, pur essendo dotati di un numero di automezzi insufficiente a trasportare gli uomini, sui camion venivano caricati gli zaini e l'equipaggiamento, ad eccezione dell'armamento individuale, permettendo ai militi di marciare più leggeri e quindi più velocemente, ciò che provocava l'invidia della fanteria, costretta a marciare completamente affardellata:

I fanti che arrivavano in Russia invariabilmente "ce l'avevano" con le CC.NN. Quest'ultime camminavano anche loro, procedendo baldanzosamente con il cavallo di san Francesco, ma andavano più spedite perché non avevano impedimenta; tutti i bagagli erano autocarrati. I poveri fanti, invece, niente: lo zaino stracolmo, il fucile, la maschera antigas, le bombe a mano, i caricatori e chi più ne ha più ne metta[7].

L'azione si svolse in tre tempi, nei giorni 28, 29 e 30 settembre. Nel primo tempo, *Torino* e *Tagliamento* si sarebbero aperte uno sblocco attraverso il fianco occidentale delle truppe sovietiche della 261ª e della 273ª divisione fucilieri che circondavano la testa di ponte di Dnjepropetrowsk; tale azione si sarebbe svolta di concerto con l'attacco del *3. Armee-Korps*, formato dalla *5. SS-Panzer-Division Wiking* e dalla *60. e 198. Infanterie-Divisione*, che si sarebbe aperto un varco verso settentrione, per poi portarsi ad est e congiungersi con altre colonne tedesche, provenienti da nord, a Nowo Morosk, sul fiume Samara. Punta di lancia del movimento sarebbe stata l'*SS-Panzer Regiment 5* della *Wiking*. La Divisione *Torino* e la 63ª Legione mossero in avanti alle sette e mezza del mattino, dopo un breve e violento fuoco dell'artiglieria, superando con slancio e grande cooperazione tra fanti e legionari (come riconobbe lo stesso Messe[8]) sia i numerosi campi minati sia la tenace difesa dei fucilieri della 261ª Divisione sovietica. Alle sedici le truppe italiane

---

5   Messe 1963, p. 122; la data del 27 riportata dai Consoli Generali Lucas e De Vecchi per la partecipazione della *Tagliamento* ai combattimenti della testa di ponte di Dnjepropetrowsk è chiaramente un refuso per 21: Lucas, De Vecchi, 1976, p. 485. Sulla *Wiking* a Dnjepropetrowsk, cfr. C. Ailsby, *SS: Hell on the Eastern Front*, Osceola 1998 pp. 29-30 (ignora totalmente la presenza italiana).
6   La *Celere* rimase di presidio sulla riva occidentale con compito di fissaggio frontale del nemico, per intervenire poi il 29. Cfr. Messe 1963, pp. 122 sgg.
7   AAVV, *Il Cuneese era pieno di Alpini...*, sul sito del 125° Corso A.U.C., Scuola Militare Alpina di Aosta, www.smalp125.org.
8   Messe 1963, p. 123.

avevano raggiunto gli obiettivi fissati sulla linea Obuskowskije-Goranowskije, infliggendo al nemico numerose perdite e catturando materiali ed armi. Il giorno seguente, il 29, si svolse la seconda parte della manovra, l'avanzata su Petrikowka: *Tagliamento* e *Torino* sarebbero avanzate sino alla linea Kurilowka-Petrikowka su due colonne, quella di destra formata dalla *Tagliamento* insieme all'81° Reggimento; nello stesso tempo la Divisione *Pasubio*, (cui erano per l'occasione aggregate una Compagnia motociclisti italiana, il 2° Squadrone del Gruppo Carri Leggeri *San Giorgio*[9] e il *Kampfgruppe* tedesco *Abraham*[10]) avrebbe mosso verso sud dalla testa di ponte di Zaritschanka sull'Orely sino a raggiungere la linea Galushkowka-Petrikowka. Nello stesso tempo la *Celere* avrebbe traghettato due battaglioni di Bersaglieri oltre il Dnjepr e provveduto a rastrellare la sacca. Alle 5.30 del mattino la colonna destra del gruppo *Torino* (*Tagliamento* e 81° fanteria); nonostante la dura resistenza dei fucilieri della 261ª e della 273ª Divisione che impegnarono gli italiani in duri combattimenti le Camicie Nere in avanguardia, affiancate dai fanti del III Battaglione dell'81° *Torino*, alle diciotto raggiunsero il villaggio di Petrikowka congiungendosi con la *Pasubio* e chiudendo la sacca. In queste azioni, sino al 30 settembre, a fronte di perdite molto lievi (due caduti e quattordici feriti) la *Tagliamento* aveva catturato 646 prigionieri sovietici, migliaia di capi di bestiame e numerose armi tra pesanti ed individuali. In particolare furono catturati numerosi moschetti automatici *PPSh 41*, chiamati dagli italiani impropriamente *Parabellum*, che aumentarono la potenza di fuoco delle Camicie Nere, pressoché privi sino ad allora di pistole mitragliatrici[11]. Il comportamento delle Camicie Nere fu elogiato sia dal Generale Ewald von Kleist, comandante della *1. Panzer-Armee* sia dal Generale Messe, comandante dello C.S.I.R.[12]. La manovra di Petrikowka costituì uno dei maggiori successi raggiunti sino ad allora dagli italiani. Inoltre nei comandi italiani diede una notevole soddisfazione l'esser riusciti da soli dove i tedeschi avevano fallito, pur con mezzi di gran lunga maggiori. Camicie Nere e fanti avevano superato in quest'occasione i risultati ottenuti dai *Panzergrenadiere* delle *Waffen-SS*. Il Generale Messe scrisse al Capo di Stato Maggiore Generale, Ugo Cavallero il 2 ottobre:

Ho potuto iniziare, svolgere e portare a termine un'importante operazione offensiva e contribuire in modo decisivo alla conclusione vittoriosa di quest'ultima operazione a nord di Dniepropetrowsk, che è stata una delle più aspre e dure. Perché è da tener presente che il gruppo Kleist aveva inutilmente attaccato per più giorni dalla testa di ponte di Dniepropetrowsk subendo forti perdite e conseguendo risultati assai modesti[13]

Cavallero potè scrivere nel proprio diario:
5 ottobre – […] informo il Duce che in Russia abbiamo fatto 10.000 prigionieri e gli chiedo se non ritenga il caso di portarli in Italia per i lavori nelle miniere. Abbiamo bisogno di 6.000. Il Duce risponde che teme sia un elemento di infestazione[14].

L'azione italiana fu elogiata anche in una lettera indirizzata da Adolf Hitler al Duce in data 28 ottobre 1941:

---

9   Della *Celere*.
10 Formato da elementi della *76. Infanterie-Division*.
11 Pietro Calamai, legionario del VI Battaglione M Montebello ricorda come, durante l'addestramento prima di partire per la Russia *venne mostrato il Moschetto Automatico Beretta ("Mitra", quello della PAI, Polizia Africa Italiana) che veniva offerto in vendita agli ufficiali al modico prezzo di L. 4000* : P. Calamai, in Calamai et all. 2002 p. 28. Calamai, dopo aver combattuto col *Montebello* in Russia dopo l'otto settembre 1943 s'arruolò nella Xª MAS e combatté ad Anzio-Nettuno con il Battaglione *Barbarigo*.
12 Lucas, De Vecchi 1976, p. 486.
13 La lettera di Messe fu riportata dal Generale Cavallero nel proprio diario alla data del 2 ottobre: cfr. U. Cavallero, *Diario 1940-1943* (a cura di G. Bucciante), Roma, 1984, p. 239.
14 Cavallero 1984, p. 241 (in data 5 ottobre).

Il successivo urto del Gruppo corazzato Kleist per la formazione della testa di ponte di Dnjepropetrowsk ha dato anche alle Vostre divisioni, Duce, l'occasione di effettuare per la prima volta una propria e completamente vittoriosa operazione nel quadro di una grande battaglia di annientamento[15].

Dopo la caduta della linea difensiva del Dnjepr le truppe del Maresciallo Budjenni si trincerarono su nuove posizioni arretrate, nella speranza di fermare l'avanzata delle truppe del *Panzergruppe Kleist* verso il nodo industriale di Stalino. La città più importante tenuta dai sovietici nel settore era Pawlograd, situata sulla riva orientale del fiume Voltschia. La città era tenuta dalla 15ª Divisione fucilieri, le cui unità mantenevano anche una grossa testa di ponte sulla riva occidentale facente perno sulle località trincerate di Mavrina e di Miziritč. Il compito di eliminare la testa di ponte e di conquistare Pawlograd fu affidato alla *198. Infanterie-Division* tedesca, appoggiata sul fianco sinistro dalla colonna Garelli, un'unità *ad hoc* composta dalla 63° Legione *Tagliamento* (tranne il LXIII Battaglione CC.NN., ceduto temporaneamente alla divisione *Pasubio*), da elementi del genio pontieri, da una Compagnia motociclisti e da un Gruppo d'artiglieria di supporto da 105/32 che aveva preso posizione a nord ovest delle truppe tedesche[16]. L'inizio dell'operazione ebbe buon esito, ma presto i fucilieri della 15ª Divisione bloccarono con una serie di contrattacchi l'avanzata della *198. Infanterie-Division*; a quel punto von Kleist decise di utilizzare la colonna Garelli per avvolgere sulla sinistra le posizioni di Pawlograd[17]. L'attacco delle Camicie Nere iniziò la mattina del 10 ottobre 1941, avendo come primo obiettivo i villaggi di Mavrina e di Miziritč. La mattina del 10 ottobre i legionari attaccarono Mavrina, una località ben difesa da sbarramenti di filo spinato e trincee, tenute da ingenti forze della 15ª. Malgrado la situazione sfavorevole, le Camicie Nere espugnarono Mavrina intorno a mezzogiorno raggiungendo la linea ferroviaria. Il villaggio fu rastrellato dai difensori ed occupato. I legionari attaccarono l'obiettivo successivo, Miziritč, che riuscirono a catturare la sera del 10. La mattina dell'11 la colonna Garelli conquistò il ponte sulla Voltschia che portava a Pawlograd, che cadde intatto nelle mani delle Camicie Nere, permettendo il passaggio delle Camicie Nere e dei motociclisti. Più difficile la situazione dei *Landser* della *198. ID* che a loro volta avevano come obiettivo il ponte stradale, che però fu fatto saltare dai sovietici prima dell'arrivo dei tedeschi[18]. L'intervento dei pontieri italiani del I Battaglione Genio Pontieri permise infine ai tedeschi di passare il fiume su un ponte di equipaggio e di raggiungere gli obiettivi prefissi[19]. Il ruolo della colonna Garelli si era dimostrato risolutivo per la conquista della città. Occupata Pawlograd, la *198. Infanterie-Division* e la *Wiking* furono destinate ad altri compiti, ed il fronte tenuto dallo C.S.I.R. si dovette allargare di 150 chilometri, da Pawlograd a Gulay Poje. Nel frattempo l'avanzata della *1. Panzerarmee* di Kleist – formata dai Corpi d'Armata germanici *III.* (Mackensen), *XIV.* e *XLIX. Gebirgskorps*, dallo C.S.I.R. e dalla 3ª Armata rumena[20], oltre ad unità minori, si sviluppava favorevolmente in direzione del Mar d'Azov. Si erano realizzate le premesse per puntare verso il bacino minerario ed industriale del Donetz, di grande importanza strategica.

---

15   Hitler a Mussolini, 28 ottobre 1941. Ewald von Kleist espresse la sua soddisfazione a Messe nei termini seguenti: *Sono felice di aver potuto dare al Corpo di Spedizione Italiano l'occasione di condurre un'azione di guerra indipendente. L'esecuzione di questa impresa ha pienamente corrisposto alla mia aspettativa. Per il bel successo esprimo al Corpo di Spedizione Italiano la mia lode e le mie congratulazioni* (rip. in Messe 1963, p. 125).
16   Messe 1963, p. 147.
17   Ibid.
18   Stranamente le operazioni della colonna Garelli sono ignorate da Lucas De Vecchi 1976, che si limitano a scrivere: *la 63ª Legione cedette il LXIII battaglione alla Divisione* Pasubio, *operando con gli altri due battaglioni nel quadro di un raggruppamento motorizzato direttamente dipendente dal C.S.I.R.* (op. cit. p. 486); si veda invece Messe 1963, pp. 147-148 e O. Ricchi, L. Striuli, *Fronte Russo. C.S.I.R. Operations 1941- 1942*, Virginia Beach 2007, p. 22.
19   Messe 1963, p. 148.
20   Formata da un Corpo da montagna (*Vanàtori de munte*) ed uno di cavalleria (*Calarasi*). Sull'esercito rumeno, cfr. M. Axworthy, C. Scafes, C. Craciuniou, *Third Axis, Fourth Ally. The Romanian Army of World War II*, Londra 1995.

Senza consentire ai propri reparti soste e riposo, Kleist già l'8 ottobre riceveva e impartiva alle sue truppe l'ordine di proseguire l'avanzata nella duplice direttrice di Stalino e di Taganrog sul Mar d'Azov per poi proseguire su Rostov. Il Corpo di Spedizione Italiano doveva muovere alla conquista di Stalino insieme al *XLIX. Gebirgskorps*: si trattava di compiere velocemente, partendo da uno schieramento in linea di centocinquanta chilomentri ma con Divisioni scaglionate a diversa profondità, ed equipaggiate in modo disorganico, un balzo in avanti di oltre duecento chilometri, per un fronte di cento. L'avanzata su Stalino iniziò il tredici, con in testa i Reggimenti di cavalleria *Savoia* e *Lancieri di Novara* ed il 3° Reggimento Bersaglieri del colonnello Aminto Caretto, tutti appartenenti alla *Celere*. Le Camicie Nere della *Tagliamento* operavano insieme alla divisione *Pasubio*, ed il sedici erano a Dimitrewka, riuscendo a superare i ponti interrotti dai guastatori sovietici, e combattendo sia contro le retroguardie nemiche, che sfruttavano ogni appiglio disponibile per rallentare l'avanzata dell'Asse, sia contro la *rasputitza*, il fango che tramutava la steppa ucraina in un immenso pantano, dovendo spingere a mano gli automezzi bloccati nella melma; il 20 ottobre raggiunsero Podgorodnoje, appena evacuata dai sovietici, che prima di ritirarsi l'avevano riempita di trappole esplosive. Lo stesso giorno i Bersaglieri del 3°, appoggiati dai *Lancieri di Novara*, occuparono verso mezzogiorno sotto una pioggia battente Sofja, alla periferia di Stalino. Nel tardo pomeriggio i Bersaglieri espugnarono il nodo ferroviario e la stazione di Stalino, mentre i fanti della *97. Infanterie-Division* ed i *Gebirgsjäger* della *1. Gebirgs-Division*[21] occuparono il resto della città. Se Stalino era il centro nevralgico della regione del Donetz, anche Rykowo e Gorlowka abbondavano di installazioni metallurgiche e chimiche che sfruttavano i ricchi giacimenti carboniferi e metallurgici di cui la zona abbonda; ed inoltre, nella vicina Trudowaja sboccava l'oleodotto del Caspio. Impadronirsene costituiva dunque una priorità strategica. Kleist dispose che lo C.S.I.R. occupasse la regione; stavolta però gli italiani avrebbero operato senza l'appoggio del *XLIX. Gebirgskorps* che doveva dirigersi su Rostow. Dal 22 ottobre lo C.S.I.R. riprese dunque l'avanzata ingaggiando continui scontri con le retroguardie avversarie. Il 28 ottobre, diciannovesimo anniversario della Marcia su Roma, i legionari della 63ª Legione *Tagliamento* raggiunsero Slawianka; il 29 Sergejewka; il primo novembre erano a Grishino, e l'avanzata proseguì. Il 5 novembre la *Tagliamento* raggiunse Galijuzinowka e l'11 Jussowa. Lo stesso giorno la Legione lasciò le dipendenze della Divisione *Pasubio* per passare a quelle della 3ª *Celere*, chiamata a cooperare con la *97. Infanterie-Division*.

---

21   Sulla storia di questa Divisione sul fronte orientale, cfr. J. Lucas, *Hitler's Mountain Troops*, Londra 1992 (tr. it. Milano 1997, pp. 84-102, 127-133, 171-186).

LA 63ª LEGIONE TAGLIAMENTO
NELLA BATTAGLIA DI NATALE (DICEMBRE 1941)

Dopo la cattura di Gorlowka l'unica città di una qualche importanza ancora in mano sovietica era Nikitowka. Il Colonnello Chiaramonti, comandante dell'80° Reggimento fanteria *Roma* della *Pasubio*, accertata la presenza in zona di tre Divisioni sovietiche, prese l'iniziativa di occupare Nikitowka allo scopo di ridurre la falla tra lo C.S.I.R. e la 17ª Armata tedesca (von Stülpnagel), che era circa cinquanta chilometri a nord. Malgrado la crescente opposizione sovietica, e malgrado avesse perso contatto con le truppe italiane, Chiaramonti continuò ad avanzare su Nikitowka, che occupò, ma a sua volta trovandosi isolato ed assediato dalla 74ª Divisione fucilieri[1], formata dal 189° e 360° Reggimento fanteria e dal 307° artiglieria. Presto si sviluppò un violento scontro nella parte centrale della città. I fanti dell'80° riuscirono a respingere tutti gli assalti sovietici, ma le munizioni andavano esaurendosi al punto che sarebbe stato impossibile tentare di rientrare nelle linee italiane. Decise allora di mantenere le posizioni in attesa di soccorsi, impedendo così l'infiltrazione sovietica nella falla tra lo C.S.I.R. e la *17. Armee*. Chiaramonti e i suoi resistettero sei giorni, perdendo cinquecento uomini; Messe definì *semplicemente meravigliosa* la resistenza dell'80° fanteria. I primi tentativi di rompere l'assedio furono vani anche a causa dell'azione dell'artiglieria sovietica, e per sei giorni Chiaramonti resistette alla pressione della 74ª Divisione[2]. Per sbloccare Nikitowka e permettere all'80° di rientrare nelle linee italiane tra Gorlowka e Rikowo venne deciso di tentare un'azione con il 79° *Roma*, gemello dell'80°, ed elementi del Reggimento *Lancieri di Novara*, appoggiati da alcuni pezzi dell'8° Reggimento artiglieria. Tuttavia la reazione sovietica bloccò gli italiani ed un contrattacco li costrinse ad abbandonare l'azione. Non ebbero migliori risultati altri due tentativi compiuti il 10 e l'11 novembre con due Battaglioni (XX e XVIII) del 3° Bersaglieri in supporto[3]. Un nuovo tentativo ebbe luogo il 12. Punta di lancia dell'operazione doveva essere la 1ª Compagnia del LXXIX Battaglione Camicie Nere d'Assalto della *Tagliamento* che avrebbe aperto la strada al 79°. Il mattino del 12 novembre, appoggiati anche dalla caccia italiana che utilizzava il campo di aviazione di Stalino, i legionari attaccarono le linee sovietiche. Gli assalti delle Camicie Nere riuscirono finalmente ad aprire un varco nello sbarramento degli assedianti, anche se la pressione sovietica della 74ª divisione non diminuì. Elementi del 79° fanteria raggiunsero quindi Nikitowka alle 14.30 congiungendosi all'80° Reggimento[4]. Gli italiani resistettero sino a notte, quindi sotto una tormenta di neve le truppe di Chiaramonti e le forze che l'avevano soccorso rientrarono nelle linee italiane. Lo sblocco di Nikitowka era costato agli italiani centocinquanta morti, trentasei dispersi e più di cinquecentocinquanta feriti; tuttavia Chiaramonti era riuscito ad evitare che il nemico si infiltrasse tra i tedeschi e lo C.S.I.R.. Il 12 tutti i reparti della Legione, inclusi quelli che avevano partecipato allo sblocco di Nikitowka, si riunirono a Gorlowka, ed il tredici la *Tagliamento* tornò alle dipendenze operative della divisione *Pasubio*, assumendo il giorno seguente la responsabilità del settore difensivo. Nella notte sul 17 i sovietici della 74ª Divisione attaccarono per ben tre volte il settore tenuto dai friulani del LXIII Battaglione, essendo re-

---

1 La Divisione fucilieri del 1941 aveva in organico 19.000 uomini; ogni reggimento aveva 2.900 fra ufficiali e soldati; nel 1942 la Divisione sovietica diminuì di dimensioni, riducendosi a 9.500 uomini su tre Reggimenti (2.500 uomini ciascuno) più un Reggimento artiglieria, ma aumentando la potenza di fuoco (A. Mollo, *The Armed Forces of World War II*, London 1981, tr. it. Novara 1982, pp. 36-37 e 168-169).
2 Tra i sovietici è probabile la presenza di rinnegati comunisti italiani: i reduci dell'assedio ricordarono che di notte i sovietici lanciavano appelli *in perfetto italiano* invitando a passare nelle linee sovietiche disertando e a consegnare il colonnello Chiaramonti; l'inevitabile risposta era sempre la stessa: *Carogne, venite a prenderlo!* Nell'intero periodo in cui Messe fu a capo prima dello C.S.I.R. poi del XXXV Corpo d'Armata non si verificò neppure un singolo caso di diserzione.
3 Messe 1963, p. 161.
4 Ricchi, Striuli 2007, p. 25.

spinti con perdite. Il diciotto, ancora una volta la 1ª Compagnia del LXXIX Battaglione compì un'azione esplorativa dietro le linee sovietiche, ottenendo i risultati desiderati e ricevendo l'elogio di Messe. Il 27 novembre la 63ª Legione fu rilevata dall'impiego sul proprio tratto di linea e venne rischierata nella zona di Shelenoje, con lo scopo di difendere il fianco sinistro di tutto il Corpo di Spedizione, schierato lungo la cosiddetta *Linea Z*, che si estendeva da Chazepetowka[5] ad Ivanovka, fino a Petropawlowska. Intanto continuava l'azione di pattuglie ed esplorative per raccogliere informazioni sul nemico. Nel corso di una di queste missioni il Centurione Silvio Margini, comandante la 3ª Compagnia del LXXIX Battaglione CC.NN. d'Assalto si era guadagnato un encomio particolare da parte del comandante della Divisione *Pasubio*, Generale Giovannelli. Nel periodo tra l'undici al ventotto novembre la Legione *Tagliamento* aveva subito quarantuno perdite: cinque caduti, ventinove feriti, sette congelati. Il tre dicembre il LXIII Battaglione CC.NN., rinforzato da elementi mortaisti e controcarro del LXIII Battaglione armi d'accompagnamento venne trasferito nel settore tenuto dalla Divisione *Celere* allo scopo di rinforzare il lato sinistro dello schieramento di detta Divisione, dove, tre giorni dopo, venne raggiunto dal resto della Legione; lo stesso giorno, allo scopo di saggiare lo schieramento avversario, le Camicie Nere della 1ª Compagnia del LXIII Battaglione compirono un'esplorazione offensiva su Plosky, catturando prigionieri appartenenti alla 296ª Divisione fucilieri. Per questa azione i legionari della 1ª Compagnia meritarono in encomio da parte del Generale Marazzani, comandante della Divisione *Celere*. Il sette dicembre il comando della *Tagliamento* venne dislocato a Krestowka, il LXIII Battaglione CC.NN. si schierò nella zona di Malo Orlowka, e il LXXIX presso Mikhailowka; i due Battaglioni vennero rinforzati da elementi del LXIII Battaglione armi d'accompagnamento e da una Batteria ippotrainata da 75 mm del *Voloire*. Al comandante della Legione fu affidato il comando del fianco sinistro della *Celere*. Il 9 truppe sovietiche tentarono due colpi di mano contro le posizioni tenute dai due Battaglioni CC.NN.; un altro tentativo venne fatto il tredici dicembre contro il caposaldo di Nowaja Orlowka, presidiato dai legionari della 2ª Compagnia del LXXIX Battaglione che respinsero le pattuglie avversarie infliggendo perdite. I sovietici fecero una nuova ricognizione offensiva con pattuglie, sfruttando la fitta nebbia che la notte sul 19 aveva avvolto la zona[6]. L'aumentata azione di pattuglie sovietiche faceva presagire che anche nel settore tenuto dagli italiani i sovietici stessero progettando un'offensiva. La ricognizione aerea e le pattuglie italiane rilevarono, infatti, l'arrivo nelle posizioni antistanti quelle della *Celere* di due Divisioni sovietiche (la 136ª e la 296ª fucilieri) oltre ad un intenso traffico ferroviario e di automezzi. I timori per un'offensiva avversaria divennero certezza quando la mattina del 20 dicembre gli aviatori italiani segnalarono la concentrazione in seconda schiera di due Divisioni di cavalleria, la 38ª[7] e la 68ª, con le quali l'Armata Rossa aveva intenzione di sfruttare in profondità lo sfondamento delle fanterie e di incalzare il nemico in ritirata. I sovietici stavano dimostrando in quei giorni una ripresa offensiva totalmente inaspettata per l'*Oberkommando* della *Wehrmacht*. Già il 29 novembre, lungi dal darsi per vinti, avevano rioccupato Rostow; il dieci dicembre l'Armata Rossa passava all'attacco sul fronte nord, presso Leningrado, costringendo i tedeschi ad arretrare di cinquanta chilometri. L'offensiva si era estesa al settore centrale, dove i tedeschi furono costretti a ritirarsi di un centinaio di chilometri senza però che i sovietici riuscissero a raggiungere Smolensk, l'obbiettivo prefissato. Nel settore meridionale la *STAVKA* si proponeva di scardinare le armate di von Rundstedt all'altezza di Karkhov per avvolgere poi le

---

5   Questa località era stata conquistata il 6 dicembre dall'82° *Torino* che aveva costretto alla ritirata il primo e secondo Battaglione del 95° Reggimento *NKVD* ed elementi della 74ª Divisione di fanteria.
6   Dal tre al 24 dicembre le Camicie Nere ebbero due morti, sedici feriti, quattro dispersi (prelevati da pattuglie sovietiche e poi uccisi) e sette congelati.
7   Secondo Lucas De Vecchi 1976, p. 489 era la 35ª.

armate avversarie schierate fino al Mar Nero ed impegnate nel settore del Mius da un grosso attacco che le avrebbe fissate sul posto. Il ciclo di operazioni sarebbe infine dovuto culminare con la rioccupazione del Chersonneso (Kersh), in Crimea, dove Sebastopoli continuava a resistere all'assedio rumeno-germanico. L'offensiva, che iniziò il 18 gennaio fallì questi obiettivi, riuscendo solo a creare una grande sacca nel settore di Isjum. In questo quadro, i sovietici erano divenuti attivissimi dopo la sostituzione di Budjenni con il Generale (poi Maresciallo dell'U.R.S.S.) Timoshenko, e venivano lanciando attacchi contro i settori del Gruppo Mackensen (*III. Korps*), del *XV. Korps*, del *XLIX. Gebirgskorps* e dello C.S.I.R., alla ricerca della più agevole direttrice di penetrazione, dove effettuare lo sfondamento ed operare in profondità allo scopo di costringere l'Asse ad impegnare le proprie scarse riserve. Come dimostrato dalla ricognizione aeree, questo settore era stato individuato nel fianco sinistro della divisione *Celere*, sia perché si trattava di un punto di sutura con il *XLIX. Gebirgskorps* sia perché uno sfondamento in quella direzione avrebbe portato a dilagare sulla strada di Charzik, permettendo di raggiungere per la via più breve Stalino, minacciando alle spalle l'intera *1. Panzerarmee* di von Kleist. Le ricognizioni sovietiche con cui si erano scontrate le Camicie Nere erano servite ai sovietici per rendersi conto come le truppe di presidio fossero scarse: cinque Battaglioni del 3° Reggimento Bersaglieri, quattro Gruppi d'artiglieria e due Battaglioni della *Tagliamento*. Anche la volontà politica di infliggere una batosta alle truppe fasciste di Mussolini, i volontari in camicia nera, aveva un'importanza propagandistica notevole per i sovietici. Come ricordò Nikita Krushov nei 1961 a Codacci Pisanelli, *avevamo di fronte le Camicie Nere, che ritenevamo i più malvagi degli italiani*[8]. I *politruk* [commissari politici, NdE] avevano dato l'ordine di non far prigionieri i fascisti, e dell'ordine fecero le spese anche altri italiani, come quando i sovietici massacrarono tutti i feriti dell'ospedale da campo del 3° Bersaglieri caduto nelle loro mani. Inoltre fu deciso di attaccare il giorno di Natale, ritenendo che gli italiani quel giorno fossero maggiormente depressi e afflitti dalla nostalgia di casa, per di più in pieno inverno russo, e dunque meno inclini a battersi. La guerra psicologica diretta contro le truppe italiane fu orchestrata dai fuoriusciti italiani a Mosca, in primis Togliatti e D'Onofrio, particolarmente attivi nella propaganda disfattista diretta ai nostri soldati al fronte[9]. Date le avvisaglie di una prossima offensiva, Messe trasmise il 23 dicembre al comandante della Legione *Tagliamento* Nicchiarelli la notizia del prevedibile attacco sovietico, e le misure per prevenirlo[10]. Nella notte di Natale del 1941, all'immediata vigilia dell'offensiva sovietica, la 63ª Legione Camicie Nere d'assalto *Tagliamento*, schierata a protezione dell'ala sinistra della *Celere* ed in contatto con la Divisione *Torino* risultava così schierata:

Comando Legione e Plotone comando, Comando LXIII Battaglione A.A. *Sassari* e relativo Plotone comando: Krestowka;

LXIII Battaglione CC.NN. (tranne la 2ª Compagnia ed un Plotone mitraglieri), rinforzato da due Plotoni cannoni controcarri da 47/32 ed un Plotone mortai da 81: Malo Orlowka;

LXXIX Battaglione CC.NN. (meno la 2ª Compagnia e due Plotoni mitraglieri) rinforzato da due Plotoni cannoni controcarri da 47/32: Mikhailowka;

---

8   G. Codacci Pisanelli, intervista a N. Krushov, *Concretezze*, 22, 16 novembre 1961.
9   Messe 1963, pp. 20 segg., 360 segg.; si possono citare le parole di Togliatti: *Non vi è mai stata alcuna guerra in cui una delle parti abbia commesso in modo consapevole delitti così efferati come quelli che commettono gli eserciti di Hitler e le bande di Mussolini.*
10 La data dell'attacco era nota ai servizi informativi italiani: Amè 1954, pp. 78-79.

2ª Compagnia del LXXIX Battaglione CC.NN, rinforzata da due Plotoni mitraglieri dello stesso Battaglione, da altri due Plotoni mitraglieri, dal Plotone esploratori, da un Plotone cannoni da 47/32 ed un Plotone mortai da 81: Nowaja Orlowka.

Alle ore sei del mattino del 25 dicembre una pattuglia della 2ª Compagnia del LXXIX comandata dal Capomanipolo Codeluppi uscì dal caposaldo di Nowaja Orlowka diretta su Ploskj. Sulla zona infuriava una violenta tempesta di neve, che durò tutta la giornata e che impedì alle aviazioni italiana e sovietica di prendere parte alle operazioni. Durante l'esplorazione, Codeluppi notò forti nuclei avversari, vestiti con tute mimetiche, i quali, protetti dalla tormenta, erano diretti su Nowaja Orlowka e si affrettò a rientrare dando l'allarme. Si trattava degli interi Battaglioni I e II del 692° Reggimento fucilieri della 296ª Divisione di fanteria, i quali iniziarono l'attacco sia frontalmente che sul lato sinistro del caposaldo, appoggiati da due Reggimenti d'artiglieria (530° e 813°), e varie unità di mortaisti. L'attacco fu durissimo, e alle 7.30 il Centurione Mengoli trasmise al comando Legione il suo ultimo radiomessaggio: *Siamo attaccati sul fronte ed a sinistra. Urgono rinforzi.* Dopo questo messaggio i collegamenti con Nowaja Orlowka si interruppero. Ai Battaglioni attaccanti si unirono anche i cavalleggeri della 38ª Divisione di cavalleria, appoggiati dall'artiglieria e dal fuoco dei mortai. Il comandante di Compagnia, Centurione Mengoli, era caduto, tutti gli Ufficiali erano morti o feriti quando il Capomanipolo Ezio Barale, l'unico ufficiale rimasto, nel momento culminante dello scontro, ordinò un contrattacco all'arma bianca con un pugno di superstiti. Separato dai suoi, si batté col pugnale finché non fu ucciso da una raffica d'arma automatica[11]. Malgrado i tentativi di ristabilire un contatto radio, Nowaja Orlowka rimase muta, né si riuscì a saper nulla sino a quando pochissimi legionari superstiti raggiunsero il Comando Legione a Krestowka, dove informarono che la resistenza si era protratta sino a mezzogiorno, quando, dopo sei ore di combattimenti, fatti saltare i pezzi, Camicie Nere ed artiglieri erano state sopraffatte dopo una resistenza che lo stesso Messe definì *tenace ed eroica*[12]. Alle 6.30 il III Battaglione del 692° Reggimento, appartenente alla 296ª Divisione fucilieri, preceduto da unità di cavalleria e appoggiato da artiglieria (un Reggimento) e mortai da 120 mm, attaccò il caposaldo di Malo Orlowka, tenuto dai friulani del LXIII Battaglione Camicie Nere, ma la reazione dei militi fu durissima, e l'attacco sovietico fu stroncato con forti perdite. Nello stesso tempo era attaccato anche il villaggio di Ivanovka, tenuto dal XVIII Battaglione Bersaglieri (3° Reggimento) e dalla 5ª Batteria a cavallo; i Bersaglieri furono attaccati da almeno due Reggimenti di fanteria (il 733°, il 361° reduce da Malo Orlowka) da sciatori e da due Squadroni di cavalleria cosacca della 68ª Divisione. Una colonna della 136ª, aggirata Ivanovka, si diresse su Mikhailowka, tenuta dalle Camicie Nere del LXXIX Battaglione. Lo scontro si fece feroce, tanto che le Camicie Nere si difesero anche con i pugnali – il Maresciallo Messe scrisse che la *lotta è durissima, con frequenti scontri all'arma bianca*[13] – ed il comandante della *Tagliamento*, il Console Nicchiarelli, dispose l'invio in rinforzo della 2ª Compagnia del LXIII Battaglione (Centurione De Apollonia) che si trovava a Malo Orlowka, a dieci chilometri di distanza. De Apollonia ed i suoi uomini furono attaccati però da un Battaglione del 692° fucilieri forte di almeno seicento uomini, e dovette ripiegare su Krestowka. Malgrado il mancato arrivo dei rinforzi, la Camicie Nere di Mikhailowka sostennero una serie ininterrotta di attacchi per tutto il pomeriggio. Ad Ivanovka i Bersaglieri avevano resistito sino alle 16 del pomeriggio, poi, dopo aver avuto circa il 50% di perdite ripiegarono su Mikhailowka, che riuscirono a raggiungere verso le 19, unendosi al LXXIX Battaglione CC.NN., che come detto combatteva dalla mattina. Intanto i sovietici

---

11   Sulla morte del Capomanipolo Barale si leggano le belle parole dedicategli dal Maresciallo Messe: Messe 1963, p. 189.
12   Ibid.
13   Ibid. p. 190.

si misero a massacrare i feriti dell'ospedale da campo del XVIII in cui erano ricoverati Bersaglieri e legionari reduci da Nowaja Orlowka; il primo a venire ucciso fu il Sottotenente Angelo Vidoletti che tentava di difendere i feriti (ebbe la Medaglia d'Oro al Valor Militare alla memoria), poi gli altri furono uccisi uno ad uno con un colpo alla nuca[14]. Alle 15.45 anche Krestowka ed il comando della *Tagliamento* vennero attaccati dalla 296ª Divisione e dalla cavalleria della 38ª Divisione; a parte il Plotone comando l'unica forza disponibile per la difesa era la Compagnia del Centurione De Apollonia che vi si era rifugiata dopo esser stata attaccata nella mattina. Data la pressione crescente, il comandante della Legione decise di ripiegare su Malo Orlowka, che continuava a resistere[15]. Venne formata così una colonna volante formata dal comando della *Tagliamento*, dal Plotone comando del LXIII Battaglione armi d'accompagnamento, protetti dalla 2ª Compagnia del LXIII Battaglione CC.NN.; alla colonna si unì anche il II Gruppo del Reggimento artiglieria a cavallo (le risorgimentali *Voloire*) su due Batterie ippotrainate con una Sezione cannoni. La colonna si aprì la strada verso Malo Orlowka, coperta dagli uomini di D'Apollonia e dall'artiglieria a cavallo in retroguardia. La situazione si fece subito pesante, poiché i sovietici premevano sulla 2ª Compagnia, appoggiata dal tiro ad alzo zero di una delle Batterie delle *Voloire*, che insieme al fuoco intensissimo delle Camicie Nere costrinsero il nemico a ripiegare, tanto che gli artiglieri, una volta esaurite le munizioni, poterono attaccare i pezzi alle pariglie riprendendo il movimento verso Malo Orlowka che fu raggiunta alle 17 e 30. Nel frattempo i sovietici, con la cavalleria cosacca della 68ª Divisione e con il 541° Reggimento di fanteria della 136ª poi, dilagavano da Orlowka Ivanovka verso sud, dove si scontrarono contro il caposaldo di Stoschkowo, dove furono fermati e respinti dal XX Battaglione Bersaglieri (3° Reggimento) di riserva, che resistette sino all'arrivo del terzo Battaglione dell'*Infanterie-Regiment 318* tedesco (appartenente alla *213. Sicherungs-Division*)[16]. I cosacchi si riuscirono ad infiltrare a sud fino a Katik, dove si trovava il comando della *Celere*. Una carica di cosacchi della 68ª Divisione contro il Quartier Generale della *Celere* fu respinta dal tiro dei cannoni controcarro, che fecero a pezzi la cavalleria, attaccante in campo aperto, ed i cosacchi superstiti ripiegarono verso le posizioni di partenza. Nel sottosettore di destra altri reparti della 136ª e della 68ª attaccarono i villaggi di Petropawlowska, tenuto dalla 1ª e 3ª Compagnia motociclisti (appiedati) e di Rassypnaia, difeso dal XXV Battaglione Bersaglieri, anch'esso del 3°. I difensori di Petropawlowska vennero costretti a ripiegare verso Rassypnaia, dove si unirono ai Bersaglieri che riuscirono a contenere il nemico. La 74ª Divisione sovietica non potè concorrere all'offensiva contro la *Celere* perché ingaggiata dalla Divisione *Torino*. Nella notte, il comando del C.S.I.R. e quello del *XLIX Gebirgskorps* decisero di passare alla controffensiva il giorno seguente, rioccupando Ivanovka e Nowo Orlowka, giungendo sino alla collina indicata sulle carte topografiche come Quota 331.7, antistante le posizioni perdute nella giornata del 25. Oltre agli italiani sarebbe stata impiegata anche la riserva mobile del XLIX, composta dall'*Infanterie-Regiment 318*, da pochi carri del *Panzer-Regiment 10* (per lo più *Pz.Kf.Wg. III Ausf. G* ed *H*, oltre a pochi *Pz.Kf.Wg. IV Ausf. E*)[17]

---

14   Fu un Bersagliere ferito, riuscito a fuggire e nascosto da una donna ucraina, a raccontare lo svolgimento dei fatti quando, quarantotto ore dopo Ivanovka venne ripresa dagli italiani. Il trattamento talvolta inflitto dai tedeschi ai prigionieri sovietici andrebbe giudicato anche alla luce dei molti episodi come questo [centinaia di casi d'uccisioni di prigionieri tedeschi e dell'Asse da parte dei sovietici – spesso tramite sevizie e torture – sono documentati in Seidler, *Verbrechen an der Wehrmacht* & *Kriegsgreuel der Roten Armee*, NdE].
15   Nell'ordine d'operazioni sovietico, Malo Orlowka era definita la *prima tappa decisiva* dell'offensiva (Messe 1963, p. 190)
16   Il XX Btg. Bersaglieri e l'*Infanterie-Regiment 318* costituivano le uniche riserve di cui disponesse il comando dello C.S.I.R.: Messe 1963, p. 189. Il comandante della Celere Marazzani aveva chiesto già alle 10.30 al *XLIX. Gebirgskorps* (alle cui dipendenze era stata posta temporaneamente la *Celere*) l'impiego della riserva, ma il comando germanico s'era riservato di decidere. L'ordine di intervenire fu dato all'*Infanterie-Regiment 318* solo alle 13 e 30, troppo tardi per un impiego utile prima del calare delle tenebre che infatti impedì il proseguimento favorevole dell'azione (Messe 1963, p. 192).
17   Il *I. Abteilung* del *Panzer-Regiment 10* era stato creato il dodici ottobre 1937 come unità indipendente a diretto comando d'Armata (*Heerestruppen*); il 20 ottobre del 1939 fu creato anche il *II./Panzer-Regiment 10* ed il Reggimento venne assegnato all'*8. Panzer-Division*. Nel gennaio 1941 il *Panzer-Abteilung 67* divenne il terzo Battaglione dell'unità. Il *Panzer-Regiment 10* fu riassegnato alla *16.*

e dal *Fallschirmjäger-Regiment* 2 (il cui impiego però non era stato ancora autorizzato). Ciò che più contava, come scrisse poi il Maresciallo Messe, era che *alla fine del primo giorno di battaglia l'attacco nemico è stato nettamente arginato e si è già iniziata in modo abbastanza soddisfacente la nostra reazione per ristabilire la situazione*[18]. Le forze sovietiche che attaccarono la *Tagliamento* il 25 dicembre furono:

Nowaja Orlowka: I e II Battaglione del 962° Reggimento Fucilieri, 296ª Divisione fanteria; aliquote della 38ª Divisione di cavalleria; Battaglione mortai da 120 mm del 733° Reggimento; aliquote dell'87° Reggimento mortai; 530° e 813° Reggimento artiglieria;

Malo Orlowka: III Battaglione del 962° Reggimento fucilieri, 296ª Divisione; aliquote della 38ª Divisione di cavalleria; aliquote del 530° Reggimento artiglieria, della 12ª Compagnia anticarro e dell'87° Reggimento mortai;

Mikhailowka: III Battaglione del 966° Fanteria, 296ª Divisione; 387° Reggimento fanteria, rafforzato dal II Battaglione del 733° fanteria, 136ª Divisione fanteria; cavalleria; 813° Reggimento artiglieria; aliquote della 12ª compagnia anticarro e dell'87° Reggimento fanteria;

Krestowka: i reparti già impiegati a Nowaja Orlowka, ad eccezione di un Battaglione di fanteria.

Le perdite della 63ª Legione *Tagliamento* nella giornata del venticinque furono le seguenti, stando allo specchio preparato dal comando Legione:

Nowaja Orlowka: caduti 36 (due ufficiali); feriti 14 (un ufficiale), dispersi 88 (due ufficiali)[19], congelati nove.

Malo Orlowka: caduti 1, feriti 11 (1 ufficiale), congelati 4.

Mikhailowka: caduti 9 (1 ufficiale), feriti 35 (3 ufficiali).

Krestowka: caduti 2, feriti 1.

In totale: perduti 222 uomini (13 ufficiali), di cui 48 caduti (2 ufficiali), 61 feriti, 13 congelati, 88 dispersi.

notevole come nonostante la durezza degli scontri la Camicie Nere ebbero un numero limitato di perdite rispetto a quelle assai maggiori inflitte al nemico, anche tenuto conto che si verificarono frequenti scontri all'arma bianca: ciò è un indice dell'addestramento e della capacità dei legionari. La maggior parte delle perdite si ebbero a Nowaja Orlowka, tra cui ottantotto dispersi, da considerare come uccisi dai sovietici dopo la cattura e nell'ospedale dell'ospedale del XVIII Battaglioni Bersaglieri ad Ivanovka. Da notare a Nowaja Orlowka come siano caduti tutti gli ufficiali tranne uno, ferito. Il mattino del 26 dicembre riprese il contrattacco italo-tedesco; tuttavia i sovietici non avevano per nulla abbandonata la speranza di sfondare, e reiterarono gli attacchi nel settore della

---

Panzerdivision nel maggio del 1942. Nel luglio del 1943 il *Panzer-Regiment 10* prese parte all'Operazione *Zitadelle*, l'offensiva su Kursk, dopo che lo *Stab* del Reggimento aveva dato vita alla *10. Panzerbrigade*.
18   Messe 1963, p. 192.
19   Da considerarsi morti. Rispetto al volume dei Consoli Lucas e De Vecchi abbiamo incluso il Capomanipolo Barale tra i morti accertati piuttosto che tra i dispersi. Lo specchio preparato dal comando *Legione* durante la battaglia indicava come dispersi anche coloro la cui morte fu accertata nei giorni successivi; di molti non vennero recuperati i corpi. Nel caso di Barale, tuttavia, la testimonianza dei superstiti sulla sua fine ci fa sembrare più giusto inserirlo tra i caduti.

Tagliamento. Appoggiati da quasi tutti i *Panzer* del *Panzerregiment 10*, i Bersaglieri del XVIII battaglione e due Battaglioni (*I./* e *II./*) dell'*Infanterie-Regiment 318* rioccuparono Orlowko Ivanovka, escluso il lato settentrionale del villaggio. Gli artiglieri della 5ª Batteria a cavallo che il giorno prima avevano dovuto abbandonare i propri pezzi dopo averne asportato gli otturatori li ripresero ed aprirono con essi il fuoco contro i fucilieri sovietici che resistevano nella parte nord del paese. Nel frattempo i *Panzer* arrivarono alla collina 331.7 e riuscirono a strapparla al 964° Reggimento fucilieri, tenendola per un po', ma alla fine furono respinti dalla crescente pressione avversaria. Quanto alla *Tagliamento* il LXIII Battaglione CC.NN. uscì dal caposaldo di Malo Orlowka per tentare di riconquistare le posizioni di Nowaja Orlowka perdute nella giornata precedente. Mentre le Camicie Nere avanzavano sotto la tormenta, furono improvvisamente attaccate da truppe del 962° fanteria e da cavalleria (cosacchi della 68ª Divisione di cavalleria) provenienti da Krestowka, che stavano muovendo all'attacco di Malo Orlowka. Il LXIII ripiegò in fretta sulle posizioni di partenza, da dove riuscì a respingere i sovietici infliggendo al 962° forti perdite. Anche il LXXIX Battaglione CC.NN. e i Bersaglieri del XVIII rimasti a presidio del caposaldo di Mikhailowka vennero investiti da almeno due Battaglioni sovietici (II/733°, III/966° e forse anche da elementi del 387° fucilieri) appoggiati dal tiro dei mortai da 120 e dall'artiglieria. Le Camicie Nere resistettero agli assalti, fino a quando l'arrivo di alcuni *Panzer* del *Panzerregiment 10* che rientravano da Ivanovka costrinse i fucilieri sovietici a ritirarsi. I russi continuarono ad attaccare ripetutamente anche nel settore di Rassypnaia, essendo respinti dai Bersaglieri del XXV/3°. Verso mezzogiorno i Bersaglieri del XX Battaglione ed i *Landser* del *II. Battaillon* dell'*Infanterie-Regiment 318* investirono e conquistarono Petropawlowska, cacciandone gli uomini del 541° Reggimento. Nel pomeriggio però i sovietici scatenarono un violento contrattacco, respingendo prima i tedeschi e quindi gli italiani fuori dall'abitato. Il giorno 26 si chiuse così senza particolari successi da parte italo-tedesca. La mattina del ventisette il tempo era notevolmente migliorato. Ciò permise sia all'aeronautica sovietica che al 22° Gruppo Caccia Autonomo di fare la propria comparsa sui cieli del campo di battaglia. I caccia *Macchi C 200* ebbero buon gioco contro gli *I-16 b*, aerei decisamente più vecchi e che i piloti italiani, in molti casi veterani del conflitto spagnolo, conoscevano bene[20]. In tre giorni il 22° potè rivendicare quattordici vittorie[21]. E fu una fortuna, perché l'aviazione sovietica era attivissima nell'attaccare con bombe e spezzoni gli italiani impegnati nella controffensiva. Quel giorno venne deciso che la Legione *Tagliamento* avrebbe ripetuto l'attacco fallito il giorno precedente; per rafforzare le Camicie Nere vennero assegnati al LIII Battaglione CC.NN. del Primo Seniore Zuliani i mortai della Compagnia A.A. dell'81° fanteria *Torino*. Un Battaglione del medesimo Reggimento avrebbe affiancato proteggendolo il fianco sinistro del Battaglione CC.NN. L'azione ebbe inizio nella prima mattina, e i militi, coadiuvati dai fanti e da elementi dell'altro Battaglione della Legione, il LXXIX CC.NN., che mossero da Mikhailowka, rioccuparono verso mezzogiorno le posizioni di Nowaja Orlowka. Alle 15.00, dopo un'intensa azione di mitragliamento e spezzonamento compiuta dal 22° Gruppo, le Camicie Nere, insieme ai fanti tedeschi dell'*Infanterie-Regiment 318*, poterono riconquistare Ivanovka, dove scoprirono il massacro dei prigionieri e dei feriti compiuto dai fucilieri della 296ª il 25[22]. Intanto già all'alba i *Fallschirmjäger* del 2° Reggimento erano avanzati a nord verso la collina 318.7, persa dai *Landser* la sera precedente; la posizione fu riconquistata intorno alle 15 dai due Battaglioni (*I./* e *II./*) dell'*Infanterie-Regiment*

---

20 G. Massimello, G. Apostolo, *Italian Aces of World War II*, Oxford 2000, pp. 80-81
21 Messe 1963, p. 194. Per Giulio Bedeschi gli apparecchi sovietici abbattuti furono quindici: G. Bedeschi, *Gli italiani nella Campagna di Russia del 1941 al 1943*, in C. de Laugier, G. Bedeschi, *Gli italiani in Russia. 1812. 1941-1943*, Milano 1980, p. 205
22 Contrariamente a quanto spesso affermato, i Bersaglieri del XVIII/3° non presero parte alla riconquista di Ivanovka, rientrandovi solo il 29, dopo aver dato il cambio al LXXIX Btg. CC.NN.: Lucas, De Vecchi 1976, p. 492.

318 reduci dalla riconquista di Ivanovka e dai Bersaglieri del XX/3°. Gli scontri furono molto duri, ed il massacro appena scoperto accese la rabbia delle truppe dell'Asse che ricacciarono il nemico oltre la collina, su cui il *318*. si stabilì di presidio. La spinta offensiva delle truppe di Timoshenko era ormai esaurita. Ciò non voleva però dire che i sovietici avessero rinunciato a combattere. Infatti nella notte due Battaglioni del 964° della 296ª fucilieri appoggiati da elementi del 733°/136ª attaccarono Quota 331.7, costringendo i tedeschi a ripiegare entro la *Linea Z*. La mattina del 28 il Console Nicchiarelli, comandante della *Tagliamento*, assunse il comando della riserva della 3ª Divisione *Celere Amedeo duca d'Aosta*, formato da quelli che erano ritenuti tra i reparti più affidabili e combattivi della Divisione, il LXXIX Battaglione CC.NN. ed il XVIII Battaglione Bersaglieri. La situazione venutasi a creare con la perdita della Quota 331.7 fece sì che il comando del *XLIX. Gebirgskorps*, da cui la *Celere* dipendeva operativamente, ne ordinasse la riconquista. Alle nove e mezza della mattina il LXIII Battaglione Camicie Nere mosse alla conquista della quota, tenuta dal 964° reggimento della 296ª e da elementi del 733° appartenente alla 136ª Divisione fucilieri. I legionari di Zuliani erano appoggiati da due *Panzerkampfwagen III Ausf. H* del *Panzer-Regiment 10*, da due Plotoni mortai da 81 e da due Plotoni di cannoni da 47/32 del LXIII Battaglione A.A. *Sassari* della *Tagliamento*, e dal Plotone mortaisti dell'81°. Dopo il bombardamento preliminare fatto dai mortai, le Camicie Nere attaccarono prima con un fitto lancio di bombe a mano e poi all'arma bianca, e, malgrado l'inferiorità numerica, a mezzogiorno la collina 311.7 era saldamente in mano italiana, mentre i fucilieri russi ripiegavano velocemente su Woroshilowa. Sfruttando il momento favorevole, Zuliani ordinò il proseguimento dell'azione incalzando il nemico, e alle sedici anche l'abitato di Woroshilowa fu conquistato dalle Camicie Nere udinesi. A quel punto i sovietici lanciarono il 733° ed il 964° contro Woroshilowa, senza però riuscire a sloggiarne i militi, nelle cui mani il villaggio rimase saldamente. Nel frattempo, a dimostrazione di come l'ardore combattivo dei sovietici non fosse affatto scemato; l'81° Reggimento *Torino*, dopo durissimi scontri, era stato costretto a ritirarsi dall'area di Kurgan Plosky, dopo averne occupati molti caposaldi, né meglio era andata ai paracadutisti dei *Fallschirmjäger-Regiment 2*, che si erano impadroniti della stazione ferroviaria di Nikitino tentando di conquistare anche il villaggio, da cui furono respinti dai fucilieri della 136ª fucilieri e dalle cariche dei cosacchi della 68ª cavalleria[23]. Il 29 dicembre i sovietici continuarono ad attaccare per riprendere Woroshilowa alle Camicie Nere del LXIII; la lotta era aspra ma i legionari friulani tennero sino all'arrivo dei camerati del LXXIX CC.NN. proveniente da Ivanovka, dove erano stati sostituiti dai Bersaglieri del XVIII/3°. A sera anche il Comando Legione si stabilì a Woroshilowa. Anche il mattino del 30, prima dell'alba, la 296ª fece un nuovo tentativo di riprendere Woroshilowa, ma la *Tagliamento* respinse prontamente tutti gli attacchi; i fanti sovietici si impadronirono però della Quota 331.7, tenuta da due Plotoni dell'*Infanterie-Regiment 318*[24]: ciò lasciò isolata la *Tagliamento* a Woroshilowa. Data la temperatura, che scese sino a –35°, anche gli apparati radio non funzionavano. Il Console Nicchiarelli decise di tentare l'apertura di un varco con due Plotoni arditi, ma il violentissimo concentramento di fuoco impedì ai Plotoni di uscire dal paese. Dopo che nelle prime ore del 31 dicembre i fucilieri sovietici avevano ripetuto invano la conquista di Woroshilowa, respinti dalle Camicie Nere, il Comando Legione decise di ritentare l'operazione fallita la sera precedente. Alle sette del mattino uscì un Plotone arditi comandato dal Capomanipolo Menegozzo, che raggiunse la Quota 331.7 impadronendosene con un colpo di mano che colse i sovietici totalmente di sorpresa. Menegozzo riuscì poi

---

23   Meglio era andata all'*Infanterie-Regiment 318* che aveva conquistato il villaggio di Greko Timofeyevsky, riuscendo poi a tenerlo malgrado i contrattacchi sovietici.

24   Sembrava un copione già scritto: i tedeschi perdevano la quota e gli italiani la riconquistavano; non appena in mano tedesca, tornavano i sovietici e la quota era ripresa.

a raggiungere il villaggio di Ivanovskiy, mettendosi a rapporto con il vicecomandante della *Celere* ed esponendo la situazione in cui si trovavano le Camicie Nere. Fu allora decisa un'azione che precedeva lo sblocco di Woroshilowa e la riconquista di Quota 331.7. Tale azione sarebbe stata compiuta dal Battaglione di riserva della Divisione, il XVIII Battaglione Bersaglieri, appoggiati dai pochi carri *Pz.Kf.Wg. III Ausf. H* del *Panzer-Regiment 10*. Quando però Bersaglieri e carristi arrivarono a Quota 331.7 ebbero la sorpresa di trovarla non in mano sovietica ma presidiata dalle Camicie Nere della *Tagliamento* che avevano provveduto ad occuparla dopo il colpo di mano del Plotone di Menegozzo, alleggerendo così la situazione di Woroshilowa. La battaglia di Natale era finita. L'offensiva di Timoshenko era stata stroncata sin dall'inizio grazie alla determinazione delle Camicie Nere della Legione *Tagliamento* e dai Bersaglieri del XVIII che non avevano ceduto in situazioni climatiche difficilissime (sino a -43° di temperatura, sotto tormente di neve) contro un nemico molto più numeroso[25].

---

25 Nel dopoguerra, per sminuire il ruolo delle CC.NN. nella battaglia di Natale, vi fu chi s'inventò una presenza di Alpini nella battaglia: tra essi anche tale Alfonso Felici, che scrive di essere un reduce del *Monte Cervino*, autore di un racconto dal titolo che è tutto un programma, *Fighting Paisano*, reperibile su internet, con tanto di *cosacchi che saltavano le nostre trincee uccidendo gli Alpini e i carri armati* [che non c'erano, N.d.A.] che *schiacciavano inesorabilmente tutto quello che si trovavano davanti*. Ciò sarebbe avvenuto alle 6.30 del 25, ossia quando ad essere attaccata era stata la guarnigione del LXXIX CC.NN. a Malo Orlowka. Conclude il *reduce*, drammaticamente: *fu una carneficina e un intero battaglione* [il *Cervino*, N.d.A.] *distrutto*. Nulla di vero. Quanto al *Monte Cervino*, il primo reparto alpino a giungere in Unione Sovietica, arrivò solo nel febbraio del 1942 (il *Monte Cervino* giunse il 18 a Dnjepropetrowsk), essendo in dicembre il battaglione ancora in ricostituzione ad Aosta dopo le perdite avute sul fronte greco-albanese: cfr. L. E. Longo, *I "Reparti speciali" italiani nella Seconda Guerra Mondiale 1940-1943*, Milano 1991, pp. 218 segg. Naturalmente nella fantasiosa e drammatica ricostruzione del *fighting paisano* non c'è una sola menzione delle CC.NN.. C'è da chiedersi il perché di un simile comportamento. Con tutto il rispetto per chi si autodefinisce nientemeno che *il soldato italiano più decorato della Seconda Guerra Mondiale*, gli errori di fatto (come la presenza di carri russi), i nomi sbagliati di luoghi e di personaggi, la presenza di reparti che non vi erano, rendono perlomeno questa parte del racconto inattendibile.

LA TRASFORMAZIONE IN GRUPPO BATTAGLIONI TAGLIAMENTO E LE OPERAZIONI DELL'ESTATE 1942 (FEBBRAIO-LUGLIO 1942)

Per il valore dimostrato, la Legione a febbraio fu premiata con il passaggio dei suoi Battaglioni CC.NN. d'assalto a Battaglioni *M*, che divenne effettivo con la trasformazione da Legione a Gruppo Battaglioni CC.NN. *M* d'assalto. La vecchia *Tagliamento*, con la creazione dell'Armata Italiana in Russia (ARM.I.R.), sostituì i fasci sulle fiamme nere con le *M* mussoliniane rosse, ma mantenne il labaro divenendo così l'unico reparto *M* a non avere la fiamma nera a due punte con la scritta *Seguitemi!* tipica dei Battaglioni M^1. Le perdite della Legione dal 25 gennaio furono di 101 caduti (otto ufficiali), 201 feriti ospedalizzati (sei ufficiali), 49 feriti curati sulla linea del fronte (cinque ufficiali), 359 congelati (tra cui dieci ufficiali; i congelati furono 57 di 1° grado, 298 di 2°, 4 di 3°), 91 dispersi (quattro ufficiali) da considerare morti. La *Tagliamento* aveva dunque riportato in sei mesi di campagna il 65% delle perdite, raffrontate agli organici della Legione alla partenza per la Russia, perdendo 44 ufficiali e 915 legionari e soldati[2]. I sovietici lasciarono sul campo 2.500 uomini. Le truppe dello C.S.I.R. catturarono 1.300 prigionieri, 24 pezzi da 76 mm., 9 pezzi anticarro, 22 mitragliatrici pesanti, migliaia tra armi individuali, automezzi, materiale vario[3]. Il 22° Gruppo Autonomo abbatté 14 apparecchi avversari senza subire perdite. Le perdite italiane furono complessivamente di 1.347 uomini tra caduti, feriti, dispersi e congelati. Sia Mussolini che von Kleist elogiarono il comportamento delle Camicie Nere e degli altri militari. Il Duce inviò alle Camicie Nere il seguente messaggio: *La Nazione è fiera di voi. Fatelo sapere a tutti*[4]. Anche il comandante del *XLIX. Gebirgskorps* espresse a Messe il proprio compiacimento: *Sono orgoglioso che una Divisione italiana* [la *Celere*] *sia stata affidata al mio comando*[5]. Nei mesi seguenti la Legione CC.NN. *Tagliamento* fu trasferito nelle retrovie della *Celere*, a Wladimirowka, per essere rinforzato dai complementi provenienti dal deposito di Udine e dal Campo Addestramento Battaglioni *M* di Trastevere. In quel periodo le Camicie Nere non ebbero occasione di essere impiegate in combattimenti, neppure in funzione antipartigiana, anche perché la resistenza nazionalista ucraina (*Ukrainška Povštanka Armija*) per quanto antitedesca ed antisovietica vedeva con favore la presenza degli italiani, che spesso provvedevano ad armare ed equipaggiare gli ucraini contro i partigiani comunisti[6]. Il 16 aprile, mentre la *Tagliamento* si trovava a Wladimirowka gli venne affiancata la neo arrivata legione Croata, formata da volontari armati ed equipaggiati dalla M.V.S.N.; tra legionari (specialmente qulli friulani del LXIII Battaglione) ed i croati non mancarono dissapori e scontri. La Legione Croata fu assegnata alla *Celere* al posto della *Tagliamento*[7]. La 63ª Legione fu concentrata a Makejewska per riordinarsi ed inquadrare i nuovi elementi: la riorganizzazione della Legione si inseriva in quella dell'intero C.S.I.R., che diveniva XXXV Corpo d'Armata[8], nel

---

1   Il labaro della *Tagliamento* (anche dopo la ridenominazione a Gruppo Battaglioni i suoi militi continuarono sempre a dire *la Tagliamento*) decorata di MAVM prima e poi di MOVM in Russia, venne bruciato nella stufa di una baita il 29 aprile del 1945 per non farlo cadere in mano partigiana.
2   Lucas, De Vecchi 1976, pp. 492-3.
3   Messe 1963, pp. 194-5.
4   Ibid.
5   Ibid.
6   N. Thomas, *Partisan Warfare 1941-45*, Oxford 1993, p. 17, 47. Uno studio scientifico sulla guerriglia in URSS è ora quello di B. Shepherd, *War in the Wild East. The German Army and Soviet Partisans*, Harvard 2006.
7   Si veda il capitolo dedicato alla Legione Croata.
8   Messe ne mantenne il comando sino all'ottobre 1943, quando fu destinato in Tunisia al comando della 1ª Armata Italiana.

quadro dell'ampliamento della presenza italiana sul fronte orientale, con la creazione della nuova 8ª Armata (posta agli ordini del generale Italo Gariboldi) più nota come A.R.M.I.R, ossia Armata Italiana in Russia. Lo C.S.I.R. sarebbe stato dunque affiancato da altri due Corpi d'Armata, II Corpo d'Armata e Corpo d'Armata Alpino. La decisione di Mussolini (avversata sia dallo stesso Messe che dal capo di Stato Maggiore Generale Ugo Cavallero) di ampliare la presenza militare italiana in Russia, portò modifiche organiche alla stessa struttura del XXXV Corpo (ex C.S.I.R.), non solamente con la trasformazione della *Celere* in una unità totalmente motorizzata, con l'arrivo del 6° Reggimento Bersaglieri e del 120° Reggimento Artiglieria Motorizzato (la *Celere* divenne così l'unica Divisione Bersaglieri del Regio Esercito) ed il passaggio delle unità a Cavallo, *Savoia Cavalleria*, *Lancieri di Novara* e *Reggimento Artiglieria* a Cavallo in un Raggruppamento – in pratica una Divisione – al comando del gen. Guglielmo Barbò di Casalmorano, posto agli ordini diretti del comando di Corpo d'Armata, ma anche dei reparti di Camicie Nere, da affiancare alla *Tagliamento*, che stavano affluendo in Russia. Il XXXV Corpo d'Armata avrebbe dunque inquadrato, tra le unità suppletive di Corpo d'Armata non indivisionate, un Raggruppamento formato da sei Battaglioni di Camicie Nere (tutti Battaglioni *M*), ripartiti in due Gruppi di Battaglioni CC.NN. *M* d'Assalto ed un Battaglione Armi d'Accompagnamento. La 63ª Legione *Tagliamento* avrebbe conservato l'antico e glorioso nome, e si sarebbe trasformata in Gruppo CC.NN. *M* d'assalto, sempre con i Battaglioni LXIII *M* e LXXIX *M* ed il LXIII Btg. A.A. *Sassari*; con il Gruppo Battaglioni CC.NN. *M* d'Assalto *Montebello*, in arrivo da Roma, il *Tagliamento* avrebbe costituito il Raggruppamento *3 Gennaio*. A parte il nome Raggruppamento, si trattava di vere e proprie divisioni (più leggere di quelle del Regio Esercito, ma meglio armate ed addestrate) che infatti prendevano il nome da date importanti della storia fascista: *3 Gennaio* e *23 Marzo*[9], come tradizione ormai delle divisioni della Milizia, ed erano poste agli ordini di un Luogotenente Generale (ossia Generale di Divisione). Tutti legionari ricevettero la medaglia *Medaille Winterschlacht im Osten*[10]. A maggio al Labaro fu concessa la Medaglia d'Argento al Valor Militare per l'attività svolta in tutto il periodo di operazioni, e soprattutto nel dicembre 1941:

Esponente di silenziosa abnegazione e di consapevole spirito di sacrificio, nella gelosa tutela di un alto dovere ideale, il suo Labaro ha visto ovunque, dal Nipro alla zona del Donez, il nemico piegare dinnanzi alla risolutezza delle sue fila robuste di fede ed agguerrite di capacità guerriera. Ovunque chiamata, a lato dei Fanti o a fianco di unità celeri, ha fieramente contribuito al successo delle nostre armi, con inesausto ardore di sentimento e generoso tributo di sangue che, in un'ora culminante, contro l'urto di orde fanatiche e di ferina barbarie, ha ragguagliato l'elevatezza dell'olocausto. Ridotta nel numero, ma integra negli animi, ha tutelato inviolabilmente un'importante posizione tattica avanzata, resa più ardua dagli eccezionali rigori dell'inverno e dell'aggressività che l'avversario vi dimostrava.

Con la trasformazione della 63ª Legione in Gruppo Battaglioni, il Console Niccolò Nicchiarelli fu promosso e lasciò il comando al Console Domenico Mittica. Il Gruppo *Tagliamento* riprese l'attività bellica nel corso della nuova fase offensiva per la conquista del bacino minerario di Krasnij

---

9 Il 3 gennaio 1925 Mussolini tenne alla Camera un discorso considerato l'inizio del Regime fascista come regime totalitario; il 23 marzo 1919 in piazza San Sepolcro a Milano erano stati fondati i Fasci di Combattimento.
10 La medaglia fu istituita da Adolf Hitler il 26 maggio 1942, e veniva concessa al personale militare e civile, anche femminile, in servizio nella *Wehrmacht* che avesse combattuto due settimane o avesse passato sessanta giorni al fronte in zona di combattimento, o fosse stato ferito o rimasto congelato; ai caduti *in memoriam*; al personale delle fabbriche attive in zona di guerra; ai volontari stranieri in servizio nelle FF.AA. tedesche purché segnalati da un comandante di Divisione o da un ufficiale superiore (C. Ailsby, *World War 2 German Medals and Political Awards*, Londra 1994, pp. 125-126). Gli italiani dello C.S.I.R. vennero tutti decorati esattamente come i militari tedeschi.

Lutsch condotta dal XXXV Corpo (ossia, ancora una volta, dai veterani dello C.S.I.R. con l'aggiunta della neo arrivata divisione *Sforzesca*). Il XXXV Corpo faceva parte per l'occasione della 17ª Armata germanica. Nel corso delle operazioni, la prima fase sarebbe stata l'occupazione di Nikitino da parte del *Tagliamento*, che avrebbe agito con un rapido colpo di mano, come i reparti di Arditi nella grande guerra, sferrando un violento assalto e sfondando le linee avversarie, venendo poi sostituito dal 3° Bersaglieri una volta sfondata la linea sovietica. L'operazione si svolse in tre fasi:

a) rottura del fronte sovietico tra Debalzewo e Nikitino ad opera del *Tagliamento*, con azione convergente della *Pasubio* e della *111. Infanterie-Division* da nord e della *Celere*, della *Sforzesca* e del Raggruppamento a Cavallo da sud in direzione della stazione di Faschtschenka, e successiva avanzata su Ivanovka, che era stata abbandonata per razionalizzare la linea difensiva dopo la battaglia di Natale;

b) combattimento di Ivanovka per la rottura di una seconda robusta organizzazione difensiva da tempo predisposta dai sovietici sulla linea Woroschilovograd[11]- Krasnij Lutsch;

c) manovra avvolgente di tutte le forze, della zona mineraria di Krasnij Lutsch-Bokowo Pitowo-Bokowa Antrazit.

Il Gruppo Battaglioni *M Tagliamento* era schierato nel *Settore Lombardi* della 3ª *Celere*. Il comando di Divisione ordinò al comandante del Gruppo, Mittica, di occupare il caposaldo sovietico di Nikitino, protetto anche da campi minati che i sovietici avevano creato approfittando della stasi operativa. I legionari dovevano svolgere azioni esplorative allo scopo di saggiare le capacità di resistenza del nemico (si trattava della 216ª Divisione fucilieri). Il Console Mittica affidò l'azione iniziale dell'offensiva al LXIII Battaglione *M* che partendo dalle posizioni di Quota 301 si sarebbe diretto a cavallo della strada per Nikitino per conquistare la posizione. L'azione sarebbe iniziata alle 15.30 dopo un tiro di preparazione di mezz'ora. Contemporaneamente la Legione Croata della Milizia avrebbe attaccato Quota 253.4 presso l'abitato di Vessielj. Primi a muovere furono le Camicie Nere del Plotone guastatori, che provvidero alla creazione di varchi nei campi minati, facendo brillare o rimuovendo le mine. Una volta aperti i varchi, subentrarono i legionari della 1ª Compagnia, che furono però investiti dal fuoco delle mitragliatrici e dei mortai da 120; malgrado le perdite, le Camicie Nere proseguirono nell'azione rispondendo al fuoco, coadiuvate anche dall'intervento, alla loro destra, dei camerati della 2ª Compagnia. L'intensificarsi dell'azione ebbe come conseguenza l'indebolirsi del fuoco dei fanti sovietici. Verso il tardo pomeriggio intervenne anche la 3ª Compagnia del LXIII *M* ma l'incipiente oscurità rendeva di minuto in minuto più difficile il mantenere i collegamenti tra le compagnie, e l'azione si andava spegnendo. A quel punto però il capomanipolo Menegozzo del Plotone comando di Gruppo (si trattava dello stesso ufficiale che il 31 dicembre, con un Plotone aveva conquistato d'impeto la collina 331.7) postosi alla testa di una pattuglia riuscì ad entrare a Nikitino intorno alle 20.30. Le Camicie Nere di Menegozzo colsero di sorpresa i difensori, eliminandoli con il pugnale[12] ed aprendo la strada alla 1ª Compagnia che la seguiva e che occupò il paese mentre i fucilieri dalla 216ª si ritiravano, schierandosi poi a difesa per la notte. Il giorno successivo, il 12 luglio, alle tre del mattino, le Camicie Nere della 2ª Com-

---

11   L'odierna Lugansk.
12   Le Camicie Nere (come gli Arditi) tendevano dove possibile ad arrivare allo scontro ravvicinato, in modo da ridurre la superiorità dell'armamento dei sovietici. Il modo di combattere dei Militi impressionò anche gli alleati tedeschi: ancora nel 1944-1945, come ricorda Carlo Mazzantini, a proposito del pugnale, *c'era chi sosteneva che i tedeschi ne avessero una paura viscerale. Quelli che erano stati sul fronte russo. "Se alzano troppo la voce e fanno i prepotenti" dicevano "tirate fuori il pugnale, e vedete come si calmano!" Arma nostra, meridionale: evocava i Vespri, la vendetta corsa* (C. Mazzantini, *A cercar la bella morte*, Milano 1986, p. 164).

pagnia si impadronirono con un colpo di mano del *kolchoz* di Molotowa, mentre quelle della 3ª si spinsero sin nei pressi di Kruglij ed alle sei e mezza si riunirono con il rimanente del LXIII battaglione *M* presso la Quota 333.5 a nord di Nikitino, dove le Camicie Nere vennero scavalcate del 3° reggimento Bersaglieri. Nei tre giorni successivi, sotto una pioggia torrenziale, il Gruppo Battaglioni *Tagliamento* rimase in sosta nel villaggio di Nikitino, mentre le altre unità del XXXV Corpo d'Armata sviluppavano l'offensiva, urtandosi con le retroguardie della 216ª Divisione che s'erano attestate su posizioni fortificate allo scopo di ritardare l'avanzata degli italiani, per permettere al grosso delle truppe di attestarsi lungo la linea di difesa che correva da Woroschilovograd a Krasnij Lutsch. Il giorno quindici il gruppo *Tagliamento* insieme alla Legione Croata passò alle dipendenze dirette del comando della *Celere* che dispose che i due reparti raggiungessero Wladimirowka, dove avrebbero rilevato dalla linea reparti tedeschi. Il trasferimento avvenne con autocarri, e finalmente la notte tra il 16 ed il 17 luglio i legionari del *Tagliamento* e i volontari croati dettero il cambio all'*Infanterie-Regiment 308* appartenente alla 198ª Divisione tedesca. Con l'avvicendamento il settore passò alle dipendenze del comando del Gruppo Battaglioni, che aveva alle proprie dipendenze operative anche la Legione Croata. Il tratto di fronte presidiato dalle Camicie Nere e dai volontari assunse quindi la denominazione di *Settore Mittica*, dal nome del comandante del Gruppo Battaglioni *Tagliamento*. Per rinforzare la linea Mittica ebbe alle proprie dipendenze due gruppi d'artiglieria: il III Gruppo del 120° Reggimento, il III Gruppo ippotrainato delle *Voloire* ed una Sezione di cannoni controcarro da 75/39[13]. La stessa mattina dell'arrivo in linea il LXXIX Battaglione *M* ricevette l'ordine di preparare un'azione esplorativa allo scopo di riconoscere il terreno antistante e di individuare la presenza nemica. Se questa fosse stata accertata, di saggiarne le difese e, se non vi fosse stata presenza avversaria, qualora possibile, di occupare l'abitato di Schterowka e della Quota 342, mentre sulla sinistra il 6° Bersaglieri avrebbe svolto un'azione analoga. Nel settore erano infatti presenti due Battaglioni (I e III del 674° Reggimento fucilieri della 216ª Divisione) appoggiati da fuciloni controcarro *PTRD* e mortai da 120 mm. Alle ore 11 del mattino del 17 luglio, senza che vi fosse stata preparazione d'artiglieria per non allertare i sovietici, due Squadre esploratori comandate dal Capomanipolo Mario Zago uscirono dalle linee italiane. Percorso mezzo chilometro, gli esploratori furono fatti segno di un violento fuoco di armi automatiche e di mortai, che si fece rapidamente più intenso. Al fine di alleggerire la situazione delle due squadre, l'artiglieria italiana aprì un fuoco di copertura, e le Camicie Nere della 2ª Compagnia comandata dal centurione Rota uscirono dalle linee italiane in aiuto di Zago. La ricognizione offensiva poté perciò proseguire e i legionari giunsero sino alle prime case dell'abitato di Schterowka, dove erano asserragliati i fucilieri sovietici appoggiati da nidi di mitragliatrici. Una raffica colpì in pieno il Capomanipolo Zago, mentre altre Camicie Nere rimanevano ferite; l'ufficiale rimase a terra rantolante sotto il fuoco della mitragliatrice. A quel punto una sua Camicia Nera, Mario Paolucci si gettò per soccorrere il suo comandante. Paolucci era un ufficiale in congedo, che, stanco di aspettare il richiamo del distretto, s'era arruolato volontariamente come semplice Camicia Nera per raggiungere il fronte. La mattina era stato già ferito al braccio destro, ma aveva continuato a partecipare all'azione trascinando con l'altro braccio le cassette di munizioni. Quando Paolucci si lanciò verso il capomanipolo a terra, la mitragliatrice diresse contro di lui il proprio fuoco, ferendolo al braccio sinistro. Vistosi impossibilitato a trascinare Zago con le braccia, malgrado il dolore Paolucci afferrò tra i denti il bavero della giacca dell'ufficiale, trascinandolo via per un tratto, venendo però ucciso dal fuoco dei mitraglieri sovietici. Fu la prima Medaglia d'Oro al Valor Militare della Legione: si legge nella motivazione:

---

13   La ricognizione aveva segnalata in linea la presenza di reparti corazzati sovietici, che infatti attaccarono con carri *T-34* l'*Infanterie-Regiment 111* nella mattinata dello stesso 17 luglio.

Colpito da raffica di mitragliatrice che gli immobilizzava il braccio sinistro, raggiungeva carponi l'ufficiale ed afferratolo coi denti per il lembo della giubba, in un supremo sforzo riusciva a trascinarlo per brave tratto, finché, colpito a morte, consacrava sul campo di battaglia il suo indomito eroismo[14].

Anche le Camicie Nere della 2ª Compagnia dovettero lamentare sensibili perdite. Lo scopo della ricognizione era stato comunque raggiunto: erano state individuate consistenti forze sovietiche. Alle 13 il Console Mittica ordinò il rientro delle truppe esploranti, che tornarono in ordine nelle linee italiane portando con sé i feriti e tutti i materiali. Nelle fasi iniziali del rientro colpito anche il Centurione Rota, comandante della 2ª Compagnia, mentre comandava l'estrema retroguardia. Tutti gli ufficiali erano stati feriti. I sovietici, a loro volta, passarono ad attaccare il settore, esercitando pressione in particolare nel settore della 1ª Compagnia del LXXIX. Per rafforzare la prima Compagnia, l'Aiutante Maggiore in seconda del Battaglione, il Centurione Alberto Mingiardi, si pose al comando dei militi della 2ª Compagnia rimasti senza ufficiali, mentre intervenne anche la 3ª Compagnia, alla cui testa si era posto il comandante del Battaglione, il Seniore Silvio Margini. I fucilieri sovietici dovettero ripiegare, e lo scontro si andò affievolendosi sino a cessare del tutto con il calar della notte. I sovietici abbandonarono nottetempo tutta la zona. La mattina seguente, nelle prime ore del 18 luglio, sotto una pioggia a dirotto, i legionari *M* del LXXIX Battaglione raggiunsero ed occuparono prima Schterowka e poi Surajewka, catturando duecento prigionieri, armi e munizioni (5 mortai da 120, 4 mortai medi, un fucilone controcarro *PTRD 1941* da 14.5 mm, due mitragliatrici pesanti)[15]. Allo scopo di sfruttare la ritirata sovietica e di affrontare con truppe scelte le agguerrite retroguardie avversarie, il comando della *Celere* dispose di creare il Raggruppamento autonomo Mittica, agli ordini del comandante del *Tagliamento*: quest'unità, costituito prendendo come esempio i *Kampfgruppe* tedeschi, era totalmente autotrasportato e comprendeva:

Gruppo Battaglioni CC.NN. *M* d'Assalto *Tagliamento*;

Legione Croata;

III Gruppo artiglieria ippotrainata.

Il Raggruppamento Mittica avrebbe dovuto inseguire i sovietici in ritirata verso Krasnaja Poliana, in concomitanza con la divisione *Pasubio* che aveva lo stesso obiettivo. Il movimento ebbe inizio alle otto del mattino del 18 luglio, con due compagnie appartenenti alla Legione Croata che formavano un raggruppamento esplorante, immediatamente seguite dalle Camicie Nere; le violente piogge avevano reso le strade torrenti di fango, e ciò rallentò i movimenti della colonna Mittica, ma alla fine i croati e le Camicie Nere occuparono Kolpakowo intorno alle dodici e venti, proseguendo poi verso Krasnaja Poliana, raggiunta ed occupata alle quattordici. Il Comando del *Tagliamento*, con il LXXIX *M*, parte del Battaglione armi d'accompagnamento e le Batterie del III Gruppo presero posizione a Kolpakowo e a Quota 351.1. Nel pomeriggio i reparti del Raggruppamento Mittica erano così dislocati:

Krasnaja Poliana: Legione Croata;

Kolpakowo e Quota 351.1: Comando del Gruppo *Tagliamento*, con il LXXIX Btg. *M*, aliquote del

---

14 Il testo completo della motivazione è riportato nell'Appendice I.
15 Lucas, De Vecchi 1976, p.497.

LXIII Btg. A.A. *Sassari* ed il III Gruppo Artiglieria a cavallo

Shurawjewka: LXIII Btg. *M* ed aliquote del LXIII Btg. A.A.

Alle diciassette del pomeriggio avvenne lo scavalcamento da parte della 3ª Divisione *Celere* (Raggruppamento Lombardi) e della Divisione *Pasubio*. Esauritosi il compito per cui era stato creato, il Raggruppamento Mittica venne sciolto, ed il diciannove il Gruppo Battaglioni CC.NN. *M* d'Assalto *Tagliamento* si radunò ad Iwnowska e tornò alle dipendenze dirette di Messe come truppe di Corpo d'Armata. Nel corso delle operazioni dal 17 al 19 luglio le Camicie Nere del Gruppo *Tagliamento* perse 98 uomini, di cui: caduti: 15 (1 ufficiale); dispersi: 1; feriti ricoverati: 70 (4 ufficiali); feriti medicati presso i reparti: 12 (1 ufficiale). Alla fine del breve ciclo operativo per la manovra di Krasnij Lutsch il Gruppo aveva in forza:

	Ufficiali	Sottufficiali e CC.NN.
Comando Gruppo e Plotone comando	9	102
LXIII Btg. M	18	535
LXXIX Btg. M	14	501
		Sottufficiali e soldati
LXIII Btg. A.A. Sassari (R.E.)	14	236
Autoreparto (R.E.)	3	129
Totale	60	1.503

Erano stati catturati dalle Camicie Nere oltre duecento prigionieri e numerose armi sia pesanti che individuali. Nel frattempo che il XXXV Corpo d'Armata, inquadrato nella *17. Armee* operava nel bacino di Krasnij Lutsch ad ovest del bacino del Donetz, il Gruppo di Armate B di von Weichs aveva raggiunto con una spettacolare avanzata il Don nella zona di Voronesh, mentre la *6. Armee* di Frederich Paulus discendeva la sponda occidentale del Don per dirigersi poi verso il bacino del Volga e Stalingrado. Questo movimento a tergo delle grandi unità sovietiche ancora operanti tra Donetz e Don ne provocò la sollecita ritirata oltre il Don ed il conseguente inseguimento da parte delle truppe dell'Asse. Il 22-23 luglio dunque l'ARM.I.R. entrò in Woroshilowgrad, malgrado la resistenza di nuclei di retroguardia e le numerosissime mine e trappole esplosive disseminate dai sovietici. I pontieri del genio riuscirono a gettare in tempi rapidissimi un ponte d'equipaggio sul Donetz, su cui poterono transitare la *Celere* ed il neo costituito Raggruppamento *3 Gennaio* (Gruppo *Tagliamento* e Legione Croata) per continuare l'inseguimento verso l'ansa di Serafimovitch sul Don, seguiti alternativamente dalle Divisioni del II e del XXXV Corpo d'Armata, che andavano ad assumere il proprio posto nel nuovo schieramento difensivo lungo le sponde del Don, il II a nord ed il XXXV a sud dell'interposto *XXIX. Armeekorps* tedesco (che fungeva da *stecca di balena* per rafforzare lo schieramento italiano, debole in controcarri e privo di corazzati). I due corpi italiani e quello tedesco avrebbero operato congiuntamente nell'ambito del settore tenuto dall'8ª Armata, che il 31 luglio aveva completato il passaggio del Donetz con i propri reparti.

IL RAGGRUPPAMENTO 3 GENNAIO
E LA PRIMA BATTAGLIA DIFENSIVA DEL DON
(AGOSTO 1942)

Come accennato, s'era intanto costituito il Raggruppamento Battaglioni CC.NN. d'Assalto *3 Gennaio* al comando del Luogotenente Generale Filippo Diamanti (le cui Camicie Nere s'erano battute strenuamente nella difesa di passo Uarieu nel corso della prima battaglia del Tembien, nel gennaio del 1936, salvando con la loro resistenza l'intero schieramento italiano dall'accerchiamento[1]). Si trattava del primo dei due Raggruppamenti di cui era previsto l'impiego in URSS, insieme al Raggruppamento *23 Marzo*; per il momento il Raggruppamento *3 Gennaio* era costituito solo dai reparti del Gruppo *Tagliamento* e dalle Camicie Nere croate della Legione Croata, mentre l'altra componente, il Gruppo *Montebello*, sarebbe giunta in linea solo l'11 settembre; il Comando Raggruppamento giunse invece ad agosto. Il Raggruppamento (ossia, in pratica il Gruppo *Tagliamento* e il migliaio di croati) operava nell'ambito del XXXV Corpo, di cui costituiva truppa a disposizione del Comando, insieme al Raggruppamento a Cavallo Barbò, ed alle Divisioni veterane del vecchio C.S.I.R. *Celere*, *Pasubio* e *Torino*, cui si era aggiunta l'appena arrivata *Sforzesca* che non aveva ancora avuto il battesimo del fuoco in Russia, ed una serie di reparti minori tra cui la 32ª Compagnia Controcarro *Granatieri di Sardegna*, particolarmente scelta. Le truppe di Messe dovevano presidiare un settore lungo oltre sessanta chilometri in linea d'aria, ma in realtà lungo le sponde piene di anse del Don lo schieramento doveva coprirne ottanta; tale settore era delimitato ad ovest dal meridiano di Jelanskoie ed ad est dal punto corrispondente a dove, sull'opposta riva, il fiume Choper s'immette nel Don. La Divisione *Sforzesca*[2] costituiva con il suo 54° fanteria *Umbria* l'ala destra di tutto lo schieramento (ed il mettere truppe non pratiche del fronte russo in una posizione così importante fu un errore pagato poi caro). A destra della *Sforzesca* era schierata la *79. Infanterie-Division*, appartenente al *XVII. Armeekorps* del Generale Hollidt, estrema ala sinistra della *6. Armee* di Paulus. Per un'estensione di circa trenta chilometri verso oriente sulla riva destra del Don, dal punto prospiciente il punto in cui il Choper si getta nel Don sino alla vasta ansa che il Don forma a Serafimovitch la sorveglianza della riva era affidata solo ad un Gruppo esplorante formato da uno Squadrone di cavalleria (colonna Conforti), una Compagnia ciclisti ed una di pionieri, distribuiti in pochi chilometri di sbarramenti arretrati assai discosti dal fiume ed ampiamente intervallati tra di loro. Infatti il comando del Gruppo d'Armate B aveva ritenuto che il Don fosse in quel tratto inguadabile e considerava sicura l'area. In una simile situazione, i sovietici finivano per trovarsi padroni non soltanto della riva sinistra del fiume, ma anche della destra, dove continuavano ad avere in mano la testa di ponte dell'ansa di Serafimovitch e quella della foresta tra Bobrowskj e Baskowskj, da dove lanciavano continui attacchi di pattuglie contro gli italiani[3], ma anche dei villaggi della fascia rivierasca, da cui si erano andati estendendo in profondità verso sud specialmente a ridosso della linea di giunzione tra la *Sforzesca* e la *79. Infanterie-Division* germanica. Data la

---

[1] Mussolini disse ad Ardengo Soffici nel maggio 1936: *Sono stati quei quattrocento ragazzi morti al passo Uarieu che ci hanno permesso di andare avanti e di concludere.* Sulle Camicie Nere a passo Uarieu, cfr. Romeo 2008.

[2] Comandata dal Generale C. Pellegrini comprendeva il 53° e 54° Reggimento fanteria *Umbria* ed il 17° Reggimento artiglieria motorizzato.

[3] Il 6 agosto Hollidt, comandante del *XVII. AK* (da cui dipendeva temporaneamente la *Celere*) ordinò a due Battaglioni Bersaglieri (XIII e XIX entrambi del 6°) ed a due tedeschi (*I./208* e *III./212*, della *79. ID*) di rastrellare la foresta dai russi della 304ª Divisione, malgrado il parere sfavorevole del comando della *Celere*. Malgrado ore di combattimenti individuali nella foreste, e malgrado aver raggiunto in due punti le rive del Don, gli italo-tedeschi dovettero ritirarsi dopo che, nottetempo, truppe d'assalto sovietiche erano riuscite ad infiltrarsi tra le posizioni dell'Asse.

situazione di contatto tattico assai incerto tra il XXXV Corpo italiano ed *XVII. AK* tedesco, le truppe sovietiche avevano un'ottima base di partenza per condurre attacchi e puntate offensive contro il XXXV Corpo. Per parare la minaccia Messe dispose che le riserve di Corpo d'Armata, ossia le Camicie Nere del Raggruppamento *3 Gennaio* (esclusa la Legione Croata, passata alle dipendenze tattiche della divisione *Pasubio*) e il Raggruppamento a cavallo gravitassero sulla destra dello schieramento. Anche il comando della Divisione *Sforzesca* provvide a proteggere la propria linea schierando due Battaglioni del 54° fanteria facenti fronte a nord verso la riva del Don, e disponendo il terzo fronte ad est per fronteggiare una possibile infiltrazione sul fianco. Il 15 agosto il Gruppo *Tagliamento* era così dislocato:

Bolschoj: Comando Raggruppamento 3 *Gennaio*;

Bolschoj: Comando Gruppo *Tagliamento*;

Bolschoj: LXXX Btg. *M* (tranne una Compagnia)

Blinoff: LXIII Btg. *M*

Kowoskij: una Compagnia del LXXIX Btg. *M*

Diamanti cercò di collegarsi con la *79. Infanterie-Division* e ebbe il disappunto di scoprire che l'occupazione del settore non si prestava ad una difesa quanto all'osservazione, essendo costituita da piccoli nuclei isolati, ed anche che i villaggi di Brobrowskij e di Ust Choperskij sulla riva del Don, in prossimità della giuntura tra il settore tedesco e la *Sforzesca* erano in mano ai sovietici. Il nemico tra il 12 ed il 20 agosto eseguì, come sempre prima di un'offensiva, alcune incursioni contro lo schieramento italiano, che, per quanto di limitata portata costarono agli italiani una decina di morti e numerosi feriti. Scopo era quello d'individuare il punto più debole dello schieramento per tentare uno sfondamento: tale punto fu individuato nel settore tenuto dal 54° Reggimento della *Sforzesca*. La mattina del 17 agosto il comando del XXXV Corpo avvertì il Raggruppamento *3 Gennaio* dell'aumentante attività sovietica dall'ansa di Serafimovitch verso ovest e verso sud. Diamanti dispose allora lo spostamento del comando del Gruppo *Tagliamento* e del LXIII Battaglione *M* da Bolschoj e Blinoff a Dewjatkin, ed il Raggruppamento del LXXIX *M* con la propria compagnia avanzata a Kotowskij; il comando del Raggruppamento si trasferì anch'esso a Dewjatkin, ed assunse alle proprie dipendenze la 1ª Batteria del 201° Reggimento artiglieria motorizzato. Alle due e trenta del mattino del 20 agosto i sovietici attaccarono il 54° Reggimento *Umbria* con tre Reggimenti della 197ª Divisione fucilieri, l'828°, l'862° e l'889° fanteria. Si trattava di truppe traghettate sulla riva del Don nel settore che gli italiani credevano presidiato dai *Landser* dell'*Infanterie-Regiment 79*, ma che questi avevano lasciato sguarnito senza avvertire il comando della *Sforzesca*. I combattimenti s'accesero in particolare presso il villaggio di Simowskij, tenuto dagli uomini del Tenente Colonnello Spighi, che riuscirono a respingere due attacchi sovietici. Un terzo attacco iniziò alle sette, penetrando nelle linee del II Battaglione e mettendolo in fuga, ed aggirando ed attaccando alle spalle i villaggi di Simowskij e Krutowskij, ed alle otto e trenta il I Battaglione del 54° evacuò il settore di Simowskij. Di 684 uomini ne rientrarono nelle linee italiane solo 72. La situazione impose di impegnare in linea il III/54°, già schierato fronte ad est che fu rilevato dal LXIII Battaglione *M* che Messe aveva messo a disposizione del comando della *Sforzesca*. Il LXIII *M* prese immediatamente posizione con fronte a nord est lungo il margine della *balka* che da Krutowskij si dirige a sud; all'azione delle Camicie Nere si unirono i dragoni del *Savoia Cavalleria* della Colonna Conforti ed una Batteria ippotrainata; ciò che riuscì ad impedire ai fucilieri della 197ª di dilagare alle spalle della *Sforzesca* circoscrivendo l'occupazione nemica in attesa di un contrattacco per eliminarla. A tale scopo Messe pose alle dipendenze della divisione Sforzesca anche il LXXIX Battaglione *M* e la 1ª Batteria del 201° artiglieria. Solo alle 15 e mezza, tredici ore dopo l'attacco il II Battaglione del 54° riuscì a sottrarsi all'accerchiamento. I reduci ricordarono come ovunque si vedessero fuggiaschi del 54° Reggimento: per tale motivo i sovietici ribattezzarono con disprezzo la *Sforzesca "Cikay divizijon"*, Divisione "Scappa". Nel frattempo i sovietici continuavano a traghettare uomini dalla riva sinistra, tra cui truppe scelte della 14ª Divisione delle Guardie. Alle diciotto del pomeriggio le Camicie Nere del LXXIX *M* giunsero alla località indicata sulle carte italiane come *le Fontanelle*, due chilometri a sud della quota 163.1, mentre la 1ª Batteria del 201° prendeva posizione nelle vicinanze provvedendo a piazzare i pezzi in batteria. All'alba del giorno seguente i sovietici ripresero ad attaccare nel punto di saldatura tra il 54° ed il 53° fanteria, con reparti freschi della 14ª *Guardie* e della 204ª fucilieri, puntando in direzione della Quota 232.2, nodo centrale della displuviale tra Kriutscha e Zuzkan[4]. Alle 11 e 50 della mattina il LXXIX Battaglione *M* ricevette l'ordine di trasferirsi con gli autocarri presso Quota 232.2 e di qui spostarsi a piedi ad occupare le Quote 191.4 e 188.6 credute ancora sgombre, sistemandosi a difesa. Giunti intorno alle 15.00 in prossimità del punto stabilito per scendere dai camion, gli automezzi di testa della colonna furono investiti dal fuoco proveniente da Quota 232.2, che era stata occupata dai sovietici. Il comando di Battaglione decise di attaccare, ma nello stesso momento i fucilieri dell'889° Reggimento cercarono di aggirare il Battaglione, che riuscì a fronteggiare la situazione, ma intorno alle 17.30 dopo in intenso fuoco di mortai, incuranti delle perdite subite, i fucilieri tornarono a sferrare un violento attacco per tentare di ripetere l'aggiramento sul fianco destro delle Camicie Nere. La situazione si fece critica per la pressione nemica e per la perdita di parecchi uomini tra cui diversi ufficiali (ne restarono solo quattro); anche le munizioni andavano esaurendosi, e il comando di battaglione si rendeva conto dell'eccessiva dispersione delle forze su un fronte troppo ampio: ma un ripiegamento su posizioni meglio difendibili avrebbe lasciato alla mercé del nemico i due provatissimi Battaglioni del 54° e le artiglierie in ripiegamento. Il comandante del LXXIX *M* ordinò di continuare la resistenza sul luogo, senza cedere di un metro, e le Camicie Nere continuarono a proteggere la ritirata delle truppe della *Sforzesca*, con una resistenza rabbiosa ed eroica. Come ricordano Lucas e De Vecchi, l'azione del LXXIX aveva richiamato sul reparto tutta l'attenzione dei russi, che tendevano a spezzare lo schieramento italiano per poterne poi aggirare i tronconi[5]. Mentre il LXXIX battaglione era impegnato nei combattimenti Messe aveva intanto ordinato al comando della *Sforzesca* di costituire un caposaldo presso l'abitato di Tchebotarewskij facendovi affluire tutte le truppe disponibili nel settore di destra della Divisione, tra le quali vi erano anche il LXIII Battaglione CC.NN. *M* con il LXIII Battaglione A.A., la Colonna Conforti (*Savoia Cavalleria* e artiglieria ippotrainata) oltre ai superstiti del I Battaglione del 54° Reggimento. Il comando del LXIII *M* e dei resti del I/54° fu dato al Tenente Colonnello Vittorio De Franco, comandante del LXIII Battaglione armi d'accompagnamento *Sassari* del Gruppo *Tagliamento*. Intorno alle 18.30 i sovietici s'avvidero del movimento, ed inviarono contro il fianco destro del I Battaglione del 54° fanteria elementi della 197ª e le Guardie della 14ª, che si incunearono tra questo ed il LXIII Battaglione *M*, che era schierato lungo un perimetro difensivo di cinque chilometri. Il I Battaglione venne spazzato via, mentre le Camicie Nere del LXIII, anch'esse isolate, riuscirono ad aprirsi un varco approfittando dell'oscurità crescente ed a raggiungere Tchebotarewskij. Nelle stesse ore il

---

4 Alle testate delle valli di Kriutscha e di Zuzkan si trovavano i villaggi di Tchebotarewskij e Jagodny, trasformati dagli italiani nei capisaldi per la difesa dell'intera linea.
5 Lucas, De Vecchi 1976, p. 501.

Capomanipolo Limoli, comandante un Plotone della 2ª Compagnia del LXIII Battaglione *M*, rinforzato da un Plotone mitraglieri, rimase completamente accerchiato, e resistette, malgrado fosse ferito, alla pressione avversaria, sinché, a notte inoltrata, riuscì ad aprirsi un varco verso le linee italiane, ma a causa dello scontro con i sovietici rimase tagliato fuori dalla direzione primitiva, e una volta sganciatosi, si diresse su Jagodny dove partecipò alla difesa del caposaldo alla testa di un nucleo composto da legionari *M* e Bersaglieri. La Colonna Conforti era stata tagliata fuori dall'irrompere dei sovietici nel varco tra fanti e Camicie Nere, ma i dragoni caricarono a sciabolate i fucilieri, mettendoli in fuga ed aprendosi un varco insieme all'artiglieria ippotrainata, subendo però gravi perdite. I legionari del LXXIX *M* assistérono agli scontri, senza però poter intervenire sia perché fortemente impegnati sia per il frammischiamento delle truppe italiane e sovietiche. Se i sovietici erano riusciti a disorganizzare il ripiegamento degli italiani fallirono nell'ottenere risultati tattici, perché nottetempo i reparti italiani riuscirono, sotto la protezione offerta dal LXXIX *M* che continuava a combattere, a riorganizzarsi ed a prendere posizione a Tchebotarewskij. Queste poche righe nella loro schematicità non rendono giustizia al comportamento dei legionari, comportamento che valse al Labaro del Gruppo la Medaglia d'Oro al Valor Militare: ci si perdoni quindi una citazione piuttosto lunga che ben descrive quanto avvenuto. In una rievocazione della battaglia apparsa sul sito internet del 125° Corso Allievi Ufficiali di Complemento della Scuola Alpina Militare di Aosta viene data una vivida descrizione dei combattimenti sostenuti dalle Camicie Nere del LXXIX Battaglione *M* nella notte del 21 agosto, descrizione che vale la pena di essere riportata per esteso:

Intanto quelli della *Tagliamento* continuavano a resistere sotto i colpi: decimati, distrutti, a pezzi, ma miracolosamente tenevano ancora duro. "Sentivamo distintamente", scrive Gualtiero Lolli, caporale del II Squadrone [del *Savoia Cavalleria*, N.d.A.], "nel fragore del combattimento le urla – *Urrà Stalin* – dei Russi che andavano all'assalto. Era già notte, ma a causa dei mortai e delle mitragliatrici ci si vedeva come di giorno: li stavano massacrando tutti…". Quelli della *Tagliamento*, dunque, pagano di persona il cedimento della *Sforzesca*. "Sono quattro gatti, che con le unghie e coi denti si difendono rabbiosamente. Nelle tenebre squarciate dai lampi s'intravede ogni tanto un elmetto al di sopra della mischia, contro il quale s'accaniscono le traccianti nemiche. Armato di solo moschetto, quell'ignoto trova ancora la forza di prendere accuratamente la mira, guardando la direzione da cui arrivano le traccianti; spara e colpisce, spara e colpisce, senza soluzione di continuità, finché si abbatte anche lui sopra il cadavere degli altri, dei commilitoni. Quanto più a lungo dura, per una miracolosa forza di volontà, la lotta dei ragazzi della *Tagliamento*, con tanta maggiore rabbia si accaniscono i Russi sopra quelle posizioni [ai fucilieri dell'889° Reggimento, 197ª Divisione, si erano intanto aggiunte anche aliquote della 14ª Divisione fucilieri delle Guardie, N.d.A.]. Li si vede chiaramente accorrere a frotte, in quel buio [rotto] dai bagliori accecanti, dalle vampe che tingono di bluastro e di giallo il cielo, con il fumo degli scoppi a riflettere bizzarramente il lampo delle esplosioni. I Russi paiono sbronzi[6], tanto si fanno sotto, si buttano correndo con il *parabellum* agitato da destra a sinistra a vomitare traccianti. I ventagli delle traiettorie fanno dei curiosi effetti di luce, dei ricami geometrici, delle linee appena paraboliche, quando il colpo si perde lontano. Come i gatti dalle sette vite quei coraggiosi resistono al Russo. Nella fretta spasmodica non c'è tempo di distinguere fra chi viene avanti sparando e chi alza le mani in segno di resa: può essere un trucco per farti cacciare il naso fuori dalla buca e stenderti secco. Si spara, quindi, finché si può, finché ci sono munizioni oppure si è ammazzati come bestie dal nemico avanzante".

---

6 In effetti, prima degli assalti ai soldati sovietici veniva spesso somministrata vodka.

"Dalle balke si alzavano i bagliori delle cannonate", racconta Nino Malingambi, sempre del II Squadrone, al già citato Lami[7], "Si sentiva gridare distintamente: mamma! Aiuto! Savoia! Italia!... Erano quelli della *Tagliamento* che avevano ricevuto l'ordine di non ripiegare comunque"[8].

La resistenza feroce dei militi del LXXIX aveva evitato il peggio, ovvero che i fucilieri sovietici dell'889° reggimento e della 14ª *Guardie* avvolgessero l'ala destra dello schieramento italiano. I legionari avevano tenuto fede sino all'ultimo al loro inno, combattendo davvero *sino all'ultimo respir*. Come riconobbe il generale Messe, comandante del XXXV Corpo d'Armata (il vecchio C.S.I.R.) parlando delle Camicie Nere del LXXIX, *si deve al cosciente sacrificio dei suoi soldati se il nemico, in conseguenza dell'arresto subito, non riuscì a sopravanzare l'ala destra dello schieramento che nel tardo pomeriggio*[9]. I combattimenti durarono sino a notte fonda, quando il centinaio di legionari superstiti del LXXIX riuscì a raggiungere combattendo alle 2.30 della notte del 22 Tchebotarewskij, attestandosi a difesa di tale caposaldo insieme alle truppe già presenti alle cinque della mattina. La giornata del 22 agosto trascorse senza che i sovietici attaccassero le posizioni del Gruppo *Tagliamento* e degli altri reparti trincerati a Tchebotarewskij[10]. Fu solo verso le prime ore della notte che reparti della 203ª divisione si avvicinarono silenziosamente al settore tenuto dalle Camicie Nere del LXXIX Battaglione, che, accortesi delle pattuglie avversarie, le investirono prontamente con il tiro delle proprie armi e scattarono poi al contrattacco all'arma bianca, per evitare di esaurire le sempre più scarse munizioni, respingendo i sovietici, che nel corso della nottata tentarono poi più volte di infiltrarsi senza conseguire alcun risultato e venendo sempre ributtati indietro dai militi. Ma fu alle 3.30 del 23 agosto che la 203ª fucilieri attaccò in forze su tutta la linea, venendo contenuta dagli italiani a costo di ingenti perdite italiane e di un preoccupante consumo delle munizioni, in via d'esaurimento. Proprio il munizionamento era quello che preoccupava i legionari: *gli uomini, da tre giorni non riposano, da due giorni non mangiano, ma domandano solo munizioni*[11]. Alle dieci di mattina il 612° reggimento della 203ª divisione al grido di *Uray Stalin!* lanciò un nuovo violento attacco, respinto dalle Camicie Nere, che ebbero la gioia di vedere arrivare poco dopo le attese munizioni. E fu una fortuna, perché i sovietici attaccarono in forze (ora con reparti della 14ª *Guardie*) nel pomeriggio del 23, venendo ancora una volta respinti. Nel pomeriggio uscirono pattuglie di esploratori del *Tagliamento* che rientrarono dopo aver *prelevato* alcuni prigionieri, dai quali vennero appresi i nomi dei reparti utilizzati dal nemico e l'ingente numero di morti causato dalla resistenza dei legionari. La stessa sera, visto che il Gruppo *Tagliamento* era oramai tutto riunito a Tchebotarewskij il comando della divisione *Sforzesca*, con il consenso di Messe, autorizzò il Console Mittica a riprendere il comando diretto del suo Gruppo, i cui reparti erano stati sino ad allora utilizzati separatamente come riserva alle dipendenze del XXXV Corpo e del comando di divisione. Se in altri settori la giornata del 24 fu molto dura (il reggimento Savoia Cavalleria effettuò quel giorno la celeberrima carica di Isbushenskij mettendo in rotta tre battaglioni dell'802°/304ª fucilieri) a Tchebotarewskij la giornata trascorse tranquilla, permettendo alle Camicie Nere di riposare anche se in uno stato di continua vigilanza. In realtà i sovietici stavano preparando l'attacco decisivo contro il caposaldo, attacco che venne scatenato dalla 203ª e dalla 14ª divisione *Guardie* alle cinque e trenta del mattino del 25 agosto. I sovietici attaccarono Tchebotarewskij con forze

---

7 L. Lami, *Isbushenkij l'ultima carica*, Milano 1970.
8 L'intero articolo è rintracciabile sul sito della Scuola Militare Alpina di Aosta, 125 Corso A.U.C.: AAVV, *Il Cuneese brulicava di Alpini...*, 1
9 Messe 1963, pp. 269.
10 Per un quadro generale della battaglia in tutto il settore interessato dall'offensiva sovietica si veda il capitolo dedicato alle operazioni dell'ARM.I.R.
11 Lucas, De Vecchi 1976, p. 502.

valutate il decuplo di quelle dei difensori[12], avvolgendo da est le posizioni italiane e tagliando fuori i reparti da ogni contatto diretto con i comandi e con le unità d'artiglieria destinate all'appoggio delle difese. L'artiglieria oltretutto, a seguito dell'avvolgimento, venne a trovarsi priva della protezione delle fanterie, così che dovettero riposizionarsi a sud di Kotowskij dove si trovavano *Savoia Cavalleria* e *Lancieri di Novara*. Malgrado la pressione sovietica le Camicie Nere del Gruppo *Tagliamento* ed i fanti del I Battaglione del 54° *Umbria* resistettero per ore; i legionari, come già nei giorni precedenti, per meglio mirare e risparmiare munizioni tirando a colpo sicuro si alzavano in piedi a sparare incuranti delle raffiche. Ma le forti perdite, l'esaurirsi delle munizioni, la totale mancanza d'acqua e i collegamenti interrotti indussero infine Mittica e il Tenente Colonello Spighi ad ordinare una sortita verso sud ovest, nell'intento di raggiungere Gorbatowo, o se impossibile, una qualsiasi zona tenuta da truppe dell'Asse. Furono quindi formate tre colonne: a sinistra le Camicie Nere del LXXIX *M*, al centro il LXIII Battaglione *M* ed elementi del LXIII Battaglione armi d'accompagnamento, a destra i resti del I Battaglione del 54° fanteria della *Sforzesca*. Le tre colonne attaccarono con un lancio furibondo di granate e all'arma bianca gli assedianti, aprendosi un varco attraverso il quale riuscirono a passare tutti i superstiti, anche se feriti, portando con sé anche gran parte dei corpi dei caduti per non lasciarli in mano al nemico. I sovietici inseguirono le tre colonne, ma le retroguardie, per ritardare gli inseguitori, contrassaltarono all'arma bianca, avendo esaurito tutte le munizioni avendo oramai sparato sino all'ultima cartuccia. Infine le colonne di Camicie Nere e fanti, con alla testa Mittica e Spighi riuscirono a sganciarsi, raggiungendo nel tardo pomeriggio al villaggio di Gorbatowo, dove si trovava il generale Pellegrini con il comando della Divisione *Sforzesca*. Qui finalmente riforniti di munizioni, acqua e viveri, Camicie Nere e fanti si disposero a disposizione del comando divisionale per la difesa di Gorbatowo contro i reiterati attacchi avversari, che cessarono solo il giorno successivo, il 26 agosto. Lo stesso giorno rientrò nelle linee italiane l'autocarro n. 99 del LXIII Battaglione CC.NN. *M* con a bordo il Sottotenente medico dott. Nicola Pappalepore. L'episodio è narrato dai consoli Lucas e De Vecchi e vale la pena di essere riportato, perché ne sono protagonisti un medico ed un autiere, ruoli troppo spesso trascurati ma d'importanza fondamentale nelle operazioni belliche. Quanto all'autocarro 99, non si trattava di un autocarro qualsiasi, perché tanto l'ufficiale medico che l'autiere Baseggio che lo guidava l'avevano volta a volta utilizzato come posto di medicazione, come autoambulanza e perfino come trasporto di viveri, munizioni, armi e materiale di collegamento. Il 25 il camion n. 99 era pieno di legionari feriti, assistiti dall'ufficiale e da un aiutante di sanità, venendo spesso preso di mira da raffiche di mitragliatrici, di schegge dei mortai, e da salve dell'artiglieria malgrado la presenza delle croci rosse sul telone. Il dottor Pappalepore era stato leggermente ferito al capo, mentre l'autocarro se l'era cavata con pochi squarci nel telone. Era stato bersagliato da una Batteria da 152 sovietica, che l'aveva colpito con varie schegge; l'ufficiale medico venne sbattuto a terra rimanendo stordito dagli scoppi, ma riuscendo ad assistere il centurione Dallari, rimasto ferito nello stesso momento, e che aveva bisogno di un'urgente trasfusione. L'autiere si sbrigò a cambiar posizione, così che la successiva salva cadde a vuoto, ma tutti i cristalli, a cominciare dal parabrezza, s'erano incrinati, rendendo difficilissima la visione. Così l'autiere Baseggio guidava mentre l'aiutante di sanità Tassile, in piedi sul paraurti ed aggrappato alla cabina indicava la via. Dopo aver percorso in questo modo un mezzo chilometro, il camion si imbatté in alcuni fucilieri sovietici che avevano sbarrato la strada: tornare indietro era impossibile, la presenza di una profonda balka impediva di sterzare a destra; l'unica possibilità era di sterzare verso sinistra, ma anche da quella parte si vedevano accorrere molti fucilieri nemici. Il Sottotenente medico, sapendo benissimo la fine riservata

---

12 Ibid.

dai sovietici alle Camicie Nere prigioniere[13] non pensò neppure un attimo ad abbandonare i feriti, ma non avrebbe potuto neppure difendere quasi da solo il carico umano dell'autocarro. Baseggio, innestata la marcia, gettò l'autocarro contro i fanti nemici travolgendo lo sbarramento e proseguendo, investito da raffiche di fucile mitragliatore e da scariche di fucileria. Percorsi un paio di chilometri, quando la fucileria parve diminuire e Baseggio diminuì la velocità per via dei feriti comparvero reparti di cavalleria sovietica che bersagliarono il camion, reso visibilissimo dalla croce rossa. L'autocarro riprese quindi velocità e sbandando per evitare le raffiche dopo una quindicina di chilometri raggiunse il caposaldo di Jagodny dove le Camicie Nere ferite vennero ricoverate nell'ospedale da campo della *Sforzesca* dove una trasfusione salvò la vita del Centurione Dallari. L'autocarro n. 99 presentava centonovantasette fori di proiettile e di schegge; tutto il materiale era andato distrutto, ma nessun uomo era stato raggiunto dal fuoco nemico[14]. Nel ciclo operativo le Camicie Nere avevano catturato 3 mortai da 82 mm, 4 mitragliatrici pesanti, 8 fuciloni controcarro *PTRD*, 16 mitragliatrici, 7 fucili mitragliatori *PPSh*, 150 fucili automatici *Tokarev M 40*, munizioni e materiale vario oltre a 445 prigionieri, tra cui 4 ufficiali. La mattina del ventisei il Gruppo *Tagliamento* era ridotto ad una forza complessiva di 14 ufficiali e 420 Camicie Nere (a luglio, dopo la battaglia di Krasnij Lutsch consisteva di 60 ufficiali e 1.503 tra sottufficiali e militi). Le perdite complessive del Gruppo Battaglioni CC.NN. *M Tagliamento* nei giorni dal 20-26 agosto 1942 furono di 458 uomini, così ripartite:

	Caduti	Feriti	Dispersi
Comando Gruppo			2
LXIII btg. M	19	112	79
LXXIX btg. M	24	142	46
LXIII btg. A.A.	3	18	13
Totale:	46 (2 uff.)	272 (13 uff.)	140 (4 uff.) [1]

Il Gruppo si trovava schierato sui costoni a nord ovest di Gorbatowo. Il comando della *Sforzesca* ne dispose lo spostamento verso nord est allo scopo di occupare e presidiare la località di quota 228, sulla dorsale tra le valli di Kriuscha e Zuzkan; ma quando il *Tagliamento* arrivò in prossimità della quota la trovò già presidiata dai sovietici. Si provvide allora ad occupare e presidiare il tratto di fronte antistante, lungo quindici chilometri, che fu occupato da nuclei collegati tra loro da pattuglie mobili armate di armi automatiche, per lo più catturate ai sovietici. La situazione rimase immutata tutto il giorno seguente, sino alla mattina del ventotto agosto, quando un Plotone del LXXIX *M* inviato in ricognizione riuscì ad impadronirsi con un colpo di mano della Quota 228, cogliendo di sorpresa i sovietici. Le Camicie Nere organizzarono la prima difesa della quota sino a che vennero rilevati dai fanti del I Battaglione del 54° fanteria. I fucilieri della 14ª *Guardie* tentarono più volte di riprendere la quota, ed il trenta agosto il Console Mittica dovette inviare in aiuto dei fanti l'Aiutante Baradello, alla testa di una Compagnia di Camicie Nere del LXIII *M*; appena giunta, la Compagnia si lanciò al contrattacco catturando alcuni prigionieri ed armi automatiche. La pressione avversaria

---

13   A proposito del trattamento riservato alle CC.NN. ferite, il Maresciallo Messe (Messe 1963, pp. 214-219) riporta brani di un diario ritrovato su un giovane sostituto commissario politico (*politruk*) del 619°/203ª, certo Popow, caduto a Jagodny. In una delle ultime annotazioni scrive a proposito di un prigioniero, verosimilmente uno dei difensori di Tchebotarewskij: *i reggimenti della nostra divisione e quelli della 14ª della Guardia respingono gli italiani [...] Durante l'occupazione della linea difensiva io, perlustrando con un plotone di automatisti la zona dove si erano infiltrati gli italiani, ho catturato un italiano ferito. In qualche modo sono riuscito ad intendermi con lui. Egli è mio coetaneo, un giovanotto di vent'anni, magro, di debole costituzione. Sembra quasi un armeno. E' di Messina. Implorava di dargli dell'acqua, una sigaretta [...]. Ho dato ordine ai portaferiti di portarlo via. Il giorno dopo è stato fucilato. Era fascista*. Non risultano, al contrario, uccisioni di prigionieri da parte delle CC.NN.; questi dopo il combattimento venivano trattati secondo le convenzioni internazionali: si veda l'episodio riferito da Calamai (Calamai et all. 2002, p. 37).
14   Lucas, De Vecchi 1976, pp. 503-504.

però accerchiò Quota 228 tagliandola fuori dalle linee italiane. Il 31 agosto giunse in zona la 4ª Divisione Alpina *Tridentina*, e ciò provocò la ritirata sovietica. Il Battaglione *Vestone* del 6° Alpini attaccò i sovietici mettendoli in rotta, raggiunse Quota 228, ricongiungendosi con le Camicie Nere. Il 1 settembre i sovietici interruppero tutte le operazioni offensive. Il 2 settembre il Gruppo *Tagliamento*, oramai dissanguato, fu ritirato dalla linea del fronte e trasferito in riserva divisionale per essere rimesso in sesto con l'arrivo dei complementi e di materiali. L'11 settembre finalmente giunse a Krasnaja Saria anche l'altro Gruppo Battaglioni del Raggruppamento, il *Montebello*, inviato in fretta dall'Italia a causa della situazione al fronte. Il 28 settembre si svolse a Gorbatowo la cerimonia con cui von Weichs, comandante del Gruppo d'Armate B, intese premiare la vittoriosa resistenza del XXXV Corpo; vennero conferite quaranta Croci di Ferro di seconda classe (*Eisernes Kreuz II. Stufe*), i due terzi delle quali andarono a Camicie Nero del Gruppo *Tagliamento*; Messe ricevette la Croce di Cavaliere (*Ritterkreuz des Eisernes Kreuz*). Il *General der Infanterie* von Tippelskirch, in rappresentanza di von Weichs, si rivolse così ai reparti schierati:

La tenace resistenza delle truppe italiane impegnate nella battaglia, ed operanti da sole, ha non soltanto frustrato le intenzioni del nemico di sfondare il fronte, ma ha anche resi vani i suoi immani sforzi per attrarre altre forze e per indebolire il fronte di Stalingrado dall'incessante pressione germanica. Vi ringrazio a nome dell'esercito tedesco, e di tutti i camerati tedeschi impegnati davanti a Stalingrado, per il vostro spirito combattivo e per la vostra tenacia.

Nella stessa cerimonia Gariboldi decorò il Labaro del Gruppo *Tagliamento* con la Medaglia d'Oro al Valor Militare per l'eroico comportamento tenuto soprattutto dai legionari del LXXIX sulla Quota 232.2:

Dislocato in posizione fiancheggiante in settore di delicata importanza, al primo allarme, balzava compatto contro colonne bolsceviche, che tentavano di guadagnare terreno sulla destra del Don, e in cruenti duelli, ne frenava l'urto. Successivamente accerchiato in un caposaldo, vi resisteva intrepido per alcuni giorni, sopportando perdite gravi in morti e feriti. Mentre le munizioni stavano per esaurirsi, i superstiti si facevano largo tra i nemici, con bombe a mano: rompevano il blocco e raggiungevano con gli altri combattenti delle posizioni vicine con inalterato spirito offensivo e indomita volontà di riscossa[15].

---

15 Il testo completo della motivazione è riportato nell'Appendice 2.

IL GRUPPO BATTAGLIONI CC.NN. M D'ASSALTO
MONTEBELLO

Come già detto in precedenza, in seguito alla creazione dell'8ª Armata anche la 63ª Legione *Tagliamento* aveva cambiato denominazione, venendo denominato Gruppo Battaglioni, i quali avevano guadagnato sul campo la *M* rossa, e divenendo parte del Raggruppamento *3 Gennaio*, di cui avrebbe fatto parte il Gruppo Battaglioni *M Montebello*, in addestramento in Italia. In realtà, pure avendo un comando, il Raggruppamento *3 Gennaio*[1] restò quasi solo sulla carta sino all'autunno. Il comando del Raggruppamento venne come detto più sopra affidato al Luogotenente Generale Diamanti, che giunse sul fronte alla metà d'agosto del 1942 ed ebbe ai propri ordini dapprima il Gruppo *Tagliamento* e la Legione Croata. Quando quest'ultima fu assegnata da Messe alle dipendenze della divisione *Pasubio* il Raggruppamento rimase composto dal solo Gruppo *Tagliamento*, che operò alle dipendenze operative della *Sforzesca*. Pur esistendo nominalmente come grande unità, il Raggruppamento non ebbe dunque responsabilità dirette sulle operazioni delle proprie unità – o meglio, del *Tagliamento*. Il Gruppo *Montebello* era formato da due battaglioni d'assalto e da uno di armi d'accompagnamento, che, a differenza di quello del *Tagliamento*, era anch'esso formato da personale della Milizia:

VI Battaglione CC.NN. *M* (Vigevano e Mortara) proveniente dalla 6ª Legione *Lomellina*: Seniore O. Goldoni

XXX Battaglione CC.NN. *M* (Novara) proveniente dalla 30ª Legione *Roberto Forni*: Seniore G. Pollini

XII Battaglione Armi d'Accompagnamento CC.NN. *M* (Aosta) proveniente dalla 12ª Legione *Monte Bianco*: Seniore S. Superti[2];

Gran parte dei legionari aveva tra i 25 ed i 30 anni, e si trattava in buona parte di volontari inquadrati da quadri veterani, oltre a personale che aveva già combattuto sul fronte albanese. L'addestramento ebbe inizio nell'estate del 1942 nel Campo Addestramento dei Battaglioni *M* a Trastevere. In realtà fu un addestramento molto superficiale, a causa della situazione in Russia, come ricorda il legionario Piero Calamai, allora giovanissimo volontario appartenente alla 1ª Compagnia (centurione Rao Torres) del VI Battaglione *M*:

Come addestramento sparammo tre colpi di moschetto al poligono e lanciammo una bomba a mano tipo *SRCM* in riva al Tevere. Qui venne mostrato il moschetto automatico Beretta ("mitra", quello della PAI, Polizia Africa Italiana) che veniva offerto in vendita agli Ufficiali per il modico prezzo di Lire 4.000. (Probabilmente al Ministero ignoravano che i russi avevano da tempo il "parabellum" a 70 colpi). Tutti si mostrarono inorriditi per la eccessiva rapidità di tiro, poiché non si sapeva dove andavano a finire i colpi (ma si pentirono dopo amaramente).

---

[1] L'ottimo volume dell'Ufficio Storico dello Stato Maggiore dell'Esercito, *Le operazioni delle Unità italiane sul Fronte russo 1941-1943*, III ed. Roma 2000, è incredibilmente confuso sul Raggruppamento, che viene addirittura chiamato a volte Raggruppamento, altre Gruppo, a volte ancora divisione (per esempio a p. 362). E' da ricordare che l'unica divisione con quella denominazione, la 4ª Divisione CC.NN. libica *3 Gennaio* venne annientata in Libia nei primi giorni del 1941 e mai ricostituita, mentre il Gruppo corrispondeva al reggimento. Sorprende una tale imprecisione in un lavoro di così elevato livello.

[2] Disponeva di una compagnia mortai da 81 e una di pezzi da 47/32: Lucas, De Vecchi 1976, p. 507.

Ci insegnarono anche a cantare correttamente "Giovinezza" e "Battaglioni M" ed infine "Vecchia Pelle" la bellissima canzone che ci accompagnò per tutta la campagna [...] Poi, come sempre accade, venne il gran giorno della partenza per il fronte russo[3].

L'avanzata e gli scontri sul fronte del Don ed il dissanguamento del Gruppo *Tagliamento* portarono i vertici della Milizia ad ordinare un'immediata partenza per la Russia del Gruppo *Montebello*, malgrado il sommario addestramento ricevuto a Roma, contando sulla preparazione dei quadri, veterani d'Africa, Spagna ed Albania, per inquadrare i volontari. I Battaglioni sfilarono in parata da Trastevere alla stazione Tiburtina, fanfara in testa, con le compagnie schierate per nove, armi e materiali a spalla. Calamai ricorda che i romani non parteciparono alla sfilata, che si svolse nell'indifferenza generale, tranne i parenti dei militari in partenza[4]. Del tutto opposto è invece il ricordo del Capomanipolo Fidia Gambetti:

La folla, tanta, applaude e grida. Alcuni si offrono di portare i nostri zaini, i pezzi delle mitraglie. Molte donne ci accompagnano tenendoci sottobraccio, torme di ragazzini ci seguono saltellando e schiamazzando[5].

Comunque sia, i legionari giunsero alla stazione Tiburtina dove si ebbero momenti di tensione quando alcuni legionari divelsero le panche di legno sistemate nei vagoni gettandole fuori dagli stessi[6]; dopo le proteste dei ferrovieri le accatastarono sul fondo dei vagoni ricevendo paglia per i giacigli. I treni partirono nottetempo da Roma; dopo l'arrivo in Ucraina (dove venne dato il preallarme per la presenza dei partigiani; i militi appostarono le *Breda* ai finestrini ma non vi fu nulla di più di alcune fucilate contro una tradotta) ed un trasferimento autocarrato, durato tre settimane, le Camicie Nere giunsero a Millerovo, nelle retrovie del fronte. Qui, sotto l'urgenza delle operazioni, si procedette ad addestrare i legionari in maniera più approfondita. Ricorda ancora Calamai che:

A Millerovo fu necessario fare quello che non avevamo fatto a Roma, imparare ad andare all'assalto, perché questo era il nostro mestiere. In Germania per addestrare una Divisione, occorrevano almeno quattro mesi. Noi dovevamo impiegare poco più di una settimana. Si facevano fino a due manovre a fuoco al giorno ed eravamo obbligati a raccogliere anche i bossoli delle cartucce sparate. Alla fine però il Gruppo si muoveva sul terreno con agilità e naturalezza. Due battaglioni all'assalto ed uno in appoggio con mortai e cannoni. Le compagnie si distendevano coi plotoni in fila indiana, accompagnate dai mitragliatori e dai *Brixia*. Questi erano gli ultimi cento metri, quando si doveva procedere a balzi lunghi e veloci, con tutto l'equipaggiamento, e, a terra, sparare i sei colpi di moschetto, per rinforzare il fuoco delle armi automatiche, troppo scarso. Quindi il contatto con il nemico, quando si lanciavano tre o quattro ed anche cinque bombe a mano (le *Breda* erano molto potenti) per sopprimere la resistenza nemica. Ma erano gli ultimi cento metri quelli terribili, quando cessava il tiro di copertura e dovevamo farcela da soli, col coraggio e le armi a tiro lento, fino alle bombe a mano[7].

---

3   Calamai, in Calamai et all. 2002, p. 28. Si tratta di una delle poche testimonianze dirette di legionari *M* ad esser state pubblicate, e ne faremo largo uso anche per la piacevolezza dello stile, oltre che per l'interesse intrinseco.
4   Ibid., pp. 28-31.
5   F. Gambetti, *Gli anni che scottano*, Milano 1974, p. 400. Va ricordato come il Gambetti, una delle poche Camicie Nere fatte prigioniere, dopo la guerra divenne comunista, e dunque la sua descrizione ci pare ancor più degna di considerazione. Il brano è citato anche da Carlo Mazzantini ne *I balilla andarono a Salò*, Venezia 1995, pp. 13-14. Mazzantini indica erroneamente Gambetti come appartenente al Raggruppamento *23 Marzo*, che però non partì per il fronte da Roma ma dal Piemonte nel giugno del 1942 (Lucas, De Vecchi 1976, p. 525).
6   Calamai, cit., p. 30.
7   Calamai et all. 2002, p. 34.

Calamai conclude con un certo giustificato orgoglio:

Avevamo raggiunto un alto livello d'addestramento, almeno pari a quello dei migliori reparti dell'esercito. Eravamo truppe d'assalto, cioè "soldati politici d'Europa" secondo la definizione di *Signal*, quindi forza d'élite e l'ardimento doveva essere regola costante di vita[8].

Finalmente, nella notte tra il 10 e l'11 settembre il Gruppo *Montebello* raggiunse il comando del Raggruppamento *3 Gennaio*, dislocandosi a Krasnaja Sarija, mentre il *Tagliamento* era ancora a disposizione della divisione *Sforzesca*. Il 23 settembre il Gruppo Battaglioni *M Montebello* venne assegnato come rinforzo al settore tenuto dalla 3ª *Celere*. Con il rimaneggiamento dello schieramento dell'ARM.I.R. in previsione dell'imminente stagione invernale, il 1 novembre il XXXV Corpo d'Armata, il vecchio C.S.I.R., venne spostato dall'ala destra dell'Armata al settore posto tra il II Corpo italiano sulla sinistra ed il *XXIX. Armee-Korps* tedesco sulla destra. Lo stesso giorno vi fu l'avvicendamento ta Messe e Zingales. Finiva un periodo glorioso iniziato nell'estate del 1941 e che aveva visto il miglior generale italiano della Seconda Guerra Mondiale alla testa dello C.S.I.R. prima e del XXXV Corpo poi mostrare ad alleati e avversari come gli italiani sapessero combattere se ben guidati. Inoltre il XXXV mutò composizione, conservando la *Pasubio* e le unità suppletive tra cui il Raggruppamento *3 Gennaio*, acquisendo la *298. Infanterie-Division*, ma cedendo la divisione *Sforzesca* al *XXIX. AK* e la *Celere*, che divenne riserva d'armata. Anche il Raggruppamento del Luogotenente Generale Diamanti mutò dislocazione, schierandosi nella zona Radtschenskoje-Liptschanska, assumendo le funzioni di riserva di Corpo d'Armata, con lo schieramento orientato particolarmente a supporto della Divisione *Pasubio*; per la prima volta si riunirono i Gruppi Tagliamento e Montebello e il *3 Gennaio* il due novembre si trovò completo di tutti i suoi Battaglioni. Lo schieramento del XXXV Corpo d'Armata occupava una fronte di quaranta chilometri, estesissima per le truppe disponibili; l'artiglieria offriva però un qualche compenso alla scarsità delle fanterie, potendo schierare 12 Batterie di piccolo calibro, 21 di medio e sei di grosso calibro, adeguate per numero qualità e precisione di tiro al compito affidato. I sovietici condussero delle azioni esplorative per saggiare il settore del Gruppo *Montebello*; Calamai descrive uno di questi scontri di limitata entità ma che costituivano la quotidianità della prima linea, e che costituì il suo battesimo del fuoco:

All'alba c'era un pò più di visibilità. Allora si vigilava a turno, in postazione per riposare un pò. Una mattina che mi toccava, stavo rannicchiato sul fondo della buca in un preliminare sonnellino, quando fui svegliato da un frastuono spaventoso e ossessivo (come immagino debba esserlo il boato di un uragano tropicale) che veniva di là, dov'era il nemico. I mongoli correvano all'assalto urlando come ossessi e sparando all'impazzata. Il rumore delle grida e il crepitìo devastante delle mitragliatrici, intensamente tamburreggiato dai *Brixia*, mi gelarono il sangue nelle vene. Dicevo a me stesso che di lì a poco mi sarei alzato e avrei fatto una strage, ma non riuscivo a muovere un dito. Dalla bocca dello stomaco saliva il sapore del fiele caldo e asciutto, con il cervello in fiamme ma con le membra di ghiaccio. Gli altri sparavano più svelti che potevano e gridavano rabbiosamente di alzarmi, ma restavo come una statua di marmo. Poi il mio camerata stanco di chiamarmi, mi allungò un calcio nel muso con le scarpe chiodate, forte e deciso. Sentii un male cane, con il sangue che filava dalle labbra e dal naso, ma finalmente il blocco si sciolse, mi potei alzare e cominciai a sparare davvero. Così diventai un vero soldato[9].

---

8 Ibid.
9 Calamai et all. 2002, pp. 37-38.

L'OFFENSIVA SOVIETICA

(DICEMBRE 1942)

I sovietici erano rimasti in possesso di due teste di ponte sulla riva occidentale del Don: sul fronte del II Corpo d'Armata l'ansa di Verch Mamon, la più vasta, e duna di minore ampiezza nel settore del XXXV, l'ansa di Ogalew, nota agli italiani come ansa del Berretto frigio per la conformazione della riva del fiume. Di fronte a tale testa di ponte si trovavano schierate le truppe della divisione *Pasubio*. Segnalazioni concordi di disertori sovietici e di prigionieri indicavano come probabile una offensiva sovietica nel settore della *Pasubio*, con base di partenza la penisola di Ogalew; tale attacco avrebbe avuto luogo il primo dicembre. Malgrado l'attacco (condotto da quattrocento uomini tratti dai Reggimenti di fanteria 408°, 412° e 415° della 1ª Divisione fucilieri nella zona di Globuki Schlucht) fosse stato prontamente respinto dai fanti del III Battaglione del 79° Reggimento *Roma* ciò preoccupò anche il Quartier Generale di Hitler. Nella riunione delle 8.20 dello stesso giorno così il Generale Jodl espose la situazione al *Führer*:

Jodl – [...] Riguardo agli italiani c'è l'attacco alla *Pasubio*. Secondo le dichiarazioni dei prigionieri ci sono due divisioni [sic!] disposte qui e qui, ed un forte gruppo qui. Il nemico dovrebbe attaccare la Pasubio da qui e da qui. Stando alle dichiarazioni di un prigioniero, ci sono dietro duecento carri qui. Oltre alla *298.*, che è in allerta, sono stati aggiunti un Battaglione controcarri ed uno di pionieri. Oggi la *Luftwaffe* ha attaccato questa strada a sud di Kalach.

Il *Führer* – [Il nemico] deve averne usate molte [sott. truppe] in questi ultimi giorni [1].

Malgrado le truppe citate da Jodl non comparissero mai nel settore della *Pasubio* Zingales ordinò che il Gruppo *Tagliamento* passasse alle dipendenze della Divisione; esso venne dislocato a Getreide. È perciò molto probabile che il Battaglione controcarri e quello di pionieri cui fa riferimento Jodl altro non fossero che i due Battaglioni del *Tagliamento*. I sovietici continuarono ad esercitare una continua pressione tra i due ed il nove dicembre, ciò che faceva presagire un'offensiva nel settore italiano così come era avvenuto in quelli tenuti dalla 4ª Armata rumena prima e dalla 2ª ungherese poi. L'otto dicembre il Raggruppamento *3 Gennaio* si trovava così dislocato:

Liptschanska: Comando di Raggruppamento

Getreide: Gruppo *Tagliamento* (LXIII Btg. *M*, LXXIX Btg. *M*, LXIII Btg. A.A.)

Sovchoz 37: Comando del Gruppo *Montebello*

Poltawka: XXX Btg. *M* ed una Compagnia del XII Btg. A.A. *M*

Djatschenskoje: VI Btg. *M* ed una compagnia del XII Btg. A.A. *M*.

Il comando del Raggruppamento era retto interinalmente in quei giorni dal Console Italo Vianini, comandante del Gruppo *Montebello*. L'arrivo delle Camicie Nere fu accolto con grande sollievo dai fanti della *Pasubio* tanto da spingerli ad accantonare il classico motivo di antipatia tra i soldati e le Camicie Nere, l'eterna antipatia dei coscritti di leva verso i volontari, visti come *firmaioli*, come

---

[1] H. Heiber, D.M. Glantz (edd.), *Hitlers Lagebesprechungen. Die Protokollfragmenten seiner militärischen Konferenzen 1942-1945*, Monaco 1962 (tr. ingl. Londra 2002, pp. 5-6).

ricorda Piero Calamai, legionario del Gruppo *Montebello*, che ricorda l'accoglienza ricevuta dai fanti della *Pasubio* al loro arrivo sul Don: *erano contenti e giulivi ed i Sergenti arrivavano persino a darci delle amichevoli pacche sulle spalle. A noi, le disprezzate Camicie Nere, fascisti e "firmaioli"*. Quanto alle posizioni, o capisaldi, altro non erano che buche scavate nel fango presso la riva del fiume, in cui filtravano acqua ed umidità che ghiacciarono durante l'inverno. Per l'accantonamento si usarono i villaggi abbandonati, permeati dall'odore di muffa. Quando i legionari accendevano il fuoco per scaldare i viveri, che venivano passati crudi, ricorda Calamai, in sacchi per dieci persone, i sovietici bersagliavano con i mortai le isbe di Djatschenskoje dove erano accasermate le Camicie Nere: *quasi ogni giorno una casupola s'incendiava. Si sloggiava in continuazione da una maceria all'altra*[2]. I legionari, nelle gelide notti dell'inverno russo ricevettero anche l'ordine di sparare con tutte le armi ad intervalli regolari, sia per tenere alto il morale sia per evitare che si gelasse l'olio delle scatole lubrificanti[3]. L'intensificarsi delle azioni delle pattuglie della 1ª Divisione e della 38ª Divisione delle *Guardie* (che approfittavano anche del fatto che il Don fosse ghiacciato), i tentativi di avvicinare le linee a quelle italiane rendevano sempre più pericolosa la situazione[4], cosicché il Generale Zingales ordinò di eseguire una ricognizione offensiva di cui le Camicie Nere del *Montebello* sarebbero state la punta di lancia. Pertanto, alle 14 dell'otto dicembre furono affidate alla *Pasubio* le forze più idonee alla ricognizione, tratta dalle riserve del XXXV Corpo d'Armata: il Comando del Gruppo *Montebello*, il XXX Battaglione *M* rinforzato da una compagnia del XII Btg. A.A. *M*, la 1ª Compagnia del XV Btg. Guastatori di fanteria ed un Plotone della 3ª Compagnia lanciafiamme ed un Plotone esploratori del 79° *Roma*[5]. Venne poi ordinato di spostare una Batteria del L Gruppo Cannoni da 149/28 del 9° Raggruppamento artiglieria d'Armata, allo scopo di poter battere d'infilata i reparti sovietici dislocati nelle *balke* a settentrione della Quota 159.4. Il nove dicembre, il Console Vianini ed il colonnello Mazzocchi, comandante del 79° fanteria, tennero rapporto su Quota 198.7 agli ufficiali del XXX *M* e dei reparti minori, illustrando loro il terreno e le modalità di azione che si sarebbe effettuata il giorno successivo. Fu stabilito che le Compagnie di Camicie Nere sarebbero state rinforzate ciascuna da un Plotone mitraglieri (del XII Battaglione *M*) da uno di guastatori e da una squadra di flammieri; i legionari avrebbero dovuto distruggere le sistemazioni dei sovietici causando il maggior numero di perdite, riportando qualche prigioniero da interrogare e spingere il nemico a ritirarsi oltre il Don. L'ampiezza del fronte interessato alla ricognizione era di due chilometri, ciò che comportò un frazionamento delle forze del Battaglione rinforzato, con la divisione in tre Compagnie e la conseguente riduzione della forza d'urto. Nell'oscurità totale dell'inverno russo, alle 4.30 del mattino del 10 gennaio, le Camicie Nere mossero dalle posizioni di partenza:

Una Compagnia dal caposaldo 3, presidiato dal I/79° fanteria, dirigendosi verso ovest;

Due Compagnie mossero dal caposaldo Z, sempre presidiato da reparti del 79°; una Compagnia si diresse verso ovest, l'altra verso nord est.

All'ora stabilita le Camicie Nere irruppero sui fucilieri sovietici, lanciando prima le bombe a mano e poi serrando sotto con i pugnali, ingaggiando una lotta molto aspra contro le *Guardie*, in cui i

---

2   Calamai et all. 2002, p. 39.
3   Ibid., p. 41.
4   Durante la conferenza militare del 12 dicembre 1942 (ore 12.45) Hitler disse che il settore tenuto dagli italiani gli dava *più notti insonni* […] *che tutto il* [fronte] *Sud* (Heiber, Glantz 1962, p. 19).
5   Il volume dello SME 2000 3ª, p. 338 al posto della 1ª/XV Guastatori parla di VI Guastatori (in realtà il Battaglione guastatori a disposizione del XXXV C.d.A. era il XV e non il VI).

legionari ebbero sensibili perdite, ma infliggendone di molto superiori ed annientando il reparto attaccato i cui superstiti si dettero alla fuga, mentre flammieri e guastatori provvedevano alla distruzione delle opere difensive. Le Camicie Nere catturarono numerose armi e alcune decine di prigionieri. Per risposta, i sovietici attaccarono con reparti della 38ª Divisione *Guardie* contro i due capisaldi n. 3 e Z per due volte, alle sei ed alle nove del mattino, venendo respinti dal tiro dell'artiglieria pesante italiana e dei mortai del XII Battaglione *M*. Il battesimo del fuoco aveva dimostrato che il *Montebello* nonostante l'addestramento piuttosto rapido e l'inesperienza era un reparto molto motivato e combattivo, tanto da riuscire vittorioso contro truppe d'élite quali erano le *Guardie*; ma l'inesperienza e la combattività dei sovietici erano costate care al XXX *M*, che insieme alle unità di rinforzo, aveva perso tre ufficiali e ventitré uomini caduti, ottantaquattro feriti (4 ufficiali), 20 congelati gravi (1 ufficiale) su una forza di combattimento di circa 400 uomini[6], tanto che il Battaglione venne rilevato dalle Camicie Nere veterane del LXXIX *M* del Gruppo *Tagliamento*, che già nella mattinata dell'11 dicembre aveva dislocato due compagnie di legionari al caposaldo X, ed una terza al caposaldo *Olimpo*[7]. Ma le truppe di Vatutin non avevano intenzione di lasciare tranquilli gli italiani, soprattutto in vista dello scatenamento dell'operazione *Piccolo Saturno*, allo scopo di distrarre truppe dal settore principale di attacco, previsto contro le Divisioni *Cosseria* e *Ravenna*. Alle prime luci dell'alba dell'11 dicembre le *Guardie* tornarono all'assalto al grido solito di *Uray Stalin!*, lanciando un attacco in forze contro il I Battaglione del 79° Reggimento, che teneva la linea a sbarramento della base dell'ansa di Ogalew, e contro il II battaglione dell'80°, venendo preceduti da un intenso bombardamento sia d'artiglieria che delle *katiushe*, i lanciarazzi multipli. L'attacco fu stroncato una prima volta dall'artiglieria del Regio Esercito, ed una seconda dal bombardamento aereo effettuato dalla *Luftwaffe* e dalla Regia Aeronautica sulle basi di partenza dei sovietici sulla riva sinistra del Don; non andò così invece nel settore tenuto dal primo Battaglione del 79°, dove malgrado la resistenza, i fucilieri delle *Guardie* inflissero forti perdite ai fanti di quella che chiamavano la *Divisione cane*[8], circondando vari capisaldi; vennero respinti due volte, una volta anche per l'intervento degli *Stuka* germanici e dei caccia italiani che mitragliavano le truppe sovietiche. Tuttavia alle nove fu assalito il caposaldo di Ogalew, malgrado pochi superstiti si difendessero ancora. Per ristabilire la situazione, il comando della *Pasubio* fin dalle 5 e 30 aveva ordinato l'impiego dell'intero Gruppo Battaglioni *M Tagliamento*, comandato ad interim dal Primo Seniore Mario Rosmino, ponendolo alle dipendenze tattiche del colonnello Mazzocchi, comandante del 79° *Roma*. Alle otto e trenta le Camicie Nere scattarono all'assalto ed alle 11.30 liberarono dall'assedio il caposaldo presso Ogalew ed i pochi fanti del I Battaglione rimasti, che avevano a loro volta presi dodici prigionieri. Il collasso di un altro settore della linea però obbligò Rosmino ad accingersi alla riconquista del villaggio di Ogalew. L'azione ebbe inizio alle 13.50: dopo lo sbarramento effettuato dall'artiglieria divisionale il LXXIX ed il LXIII Battaglione *M* (2ª e 3ª Compagnia) uscirono dal caposaldo X ed investì l'abitato muovendo su tre colonne, due delle quali avvolsero sui fianchi il paese, e la terza che attaccava frontalmente. Le prime posizioni furono prese di sorpresa, ma i fucilieri sovietici si ripresero e contrattaccarono; fu necessario il solito attacco con bombe a mano seguite dagli scontri all'arma bianca perché i legionari restassero padroni di Ogalew. Furono catturate numerose armi automatiche, e presi numerosi prigionieri, mentre il terreno era cosparso di un gran numero di caduti sovietici. All'imbrunire i sovietici investirono Ogalew con un violentissimo bombardamento di artiglieria e mortai dalla testa di ponte del Berretto Frigio e dalla sponda

---

6   Lucas, De Vecchi 1976, p. 512; Il volume dell'USSME 2000 3ª, p. 338, parla di 130 perdite per il solo XXX battaglione *M*.
7   Altre fonti riportano *Olimpia*: USSME 2000 3ª, p. 362. Riprendiamo il nome riportato dai consoli De Vecchi e Lucas, che consultarono documenti della Milizia.
8   Il soprannome derivava dal distintivo con la lupa capitolina portato dalla Brigata *Roma* sul taschino sinistro.

sovietica, seguito intorno alle 21.00 da un violento attacco di forti nuclei di fucilieri che tentavano di rioccupare il paese. Il LXXIX, già indebolito dalle perdite della giornata cedette alla pressione soverchiante ed al bombardamento dei mortai e delle *katiushe*, ripiegando sul caposaldo X, contendendo palmo a palmo il terreno ai fucilieri della 38ª *Guardie*, mentre le due compagnie del LXIII resistettero per contenere l'avanzata avversaria. La 2ª e la 3ª Compagnia del LXIII *M* riuscirono a bloccare i sovietici, ma le perdite si facevano sempre più pesanti. Il Seniore Rosmino avvisò della situazione venutasi a creare il comando del 79° fanteria, il quale a sua volta avvisò il comando di Corpo d'Armata. Zingales dispose l'invio d'urgenza del VI Battaglione *M* del Gruppo *Montebello*, appoggiato da una Compagnia del XV guastatori, da uno di mitraglieri ed uno di flammieri. Queste forze, insieme con quelle del *Tagliamento* presenti sul posto, avrebbero dovuto condurre all'alba un attacco per ristabilire la situazione. Durante la notte sul 12 dicembre, la pressione esercitate sulle due Compagnie asserragliate in Ogalew aumentò per l'arrivo di sempre nuovi reparti sovietici da oltre il Don ghiacciato. La 1ª Compagnia del LXIII *M* era stata tenuta di riserva durante il giorno precedente, ma verso sera dovette essere impiegata del comando del 79° fanteria a sostegno del caposaldo *Olimpo* sotto attacco. Solo la mattina le Camicie Nere friulane poterono andare in soccorso delle altre due Compagnie del Battaglione, asserragliate tra le isbe in macerie di Ogalew. Non appena giunte, malgrado la fatica del combattimento di *Olimpo*, la notte all'addiaccio nell'inverno russo, la lunga marcia nella neve alta fino ad un metro ad una temperatura diurna di −35°, le Camicie Nere della 1ª vennero impiegate a sostegno delle altre due Compagnie, accerchiate e sul punto di essere sopraffatte dai fucilieri siberiani; grazie alla 1ª, anche la 2ª e la 3ª del LXIII *M* riuscirono a sganciarsi ed a raggiungere il caposaldo X. Alle sette della mattinata il gruppo costituito intorno al VI Battaglione *M* mosse per riconquistare Ogalew, con l'appoggio dalla già provata 1ª Compagnia del LXIII *M* e dell'artiglieria. La 1ª Compagnia del LXIII *M* e la Compagnia di formazione che operavano sulla sinistra del VI Battaglione *M* subirono fortissime perdite. Date le forti perdite, alle 12.24 il comando della Divisione *Pasubio* ordinò al Primo Seniore Rosmino di recuperare i reparti del Gruppo *Tagliamento* destinati a rientrare a Getreide, e di cedere il comando al Seniore Ottorino Goldoni, comandante del VI Battaglione *M* del Gruppo Montebello. Alla sera, rientrato il grosso del Gruppo *Tagliamento* a Getreide ne restavano in linea i seguenti reparti:

Caposaldo X: 1ª Compagnia del LXIII *M*, 183ª Compagnia Mitraglieri (tranne un Plotone), una Squadra cannoni da 47/32 del LXIII Battaglione A.A.

Caposaldo 2: un Plotone fucilieri ed una Squadra mitraglieri del LXXIX Battaglione *M*

Caposaldo *Venere*: 2ª Compagnia del LXXIX Battaglione *M*, un Plotone mortai da 81 mm del LXIII Battaglione A.A.

Caposaldo 3: un Plotone fucilieri ed una Squadra mitraglieri del LXXIX Battaglione *M*

Caposaldo *Olimpo*: un Plotone cannoni da 47/32 del LXIII Battaglione A.A.

Il Gruppo *Tagliamento* aveva perso 59 caduti (4 ufficiali), 76 feriti (3 ufficiali) 24 congelati gravi (2 ufficiali)[9]. Nei giorni seguenti (13-15 dicembre) il Gruppo *Tagliamento* rimase a Getreide per riordinarsi, tranne gli elementi suddetti.

---

[9] Il totale delle perdite italiane fu di 80 morti (5 ufficiali), 283 feriti (14 ufficiali) 139 dispersi: la relazione dell'Ufficio Storico dello Stato Maggiore aggiunge: *i dispersi sono da considerarsi* morti (USSME 2000 3ª, p. 342).

I GRUPPI TAGLIAMENTO E MONTEBELLO
NELLA RITIRATA (DICEMBRE 1942-MARZO 1943)

1. GRUPPO TAGLIAMENTO

Il 16 dicembre i sovietici della 38ª *Guardie* attaccarono alle sei del mattino, senza preparazione di artiglieria o di lanciarazzi, ma con un forte fuoco di mortai tutto il fronte divisionale della *Pasubio*, particolarmente nel tratto Krasnogorowka-Abrossinowo-Monastyrschina. Furono investite le posizioni difensive, e soprattutto il caposaldo *Olimpo* tenuto dal I Battaglione del 79° Reggimento fanteria. Per questo il comando della divisione *Pasubio* dette ordine al Gruppo *Tagliamento* di intervenire in aiuto dei fanti. Mentre l'ordine veniva eseguito, ed il LXIII Battaglione *M* si affrettava a raggiungere *Olimpo*, il caposaldo cadde in mano sovietica, e data la situazione le compagnie di Camicie Nere vennero impiegate per riprenderne possesso man mano che giungevano sul campo, disorganicamente, poiché non vi era il tempo per riunire il battaglione; ma se da un lato ciò consentiva la prontezza d'impiego e l'immissione di forze fresche, dall'altro mancava di organicità e disperdeva la forza d'urto del LXIII *M* in una serie di deboli contrassalti anziché utilizzare la forza della massa. Alle 11 e 30, vista l'impossibilità di fermare il nemico il comandante del I Battaglione del 79° ordinò lo sganciamento ai reparti ormai frammischiati di fanti e legionari ed il ripiegamento sulle posizioni di Quota 201, dove si riteneva si trovassero reparti tedeschi dell'*Infanterie-Regiment 520* della *298. Infanterie-Division*[1]. Al momento dell'ordine di sganciamento il LXIII Battaglione *M* poteva disporre solo di 163 uomini. L'arretramento su Quota 201 determinò una contrazione dell'ampiezza dello schieramento, ma nonostante il miglioramento della situazione difensiva determinatasi, si rese necessario inserire anche l'altro battaglione del *Tagliamento*, il LXXIX battaglione *M*, che, richiamato da Getreide, giunse intorno alle 13.00 schierandosi tra i resti del LXIII *M* ed il VI *M* del Gruppo *Montebello* anch'esso dissanguatosi nei combattimenti sostenuti nella giornata presso il vallone di Artykulnyj Schlucht[2]. Intanto, il Console Galardo aveva sostituito il Primo Seniore Rosmino come comandante del Gruppo *Tagliamento* (Rosmino era stato comandante interinale nei giorni precedenti) e fu proprio a Galardo che la sera venne affidato il comando del settore, al posto del colonnello Mazzocchi, comandante del 79° Reggimento *Roma*. Al mattino del 17 dicembre i sovietici attaccarono gli italo-tedeschi (come detto erano presenti reparti dell'*IR 520*), cercando di sfondare su Quota 201, poiché il possesso di questa, a metà della linea difensiva, avrebbe permesso di raggiungere Getreide e Malewany accerchiando la *Pasubio*. Incredibilmente data la situazione, a dispetto della ridotta reazione di *Landser* e fanti, le Camicie Nere non solo riuscirono a resistere, ma passarono al contrattacco con l'ormai consolidata tattica del serrare le distanze e con il lancio in massa di bombe a mano per frastornare e spaventare gli avversari, mettendo in fuga le *Guardie* e spostando di un chilometro in avanti la linea difensiva italo-tedesca. I sovietici reagirono con un violento bombardamento di artiglieria e di lanciarazzi multipli, ma l'artiglieria intervenne con tiri di controbatteria che ebbero il non indifferente risultato di rialzare il morale dei difensori, che continuarono a combattere ed a respingere puntate offensive avversarie per tutta la giornata del diciotto; il diciannove le truppe di Vatutin, vista l'inutilità degli attacchi nel settore rallentarono le operazioni, che divampavano invece nel settore del II Corpo d'Armata italiano. Come annotarono i Consoli Lucas e De Vecchi, è proprio in data 19 dicembre

---

1   Il volume dell'ufficio storico dello SME scrive che *i difensori del caposaldo* Olimpia [sic] *cadevano tutti nell'estrema difesa* (op. cit., p. 362). Per quanto inesatto non è molto lontano dalla realtà.
2   Si vedano più avanti le vicende del *Montebello* in quegli stessi giorni.

1942 che si perdono le notizie documentabili sul Gruppo Camicie Nere *M* d'Assalto *Tagliamento*[3]. Si ricordi come il 16, all'atto del ripiegamento dal caposaldo *Olimpo* sulla Quota 201 rimanevano 163 uomini tra ufficiali e Camicie Nere. I pochi resti del Gruppo, schierati insieme al I Battaglione del 79° fanteria, e spesso frammischiati ai fanti, seguirono le sorti della *Pasubio*; infatti, l'unità comandata dal colonnello Mazzocchi durante la ritirata, compiuta insieme ai resti della *Sforzesca*, portava il nome di reggimento di formazione Mazzocchi, e non di 79° fanteria *Roma*, indicativo della presenza di altri reparti, tra cui probabilmente ciò che restava del Gruppo *Tagliamento*. La ritirata ebbe termine undici giorni dopo a Morosowskaja, dove la colonna Mazzocchi giunse il 30 gennaio, dopo aver percorso un lungo e tortuoso percorso alle spalle delle unità di Vatutin in avanzata verso il Donetz [una narrazione della ritirata della *Tagliamento* è in Luis Lenzi, *Dal Dnjeper al Don. Storia della 63ª Legione CC.NN.* Tagliamento *nella campagna di Russia*, Roma 1968; essa è riportata in appendice nel presente volume].

2. GRUPPO MONTEBELLO

Riprendiamo a questo punto l'esposizione delle vicende belliche del Gruppo Battaglioni *M Montebello* dall'inizio dell'offensiva sovietica sino al tragico epilogo. Il VI Battaglione CC.NN. *M* il mattino dell'11 dicembre si trovava, come detto, a Poltawka, dove ricevette l'ordine di spostarsi a Getreide per porsi a disposizione del comando della divisione *Pasubio*, ciò che venne eseguito entro le quattordici. All'1.30 del dodici dicembre il comandante della *Pasubio*, generale Guido Boselli[4], ordinò al Console Goldoni di spostarsi con il VI Battaglione *M* sul caposaldo *Olimpo* ponendosi a disposizione del Colonnello Mazzocchi; poco dopo l'ordine fu modificato, ed il VI avrebbe dovuto invece raggiungere il caposaldo X ponendosi alle dipendenze del Gruppo *Tagliamento*, dissanguatosi nei combattimenti di Ogalew contro la 38ª Divisione fucilieri delle *Guardie*. Alle sette i legionari del VI raggiunsero i camerati che si trovavano impegnati dal nemico. Alle nove il VI Battaglione *M* muoveva al contrattacco nel settore di Ogalew, come già detto in precedenza, e dopo due ore di lotta corpo a corpo con le granate a mano e pugnali i fucilieri sovietici ripiegarono, lasciando duecento morti sul terreno, inseguiti dai legionari tanto che alcune Camicie Nere, nella foga dell'inseguimento attraversarono il Don gelato arrivando sulla riva destra. Furono presi anche parecchi prigionieri ed armi, tra cui alcuni fuciloni controcarro *PTRD*, che si rivelarono utilissimi durante la ritirata. Nei combattimenti del dodici il Centurione Ettore Di Pasquale, comandante di Compagnia del VI, si guadagnò la prima Medaglia d'Oro concessa ad un membro del *Montebello*, con la seguente motivazione:

Ferito, rifiutava ogni cura e non desistendo dall'azione di comando, manovrava personalmente il reparto di rincalzo, conducendolo fin sopra le posizioni nemiche e combattendo egli pure con l'arma bianca. Ferito una seconda ed una terza volta da bomba a mano, stoicamente continuava malgrado le gravi ferite, con spirito indomito, a guidare l'attacco facendosi sostenere. Con un ultimo supremo sforzo raggiungeva alla testa dei propri uomini, la posizione contesa sulla riva del Don, dove una quarta ferita ne stroncava l'eroica esistenza.

Le Camicie Nere del Gruppo *Montebello* avevano riportato sino ad allora le seguenti perdite: 17 morti (3 ufficiali), 78 feriti (5 ufficiali), 24 congelati gravi. Il giorno dopo i sovietici, pur non compiendo azioni di fanteria, bombardarono ripetutamente l'abitato di Ogalew, o meglio ciò che ne rimaneva, con lanci di razzi e salve d'artiglieria e di mortai pesanti.

---

3   Lucas, De Vecchi 1976, p.522.
4   Boselli aveva sostituito il generale Paolucci il 4 dicembre.

La sera, i guastatori di fanteria del XV Battaglione dettero il cambio alle Camicie Nere, ed il quattordici mattina i legionari del VI Battaglione *M* raggiungevano le posizioni di Getreide. Nella notte tra il 15 ed il 16 dicembre il Gruppo *Montebello* fu posto alle dipendenze tattiche dell'80° Reggimento fanteria *Roma*, attaccato dal nemico, ed alle cinque del mattino iniziò il trasferimento verso la zona di Artykulnyj Schlucht. L'80° fanteria si stava ritirando pressato dai fucilieri sovietici, che travolgevano i pezzi del 201° Reggimento Artiglieria: i serventi di una Batteria, fedeli al motto dell'Arma *O con questo o sopra di questo* si fecero massacrare sino all'ultimo sui pezzi da 47/32. L'azione nemica si sviluppava con particolare vigore sulla linea Krasnogorowka-Abrossimowo-Monastyrschina, con l'appoggio dei mortai. Le Camicie Nere si lanciarono alla riconquista delle Quote 175.5, 178.3 e 187.6, sovrastanti il vallone di Artykulnyj Schlucht, su cui i sovietici si stavano attestando dopo aver messo in rotta i fanti italiani, e da cui avrebbero potuto raggiungere Getreide tagliando fuori tutte le truppe presenti nell'area. Le tre quote furono prese dopo l'assalto dei legionari e le *Guardie* ripiegarono. Il Generale Boselli dispose quindi che il Gruppo *Montebello* si disponesse dalle propaggini sud occidentali della quota 201 sino ad affacciarsi sul vallone Monastyrschina-Getreide, tra il LXXIX Battaglione *M* del Gruppo *Tagliamento* sulla sinistra ed un piccolo caposaldo tenuto da fanti dell'80° *Roma* sulla sinistra; la linea era totalmente sprovvista di opere difensive ed il terreno gelato (come detto, − 35° di giorno) non permetteva di effettuare scavi di postazioni o trincee. Dopo i combattimenti di Artykulnyj Schlucht, le perdite erano salite a 53 morti (4 ufficiali), 117 feriti (7 ufficiali) e 27 congelati gravi (2 ufficiali), che sommate a quelle dei giorni dal dieci al dodici dicembre salivano a 446 unità, ossia al cinquanta per cento della forza combattente. Il diciassette i sovietici ripresero gli attacchi contenuti dall'artiglieria italiana; per tutta la giornata si rpeterono attacchi e contrattacchi che costarono ai due contendenti gravi perdite di personale e di materiali. Ma oltre che col nemico i legionari dovevano combattere con un altro nemico, il freddo. Nella notte del 18 la temperatura bassissima provocò nuove vittime. I legionari del VI *M*, ricorda Calamai, erano *imbacuccati nei cappottini "tre quarti" perché i pastrani di pelliccia erano rimasti a Verona. Portavano sempre l'elmetto calcato sulla testa avvolta nella coperte, perché i passamontagna erano rimasti a Verona, insieme ai guanti. Avevano le mollettiere piegate a doppio per tenere più caldo e la barba incolta da tempo. Tenevano le armi impugnate con le mani nude, ma cercando di non toccare il ferro con le mani per non lasciarci la pelle attaccata*[5]. Lucas e De Vecchi, a loro volta, ricordarono lo stoicismo dei legionari congelati, che volevano tornare al proprio posto di combattimento dopo le sommarie cure ricevute ai posti di medicazione, rendendosi ben conto che solo così avrebbero potuto impedire che il sottile velo difensivo ancora in grado di resistere si indebolisse maggiormente. Peggio, le pattuglie nemiche, formate da truppe d'élite e ben mimetizzate nelle tute mimetiche imbottite, si infiltravano nelle linee italiane. Poco potevano gli elementi raccoglitici, frutto di raschiamento del barile, inviati contro di loro, come un battaglione del Genio Ferrovieri, certo non addestrato a scontrarsi con truppe scelte. All'alba del 18 le *Guardie* lanciarono nuovi violenti attacchi, tra cui uno contro quota 201.1 tenuta dalle Camicie Nere del Raggruppamento *3 Gennaio*, da pochi fanti della *Pasubio* e dai tedeschi dell'*IR 520*, che venne respinto in pratica dalle sole Camicie Nere e dall'artiglieria italiana, infliggendo dure perdite al nemico; l'artiglieria aveva anche colpito in pieno alcune batterie sovietiche che avrebbero dovuto appoggiare l'attacco con il loro tiro. Nel pomeriggio dalle linee italiane uscirono pattuglie esploranti allo scopo di accertare la situazione, che provocarono la reazione avversaria e duri scontri. Col calare delle tenebre le pattuglie rientrarono dopo aver prelevato prigionieri e materiali. La situazione sempre più degradata spinse il generale Zingales comandante del XXXV

---

5   Calamai, in Calamai et all. 2002, p.42

Corpo ad ordinare personalmente al comandante della *Pasubio* Boselli il ripiegamento. Alle 15 giunse ai reparti dipendenti il preavviso di movimento per raggiungere la linea arretrata Werchnje Miskowici-Nasarow; il Raggruppamento *3 Gennaio*, o meglio, il Gruppo *Montebello*, sarebbe stato tra i reparti di retroguardia. La notte venne raggiunto il villaggio di Medowa; la ritirata riprese ed alla nove del 20 dicembre si giunse a Popowka. Ma i sovietici avevano accerchiato i reparti in ripiegamento: Camicie Nere, tedeschi e fanti della *Torino* riuscirono a rompere il cerchio nemico, e il XXXV Corpo proseguì il ripiegamento, sempre più assottigliato dalle perdite dovute anche agli attacchi aerei. Alle 22 la colonna giunse a Posdnjakow, dove i reparti sostarono sino alla mattina del giorno dopo, quando venne ripresa la ritirata. Il 22 reparti sovietici avevano sbarrata la via alle colonne in ritirata ad Arbusow: ancora una volta furono le Camicie Nere ad aprire la strada, grazie anche al sacrificio dell'Aiutante di Battaglia Biagi, che si pose alla testa dei suoi uomini sfondando le linee nemiche, e guadagnandosi la Medaglia d'Oro al Valor Militare. I resti dei Battaglioni *M* erano riusciti a sfondare, attaccando i sovietici, ma con pesanti perdite: il solo Gruppo *Montebello* aveva avuto nell'azione 115 morti, 380 feriti, 66 congelati; tra le perdite ben trentadue ufficiali. Erano caduti in testa ai loro uomini i Seniori Goldoni e Superti. Alle 23 la colonna riprese il movimento; solo gli elementi più validi potevano seguirla, feriti e congelati furono lasciati sul posto, venendo poi in gran parte massacrati dalle truppe staliniane. La coesione dei reparti, anche di quelli veterani, si andava sfaldando, molti gettavano le armi per cercare di alleggerirsi; nel caos montante i resti dei Battaglioni *M* furono tra i pochi a mantenere coesione ed ordine. Nel suo romanzo *A cercar la bella morte*[6] Carlo Mazzantini, che dall'autunno del 1943 militò nel Battaglione *Camilluccia* della ricostituita Legione *Tagliamento* della Repubblica Sociale Italiana, ricorda le parole di un suo commilitone cremonese reduce dalla ritirata dell'inverno 1942 che in maniera molto colorita illustra la differenza tra i fanti, che saccheggiano i depositi caricandosi di cose inutili e gettando il fucile e le armi, e i legionari, ben consapevoli di cosa comportasse la ritirata. È un documento molto interessante, che al di là del rimaneggiamento letterario rispecchia testimonianze dirette, che mostra l'efficienza dei Battaglioni *M* anche in situazioni critiche come la ritirata, effettuata combattendo, efficienza dovuta all'addestramento, all'esperienza acquisita sul campo, alla motivazione, e alla fiducia nei propri ufficiali:

Perché vedi in Russia [...] a un certo momento, dice, si torna indietro: i russi hanno sfondato!... va bene! Si torna indietro!... Soldato che scappa è buono per un'altra volta! Bisogna rifornirsi però! Allora tutti dentro ai magazzini a portar via sacchi di zucchero e ruote di formaggio parmigiano da ottanta chili! Tornavano a casa le disgrassie! Capito! Tornavano a casa!... Lì dietro la curva! E tutti quei chilometri che avevamo fatto in treno e poi sui camion e la marcia di avvicinamento? E quelli, eh? Quelli te li sei scordati?

E prosegue ricordando come, al contrario, i legionari si fossero riforniti di scatolette di carne, cognac e si tenessero ben strette le loro armi:

Perché vedi la mitralia, hai capito! Finché ce l'hai tu, signor sì e signor no la mitralia ce l'hai tu! E Bonazzoli con le munizioni e tutti gli altri appresso... Dice, si torna a casa? Va bene, si torna a casa! C'è la ritirata? Siamo nella sacca? Bisogna camminare! Cammina e cammina. Hai fame? Eccola lì: hai fame! E allora: zainettu scatolette! La sera quando viene giù la notte: zainettu cognac!... Si sparge la voce: ehi, laggiù ci sono i russi! E chi vuoi che ci sia! Ostia! Il capostassione di Cremona con la bandierina? Ci sono i russi, figa! E se non puoi passare da un'altra parte, dice, andiamo a

---

6   C. Mazzantini, *A cercar la bella morte*, Milano 1986.

vedere. Mentre invece gli altri, cammina, cammina, la prima cosa che buttavano era il fucile e le bombe. Dice: pesano... E allora finiti! Sei già libero! Puoi andare! Viene fuori un contadino dal bosco – un contadino, capito – con un bastone e tac! un contadino! ti amassa! [...] Perchè vedi, se la mitralia la butti via, quello lì è sicuro che hai perso! Ma finché la mitralia ce l'hai anche tu, la guèra non è finita e chi deve vincere ancora non ha vinto!

Alle nove del 24 dicembre la colonna, meglio, ciò che ne restava giunse a Bukarewskij, ed al tramonto arrivò a Pressiannowskji; la notte di Natale gli italiani continuarono a ritirarsi sino a giungere alle dieci del mattino del 25 a Scheptukowa. La sosta durò solo quattro ore, perché l'incalzare dei reparti corazzati sovietici era pressante, e già alle quattordici era ripresa la marcia. All'una del mattino del giorno di Santo Stefano i superstiti giunsero a Tcherkowo, attestandosi a difesa nell'abitato dove già si trovavano i resti della colonna del II Corpo d'Armata. I sovietici serrarono sotto, ed iniziò un assedio destinato a durare una ventina di giorni. Il XXXV Corpo, con i resti della *Pasubio*, della *Torino* e della *Ravenna*, della *298. Infanterie-Division*, del Raggruppamento *3 Gennaio* e resti di unità rumene contribuì alla difesa di Tcherkowo in unità di formazione. Il Gruppo *Montebello* non era in grado oramai di schierare in linea più di duecento uomini in grado di combattere, ma le Camicie Nere si sacrificarono il 9 gennaio 1943 per arrestare un violento attacco sovietico, preceduto da un forte bombardamento preparatorio ed appoggiato da nove carri *T-34*. Al sopraggiungere dei *T-34* e della fanteria da essi trasportata che urlava *Uray Stalin!* i legionari risposero intonando *Giovinezza* e mirando con le armi automatiche alle fanterie trasportate dai carri, abbattendole prima che potessero porre piede a terra. Un *T-34* fu incendiato dalla Camicia Nera Gino Betti, che lo arrestò con un colpo di fucilone controcarro *PTRD* di preda bellica, dopo aver aspettato con grande sangue freddo che il carro giungesse a soli dieci metri dalla sua postazione. Ad ogni carro colpito i legionari gridavano *Viva il Duce!* ed intonavano *Giovinezza*. Il capomanipolo Lamberto Vannutelli, già ferito, era stato schiacciato da un carro sovietico, ma trovò la forza di intonare *Giovinezza* quando il *T-34* fu colpito dai suoi uomini. Nei contrattacchi cadde il Capomanipolo Cremisi, due volte ferito, che, esaurite le munizioni, mulinò il moschetto come una clava contro i sovietici che lo circondavano. Il suo eroismo gli valse la Medaglia d'Oro al Valor Militare alla Memoria. Cadde anche la seconda Medaglia d'Oro al Valor Militare della giornata, la Camicia Nera Gianfilippo Braccini, già decorato sul campo per i combattimenti dei giorni precedenti, che, ferito due volte, non volle ricevere soccorsi, continuando a sparare con il suo mitragliatore, fu colpito quando per meglio mirare, s'era spostato su una posizione dominate da cui tirava sugli attaccanti. La Camicia Nera Stefano Migliavacca, congelato ai piedi, rispose al suo ufficiale che voleva imporgli di restare al posto di medicazione che per sparare con la mitragliatrice non occorreva marciare; viste vane le proprie proteste si fece portare dai camerati di nascosto in una posizione molto esposta, e vi rimase quarantott'ore, malgrado una nuova ferita per una scheggia di granata, tenendo sotto tiro i sovietici con la propria arma. In due ore di lotta sessanta Camicie Nere distrussero otto carri su nove e causarono gravi perdite al Battaglione attaccante sovietico, perdendo due caduti (un ufficiale), 11 feriti (due ufficiali) e 17 congelati. Il Capitano tedesco Lewandosky, ammirato, propose al comando della *298. Infanterie-Division* tutte le Camicie Nere presenti per la Croce di Ferro di Seconda Classe. Finalmente il 15 gennaio i resti della *298. Infanterie-Division* e le trecento Camicie Nere superstiti del Gruppo *Montebello* riuscirono a rompere l'accerchiamento ed ad aprirsi un varco verso Losowskaja[7]. Gli italiani disponevano solo di due autocarri e di qualche slitta, che furono utilizzati per evacuare i feriti più gravi, ma se 2.800 feriti in grado di camminare si unirono alla colonna, diverse centinaia di feriti gravi e congelati dovettero venir abbandonati al proprio destino. Tra il

---

7   Lucas De Vecchi 1976, p. 521.

16 ed il 17 gennaio i resti del XXXV e del II Corpo d'Armata raggiunsero Belowdosk. Quando il 30 dicembre il Comando d'Armata ordinò di costituire due Battaglioni di formazione con i resti dei Raggruppamenti *3 Gennaio* e *23 Marzo* si dovette soprassedere alla creazione di quello del *3 Gennaio*, per lo stato in cui erano ridotti i superstiti[8]. Quanto al Comando del Raggruppamento, che all'inizio della ritirata si trovava a Malewanyi presso il comando della *Pasubio* il nuovo comandante, Console Alessandro Lusana, ricevette la mattina del 19 dicembre dal Capo di Stato Maggiore del XXXV Corpo, colonnello Vargas, l'ordine di raggiungere la base del Raggruppamento già avviata verso Tcherkowo. La presenza di corazzati sovietici infiltratisi sulle strade che portavano a Tcherkowo indusse il Console Lusana a dirigersi a Millerovo con il comando di Raggruppamento e con gli automezzi radunati lungo il percorso. Giunto a Millerovo informò il Comando d'Armata della situazione, e provvide a radunare circa quattromila militari delle varie forze armate in reparti di formazione, malgrado le difficoltà causate dall'attività dell'aviazione sovietica, oramai padrona dei cieli. Le truppe di formazione si trasferirono a Woroshilowgrad la notte tra il 20 ed il 21 dicembre, mentre il Comando del Raggruppamento rimase a Millerovo, che venne però isolata da una brigata corazzata del XXV Corpo corazzato delle *Guardie*. Durante la breve permanenza nell'abitato, il Comando riuscì ad organizzare un servizio di intercettazione radio delle comunicazioni avversarie, che si rivelò molto utile nella difesa della cittadina. Il Comando del *3 Gennaio* rimase nell'abitato sino al 7 gennaio 1943, quando ricevette l'autorizzazione a lasciare Millerovo e a trasferirsi a Woroshilowgrad, cosa che fece unendosi ad unità tedesche della *298. Infanterie-Division* in una sortita che riuscì a rompere il cerchio sovietico. Alla fine della ritirata, il Raggruppamento *3 Gennaio* aveva subito 2.170 perdite, pari al 77.5 per cento della forza in organico al 1 dicembre 1942.

Forza in organico	Ufficiali	Truppa
1 dicembre 1941	150	2800
16 gennaio 1943	30	630

Perdite	Morti e dispersi	Feriti e congelati
1-19 dicembre 1942	370 (15 uff.)	800 (25 uff.)
20 dicembre 1942-16 gennaio 1943	770 (45 uff.)	230 (26 uff.)

(fonte: Lucas De Vecchi 1976, p. 523).

---

8 Ibid., p. 546.

IL RAGGRUPPAMENTO CC.NN. M D'ASSALTO
23 MARZO

Nell'ambito dell'ampliamento della presenza militare italiana sul fronte orientale, che portò alla creazione dell'Armata Italiana in Russia venne deciso di incrementare il numero delle unità della MVSN presenti, sia per l'ottima prova fornita dalla 63ª Legione *Tagliamento* nei combattimenti del 1941, sia per il significato politico della presenza di unità dichiaratamente fasciste nella lotta al regime comunista sovietico. In questo quadro venne decisa la costituzione di un Raggruppamento formato dai primi battaglioni *M* formati nel 1941, e che prese il nome di *23 Marzo*, che riprendeva il nome delle divisioni della Milizia che avevano combattuto in Africa Orientale nel 1935-1936, in Spagna ed in Africa Settentrionale nel 1941. È molto probabile poi che tale denominazione fosse un omaggio al comandante designato, il Luogotenente Generale Enrico Francisci, uno dei migliori ufficiali della M.V.S.N., che in Spagna aveva comandato prima il Raggruppamento *Banderas* omonimo a Guadalajara, dove s'era distinto, e poi la Divisione volontaria *23 Marzo*. Come il Raggruppamento *3 Gennaio* era destinato a venire assegnato al XXV Corpo d'Armata, così il *23 Marzo* avrebbe a sua volta operato nell'ambito del II Corpo, anch'esso in procinto di essere inviato in Russia, in modo da rafforzare le due grandi unità con due vere e proprie divisioni sia pure piccole ma formate da truppe d'assalto. Il Raggruppamento *23 Marzo* sarebbe stato articolato su due Gruppi Battaglioni CC.NN. *M*, il Gruppo *Valle Scrivia* ed il Gruppo *Leonessa*:

Gruppo Battaglioni CC.NN. *M* d'Assalto *Valle Scrivia*

Comandante: Console Generale Mario Bertoni

V Btg. CC.NN. *M* (Tortona):

XXXIV Btg. CC.NN. *M* (Savona)

XLI Btg. Armi d'Accompagnamento CC.NN. *M* (Trento)

Gruppo Battaglioni CC.NN. *M* d'Assalto *Leonessa*

Comandante: Console Generale Graziano Sardu

XIV Btg. CC.NN. *M* (Bergamo)

XV Btg. CC.NN. *M* (Brescia)

XXXVIII Btg. Armi d'Accompagnamento CC.NN. *M* (Asti)

Ognuno dei due Gruppi era costituito da due Battaglioni d'assalto ed uno di armi d'accompagnamento controcarro, autocarrati, tutti composti da legionari *M*. I comandi di Gruppo erano agli ordini di un Console coadiuvato da undici ufficiali, e disponevano del Plotone comando. I Battaglioni d'assalto avevano, oltre ai Plotoni esploratori e comando, tre Compagnie d'assaltatori ed una Compagnia mitraglieri con sei mitragliatori pesanti. Il Battaglione armi anticarro e d'accompagnamento aveva in forza un Plotone comando, una Compagnia mortai da 81 mm e una Compagnia cannoni da 47/32 su otto pezzi. Ogni Battaglione aveva oltre al comandante, i due Aiutanti Maggiori in prima ed in seconda. La forza organica di ogni Gruppo ammontava a: 74 ufficiali, 112 sottufficiali, 1.606 graduati e legionari, per un totale di 1.792 uomini. Il Gruppo CC.NN. *M Valle Scrivia* era stato costituito l'11 febbraio del 1942 ad Ovada (Alessandria) con legionari provenienti per la maggior parte dalla disciolta 5ª Legione CC.NN. d'assalto dello stesso nome. Dopo la costituzione, il Gruppo fu spostato a Racconigi dove si unirono ad esso il XLI Btg. *M* Armi d'Accompagnamento, proveniente dalla 41ª Legione *Cesare Battisti* di Trento e le Compagnie mitraglieri 359ª e 234ª, che furono assegnata ciascuna in rinforzo di uno dei due Battaglioni d'assalto. Il comando aveva sede nel Castello dei Savoia, mentre i reparti erano accantonati in paese; di qui, il 20 giugno del 1942 iniziò il trasferimento delle Camicie Nere al fronte, su convogli ferroviari che arrivarono il 1° luglio a Merefa, presso Karkhov, dove il Gruppo si radunò al completo. Il Gruppo CC.NN. *M Leonessa* formava il primo nucleo dei Battaglioni *M*, costituitosi nel campo d'addestramento di Trastevere a Roma con i legionari del Gruppo Galbiati appena rientrati dal fronte greco albanese, prima ancora che venisse scelto il nome Battaglioni *M* per i reparti scelti della Milizia. Il 1 ottobre del 1941 legionari ed ufficiali indossarono per la prima volta le M rosse al posto dei fascetti. Il primo gennaio del 1942 la 15ª Legione d'Assalto divenne Gruppo Battaglioni CC.NN. *M d'Assalto Leonessa* mantenendo il nome, i reparti e le tradizioni gloriose, come la battaglia di Valle Drino e, soprattutto, quella di Marizai. Comandante era il Console Graziano Sardu. A Trastevere, si unì al Gruppo la 138ª Compagnia mitraglieri CC.NN., che entrò a far parte del XIV Battaglione CC.NN., mentre il XV mantenne la sua Compagnia, la 15ª. Il 22 aprile giunse a Roma anche il XXXVIII Battaglione CC.NN. *M* armi anticarro ed accompagnamento autocarrato, proveniente dalla 38ª Legione *Vittorio Alfieri* di Asti, completando così l'organico del Gruppo[1]. Dopo esser rimasti nel campo di Trastevere per l'addestramento e aver svolto a Roma compiti di rappresentanza, il Gruppo Battaglioni CC.NN. *M Leonessa* si trasferì per via ferroviaria nell'area di Saluzzo, dove si stava radunando il II Corpo d'Armata, che, sotto il comando del generale Zanghieri, si apprestava a partire per il fronte russo. Il 5 giugno tutto il Gruppo era radunato a Saluzzo, ed il 23 iniziò la partenza dei convogli per la fronte sovietica, dove giunsero il 27 giugno. Tra il 4 e l'8 luglio tutte le componenti del Gruppo *Leonessa* arrivarono a Merefa, dove il Gruppo si unì con il *Valle Scrivia*. Il Raggruppamento *23 Marzo* era ora a pieno organico e pronto per l'impiego. Il 4 luglio il XLI Battaglione *M* Armi d'Accompagnamento si trasferì a Krasnograd, mentre i Battaglioni *M* V e XXIV, dopo aver effettuato un viaggio di trecento chilometri compiuti sugli autocarri del Raggruppamento, raggiunsero il XLI nella zona di Marinka, nel bacino del Donetz. Le salmerie del Raggruppamento *23 Marzo* compirono lo stesso percorso di tredici giorni; ad esse il Gruppo *Valle Scriva* si riunì il 22 luglio nella zona di Debalzewo-Novo Grigorjewka, dopo una marcia di sessantadue chilometri iniziata il 20 da Marinka. Anche il Gruppo *Leonessa* lasciò il 10 luglio l'area di Kharkov – silos di Merefa, per spostarsi assieme al grosso del II Corpo d'Armata nella zona di Stalino, dove si stava radunando l'ARM.I.R.. Il *Leonessa* venne autotrasportato, compiendo il percorso in quattro tappe, ed il 13 era a Makejewska con tutti i propri reparti, mentre anche in questo caso le salmerie seguirono per via ordinaria. In concomitanza con lo spostamento del *Valle Scriva* anche le Camicie Nere del Gruppo *Leonessa* iniziarono il 20 luglio la marcia verso la zona di Debalzewo- Griegorjewka, dove giunsero il 22, contemporaneamente all'altro Gruppo. Ora tutto il Raggruppamento 23 *Marzo* era riunito di nuovo, ed il 24 luglio passò alle dipendenze operative dell'Armata come riserva d'Arma-

---

[1] Secondo i consoli Lucas e De Vecchi, invece, dopo il rientro dall'Albania, la 15ª Legione aveva visto i propri battaglioni tornare presso i centri di mobilitazione, per riunirsi poi a Salò sul lago di Garda e venire trasferiti a Nicastro, in Calabria, nel febbraio del 1942. Di qui, dopo un mese, sarebbero stati trasferiti a Roma. (Lucas, De Vecchi 1976, p. 525). Tuttavia, è certo che i tre battaglioni fossero a Trastevere nella primavera del 1941, quando sono menzionati nel diario del gen. Ugo Cavallero dopo il ritorno dalla Grecia, e qui ricevettero le *M* il 1 ottobre, e dove, il 1 gennaio la Legione divenne Gruppo. Si tratta dunque di una svista da parte dei due ufficiali.

ta; il comando dell'ARM.I.R. ordinò di riprendere l'avanzata, ed il *23 Marzo* raggiunse il 25 luglio Artemiwsk, il 28 Beloje, il 29 era a Woroshilowgrad; il 31 veniva attraversato il Donetz e raggiunta Pogoroleff. Il 2 agosto le Camicie Nere giunsero a Tschuginska, ed il tre a Derkul, dove finalmente poterono sostare per una settimana. Intanto, per rafforzare il Raggruppamento quale Riserva d'Armata, Gariboldi ordinò che il 201° Reggimento artiglieria motorizzato passasse alle dipendenze del Luogotenente Generale Francisci; il III Gruppo cannoni da 75/28 del Raggruppamento artiglieria del II C.d.A. fu assegnato al Gruppo *Valle Scrivia*. Francisci conservava alle proprie dirette dipendenze il Comando del 201° artiglieria e il XXXII Battaglione controcarro *Granatieri di Sardegna*, formato da personale eccellente, addestrato tanto all'uso dei pezzi controcarro quanto al combattimento di fanteria (i Granatieri costituivano – e costituiscono – l'élite dell'Esercito)[2]. Il Battaglione era armato con pezzi da 47/32. In tal modo il Raggruppamento *23 Marzo* aveva assunto la configurazione di una piccola divisione, formata da truppe d'assalto. Alla metà d'agosto, mentre il II ed il XXXV Corpo avvicendavano sul Don i reparti tedeschi, il Gruppo *Valle Scrivia* venne dislocato a Taly con il V Battaglione *M* ed un'aliquota del XLI Battaglione *M* A.A. (metà Compagnia cannoni e metà Compagnia mortai) ed il Gruppo da 105/28 (meno una Batteria), ed a Kusmenkoff con il XXXIV *M*, la restante aliquota del XLI *M* A.A. e la Batteria da 105/28. Infatti, il 16 agosto il II Corpo d'Armata aveva assunta la responsabilità di un ampio settore difensivo sulla riva del Don, schierando la *294. Infanterie-Division*, la 5ª divisione *Cosseria* (89° e 90° Regg. fanteria, 108° Regg. artiglieria) e 3ª *Ravenna* (37° e 38° fanteria, 121° artiglieria). In questo quadro i due gruppi tattici del *23 Marzo* dovevano essere in grado di intervenire velocemente in caso di necessità. Il Gruppo *Valle Scrivia* si doveva tener pronto a far rapidamente massa su Nowaja Kalitwa, sulle valli di Bogutschar e Lewaja di supporto alle divisioni ora citate. Il Gruppo *Leonessa*, rinforzato dal III Gruppo/201° artiglieria fu schierato a Kantemirowka, presso il comando dell'ARM.I.R.; il Gruppo rimaneva alle dipendenze dirette del Comando d'Armata, ed era schierato orientato sulla sinistra in maniera tale da poter concorrere in caso di necessità ad intervenire anch'esso a sostegno delle divisioni del II Corpo d'Armata in caso di necessità. A Kantemirowka si trovava anche il Comando di raggruppamento con il XXXII *Granatieri* e le altre unità di rinforzo. Nell'ambito della Prima battaglia difensiva del Don, il 20 agosto i sovietici, anche per evitare l'accorrere di rinforzi nel settore dello sforzo principale sul fianco della *Sforzesca*, attaccarono il tratto difeso dalla *Ravenna* in prossimità della testa di ponte dell'ansa di Werch Mamon, e, contemporaneamente nel settore di Krasno Orechowo, alla giuntura tra la *Ravenna* e la *Cosseria*. Per far fronte alla situazione veniva ordinato al gruppo tattico del *Valle Scrivia* (ossia il XXXIV Battaglione *M*, l'aliquota del XLI Battaglione *M* A.A., una Batteria da 105/28 del 201° Artiglieria) di spostarsi da Kusmenkoff a Twjerdocheblowka, dove si trovava il comando divisionale della divisione *Ravenna*, nella valle Bogutschar, pronto ad esser impiegato su richiesta della *Ravenna* se la situazione l'avesse richiesto. Il Gruppo tattico di Taly con il rimanente del *Valle Scrivia* (ossia il V Battaglione *M*, il comando del XLI Btg. *M* A.A. con le due mezze Compagnie cannoni e mortai, il Gruppo da 105/28) si diresse verso est, raggiungendo Kusmenkoff. Il 22 agosto le Camicie Nere del XXXIV Battaglioni *M* e i reparti aggregati si spostarono verso nord est, posizionandosi in prossimità di

---

[2] E. Cataldi, *Storia dei Granatieri di Sardegna*, 2ª ed. Roma 1990, pp. 292-293. La collaborazione tra Granatieri e Camicie Nere fu eccellente, e si stabilì una forte stima reciproca. A tal proposito possiamo citare la testimonianza del generale G. M. Chiti, sottotenente del XII Battaglione in Russia, decorato al Valore all'ansa di Werch Mamon, alla nostra domanda se non fosse stato un Granatiere a che reparto avrebbe voluto appartenere, rispose deciso: *Ai battaglioni M!* (Chiti aderì poi alla Repubblica Sociale Italiana nel I Battaglione *Granatieri di Sardegna*, 1° Regg. *Cacciatori degli Appennini*, rimanendo ferito in un attacco partigiano il 25 maggio 1944. Nel dopoguerra, rientrato nell'esercito, partecipò all'addestramento dei reparti somali durante l'amministrazione fiduciaria italiana, e fu comandante della Scuola Allievi Sottufficiali di Viterbo. Dopo il pensionamento divenne frate cappuccino, indossando sotto il saio la divisa da Generale. E' in corso il processo di beatificazione).

Quota 217.6, mentre quelle del V Battaglione *M* con i rinforzi assegnatigli raggiungeva il comando della divisione *Ravenna* a Twjerdocheblowka. Anche il Gruppo *Leonessa* ricevette l'ordine di inviare da Kantemirowka e Kusmenkoff un proprio Gruppo tattico, formato dal XIV Battaglione *M* dall'aliquota del XLI Battaglione *M* armi d'accompagnamento e da una Batteria da 47/32 del III Gruppo. Il 23 agosto il gruppo tattico del XXXIV *M* lasciò le adiacenze della linea di combattimento, spostandosi a Filokowo, dove rimase anche il 24, quando un bombardamento dell'artiglieria sovietica causò le prime perdite del Raggruppamento: una Camicia Nera caduta e due ferite. La Batteria da 105/28 rispose al fuoco insieme alle artiglierie divisionali della *Ravenna*. Sempre il 24 agosto un nuovo attacco contro la *Ravenna* fece temere possibili infiltrazioni nel retrofronte; per evitare che ciò avvenisse i legionari del V Battaglione *M* vennero spostati a Gadjutsche presso il limite sinistro dello schieramento della Divisione *Cosseria*. Tuttavia i fucilieri sovietici vennero respinti e non avvennero le temute infiltrazioni. Allo stesso tempo, il gruppo tattico del XIV *M* venne fatto serrare per prudenza da Kusmenkoff a Twjerdocheblowka. Le varie unità rimanevano così dislocate sino al 6 settembre, quando si vide che il nemico aveva rinunciato alle azioni offensive; quel giorno il Gruppo tattico incentrato sul XXXIV Battaglione *M* lasciò Filonowo per ritornare a Kusmenkoff, ed il Comando del Gruppo *Valle Scrivia* tornò a Taly. L'otto settembre i rinforzi d'artiglieria che erano stati assegnati temporaneamente al Raggruppamento *23 Marzo* vennero per ordine del Comando d'Armata inseriti nello schieramento d'artiglieria di Corpo d'Armata, cessando la propria dipendenza operativa. Anche il gruppo tattico del XXXIV Battaglione *M* venne trasferito a Popowka, in posizione più arretrata, a disposizione del comando della *Ravenna* come riserva contro eventuali azioni sovietiche; il giorno successivo, nove settembre, anche il Gruppo tattico del XIV Battaglione *M* venne spostato a Pissarowka; infine, il 10 anche il V Battaglione *M* venne spostato da Gadjutschje a Pereschtschepny come riserva della *Ravenna*. Il dieci settembre il Generale Zanghieri, comandante del II Corpo d'Armata, stabilì che i Gruppi tattici sostituiti dai reparti del *23 Marzo* assumessero le seguenti denominazioni:

Valle Scrivia I: V Btg. CC.NN. *M*; ½ Compagnia cannoni da 47/32 e ½ Compagnia mortai del LXI Btg. CC.NN. *M* A.A.;

Valle Scrivia II: Comando Gruppo Btgg. CC.NN. M *Valle Scrivia*, XXXIV Btg. CC.NN. *M*; ½ compagnia cannoni da 47/32 e ½ compagnia mortai del LXI° Btg. CC.NN. *M* A.A.;

Leonessa I: XIV Btg. CC.NN. *M*; ½ compagnia cannoni da 47/32 e ½ compagnia mortai del XXXVIII Btg. CC.NN. *M* A.A.;

Leonessa II: Comando Gruppo Btgg. CC.NN. *Leonessa*, XV Btg. CC.NN. *M*; ½ Compagnia cannoni da 47/32 e ½ Compagnia mortai del XXXVIII Btg. CC.NN. *M* A.A.

L'11 settembre due Battaglioni (I e II) del 555° Reggimento della 127ª Divisione fucilieri attaccarono le posizioni di Quota 158 tenute dal 90° Reggimento *Salerno* della Divisione *Cosseria* presso il lato occidentale dell'ansa di Werch Mamon. I fucilieri del 555° attaccando su un fronte ristretto ed in varie ondate riuscirono ad ottenere un primo successo conto i fanti del 90°, disposti a velo per l'ampiezza del fronte; intervennero le riserve del 90° ed anche dell'89° fanteria, che s'appoggiarono alla difesa dei capisaldi, contenendo la penetrazione dei fucilieri sovietici che attaccarono tutto il giorno. All'alba del 12 settembre un contrattacco compiuto dal terzo Battaglione dell'89° fanteria ricacciò i sovietici oltre il Don, ristabilendo la situazione iniziale. La situazione aveva fatto sì che fosse richiesto l'invio del Gruppo *Leonessa II*, che, muovendo da Kusmenkoff, si spostò a Dubowikoff, senza però dover intervenire per il ristabilimento della situazione. Nel settore di Werch Mamon tenuto dalla Divisione *Ravenna*, tra Krasno Orechowo ad ovest e Quota 218 ad est, il 415° Reggimento della 1ª Divisione delle *Guardie* tentò di infiltrare pattuglie che però vennero costrette a ripiegare dal III Battaglione del 37° fanteria; le Guardie ritentavano nottetempo, ma vennero respinte da uno sbarramento d'artiglieria. Poco a sud est di Verch Mamon, sempre nel settore della *Ravenna*, due Battaglioni del 412° Reggimento fucilieri *Guardie* (1ª Divisione), appoggiati dal Battaglione addestramento divisionale e da truppe della 127ª Divisione tentarono di attraversare il Don in due azioni distinte: la prima, presso l'isolotto di Kusmenkin, venne sventata dal tiro dell'artiglieria italiana e dei mortai della *Ravenna*; la seconda presso l'abitato di Swinjucha ebbe successo e vennero sbarcate truppe che si ripararono nelle profonde balke degradanti verso la riva del fiume e nei boschi. Alle otto del mattino i sovietici si impadronirono di Swinjucha, respingendo poi il contrattacco portato dal III battaglione del 38° fanteria. Il comandante della *Ravenna,* generale Nebbia, dispose pertanto che il gruppo tattico *Valle Scrivia I* si spostasse da Pereschtschepnji a Filonowo e il *Valle Scrivia II* da Popowka a Pereschtschepnji; il comando Gruppo si trasferì a Gadjutsche. Nello stesso luogo giunse alle 15 anche il *Valle Scrivia I* dopo che il comando di Corpo d'Armata aveva autorizzato la *Ravenna* ad utilizzare in linea le Camicie Nere, avendo la divisione già impegnate tutte le altre riserve. Un nuovo attacco sovietico si sviluppò dal bosco di Solonzy e malgrado venisse contenuto dal III battaglione del 38° fanteria riusciva ad ottenere un'ulteriore penetrazione sulla sponda italiana; di conseguenza il comando del II Corpo ordinò che anche il gruppo *Leonessa II* passasse alla *Ravenna* come riserva tattica; le Camicie nere si spostarono perciò da Kantemirowka a Kusmenkoff, da dove nella notte si portarono a Filonowo, nelle immediate retrovie. Il gruppo tattico *Leonessa I* rimase a Dubowikoff pronto ad intervenire anch'esso. Il comando della *Ravenna* la stessa notte del 12 dispose un contrattacco che alle sei della mattina del 12 sarebbe iniziato nella zona dell'ansa di Swinjucha per ricacciare il nemico oltre il fiume, prima che potesse rafforzarsi sul terreno conquistato. Al contrattacco avrebbero concorso l'intero Gruppo battaglioni *M Valle Scrivia*, diviso nei suoi due gruppi tattici ed unità di formazione della *Ravenna* agli ordini del comandante del terzo battaglione del 38° fanteria. Si sarebbe trattata di un'operazione avvolgente per le ali, con prevalenza della sinistra, costituita dal gruppo tattico *Valle Scrivia II*; al centro avrebbe operato il *Valle Scrivia I* ed a destra il III/38° con altre unità di formazione. In secondo scaglione era il gruppo tattico *Leonessa II*. Il piano operativo era del comandante delle fanterie della divisione *Ravenna*, generale Manlio Capizzi, ed il comando sul campo venne affidato, su sua richiesta, al Luogotenente Generale Francisci, poiché quasi tutto il Raggruppamento *23 Marzo* (escluso il gruppo tattico *Leonessa I*) avrebbe costituito il nucleo principale della manovra. Alle 6,15 del mattino l'artiglieria italiana aprì un fuoco i preparazione breve (un quarto d'ora) ma violento che preparò l'avanzata dei battaglioni di Camicie Nere, che, quando alle 6.30 l'artiglieria allungò il tiro, balzarono all'attacco preceduti dal lancio delle bombe a mano per passare poi allo scontro all'arma bianca; dopo una resistenza breve e debole i sovietici si ritirarono rapidamente sotto l'incalzare dei legionari e dei fanti. Ma quando le Camicie Nere giunsero allo scoperto in una radura, dopo aver superato una fascia boscosa, vennero investite da un violento fuoco d'artiglieria e di mortai da 120 mm, che provocarono perdite sensibili nelle file del V battaglione *M* tra cui il comandante della 1a compagnia, Centurione Oriani; tuttavia i legionari anziché ritirarsi si gettarono avanti con maggior veemenza urlando *A noi!* Mettendo in rotta il nemico, che fuggì verso il Don tentando di attraversarlo con barchini ed anche a nuoto. Alle otto del mattino i gruppi *Valle Scrivia I* e *Valle Scrivia II* provenendo da sud e da sud ovest entrarono nell'abitato di Swinimjuch, e alle 11 occuparono anche la sponda del fiume, ripulendo la testa di ponte e catturando ventisette sovietici.

Le perdite del nemico non sono note, ma certo più alte di quelle italiane; il Gruppo Battaglioni *M Valle Scrivia* perse quattordici caduti, tra cui il centurione Oriani, comandante della 1a compagnia del V° battaglione, e cinquantadue feriti (tra cui un ufficiale)[3]. La stessa sera del 12 settembre i gruppi tattici tornarono alle posizioni di partenza, venendo avvicendati da unità della *Ravenna*. Ammirato dal contegno dei legionari, il comandante di divisione, generale Edoardo Nebbia, telegrafò al Luogotenente Generale Francisci:

Prot. N.1344 alt 13 settembre 1942 XIX, ore 10,30 alt

La collaborazione d'armi tenacemente condotta da tre battaglioni CC.NN. ai tuoi ordini con decisa azione di contrattacco ha ridato pieno possesso della riva destra del Don volgendone in fuga l'avversario forte di uomini e di armi alt Ancora una volta l'ardore combattivo delle CC.NN. ha rifulso ed espresso la volontà di vittoria alt Sono fiero di avere avuto alle mie dipendenze in un momento di lotta i tre gruppi tattici ed esprimo il mio grazie per la preziosa tua azione di comando alt

Francisci rispose:

Caro Nebbia, grazie per il tuo fonogramma. Sono lieto che le camicie nere abbiano conseguito la loro prima vittoria in terra bolscevica a fianco dei valorosi fanti della tua bella Divisione.

Cordialmente, Enrico Francisci[4].

Il gruppo tattico *Leonessa II* fece ritorno a Kantemirowka, mentre gli altri due gruppi tattici del *Valle Scrivia* rimasero in secondo scaglione, presso le unità della *Ravenna* che, dopo i combattimenti di agosto e quelli appena conclusi, erano pericolosamente sotto organico, e che, per poter garantire il presidio della linea ed il cambio ai reparti posti a difesa dei capisaldi non potevano avere profondità di schieramento; per ovviare a tale situazione vennero dunque utilizzate le Camicie Nere. L'undici ottobre il II Corpo d'Armata assunse lo schieramento invernale, ormai indifferibile in vista dell'avvicinarsi della cattiva stagione; il tempo ancor mite permetteva infatti di effettuare i lavori di trinceramento e fortificazione campale, di costruzione di ricoveri etc. che sarebbero stati impossibili nel clima invernale. Lo schieramento del Raggruppamento 23 Marzo per l'inverno fu il seguente:

- Winowogradowka (sud ovest di Danzevo, nella valle Bogutschar) Comando raggruppamento *23 Marzo*[5];

- Gadjutschje: Comando Gruppo *Valle Scrivia* e Comando XLI° btg. CCNN *M* A.A.;

---

[3] Vale la pena di riferire il contegno dei feriti, il cui contegno meravigliò i medici per lo stoicismo con cui sopportarono le sofferenze. Tra quelli della 1a compagnia del V° battaglione *M* la Camicia Nera Bruno Manfrin, orfano di guerra, accettò il trasporto in ospedale solo perché ordinatogli da Francisci; la Camicia Nera Romolo Rauli esclamò: *Non m'interessa essere ferito. Viva l'Italia!*; la C.N. Umberto Felici continuò a tenere con sé il moschetto e le bombe a mano; la C.N. Carlo Molino, che, con il braccio asportato da una granata, al Luogotenente Generale Francisci che lo confortava mormorò: *State tranquillo, mi faccio coraggio, ma datemi notizie del mio comandante!*; la C.N. Matteo Chiavazza, dopo la perdita dell'occhio sinistro si portò al mitragliatore di un caduto per continuare il fuoco. Portato al posto di medicazione si disse fiero della mutilazione e chiese una sigaretta. Il motociclista Mario Fedeli dopo la medicazione sommaria tornò in linea attraversando la radura battuta dai mortai. Della 2a compagnia, la C.N. Vincenzo Cassulo, ferito al ventre, accettò di esser trasportato in barella solo dopo che il suo comandante gliel'ebbe ordinato. Nella 4a compagnia, il caposquadra Giuseppe Avigo rifiutò la barella perché *i legionari sanno cavarsela da sé, anche feriti*; e la C.N. Celestino Andrioli dal posto di medicazione chiese di tornare presso i compagni (Lucas De Vecchi 1976, p. 532).
[4] Documenti riportati in Lucas De Vecchi 1976, p. 533.
[5] Il XXXII° btg. CC *Granatieri di Sardegna* ed il plotone flammieri già aggregati al Raggruppamento erano stati destinati ad altra destinazione.

- Dubowikoff : Gruppo tattico *Valle Scrivia* I (V° btg. *M* e rinforzi);

- Podoroshnyj Comando Gruppo *Leonessa*; comando XXXVIII btg. CC.NN. *M* A.A.; Gruppo tattico *Leonessa I* (XIV° btg. *M* e rinforzi);

- Zapkowo: Gruppo tattico *Leonessa II* (XV° btg. *M* e rinforzi);

Il 14 ottobre il XIV° battaglione *M* venne investito da un forte bombardamento aereo sovietico su Podoroshnyj, che provocò nove morti e dodici feriti. Nel frattempo, sia pure malvolentieri, sentendolo quasi come una diminuzione del loro ruolo di truppe d'assalto, le Camicie Nere avevano lavorato, oltre che all'adattamento delle isbe e dei ricoveri in cui avrebbero dovuto trascorrere l'inverno, alla sistemazione di postazioni per armi che avrebbero fatto parte di una seconda linea arretrata, come previsto dalle disposizioni del Gruppo di Armate B. Ma ciò era destinato a rimanere sulla carta, per la scarsità di truppe che potessero provvedere al presidio, né si poteva pensare di valersene una volta abbandonate le posizioni avanzate, poiché sulle prime posizioni si sarebbe dovuto resistere a oltranza ed i pochi elementi non compresi nei capisaldi, ossia i battaglioni del Raggruppamento *23 Marzo* ed i battaglioni di secondo scaglione delle divisioni di fanteria, non erano quasi neppure sufficienti ad assicurare una reazione ad eventuali infiltrazioni di unità avversarie oltre le linee dei capisaldi (che, a loro volta, non si sarebbero potuti appoggiare a vicenda). Il territorio da presidiare era troppo vasto per le sempre più scarse forze a disposizione.

L'OFFENSIVA SOVIETICA ED IL RIPIEGAMENTO
(DICEMBRE 1942-GENNAIO 1943)

Degli avvenimenti che portarono all'offensiva sovietica detta *Piccolo Saturno* (per gli italiani seconda battaglia difensiva del Don) ed all'attacco sferrato contro le Divisioni *Cosseria* e *Ravenna* dalle truppe della 6ª Armata del Fronte di Voronetz e dalla 1ª Armata delle Guardie del Fronte di Sud Ovest s'è già trattato nel capitolo dedicato all'inquadramento delle operazioni dell'8ª Armata italiana sul fronte russo; in questo capitolo ci limiteremo ad esporre le vicende del Raggruppamento *23 Marzo*. Basterà dire che nella giornata del dieci dicembre l'interrogatorio di un prigioniero catturato e la testimonianza di vari disertori preannunciavano concordemente un'imminente offensiva sovietica che si sarebbe incentrata nel settore tenuto dalla *Ravenna*. Per quanto piuttosto scettico in proposito il Comando d'Armata informò il II Corpo, che allertò nella tarda serata il Gruppo *Valle Scrivia II*, disponendo che al mattino del giorno seguente il Gruppo si sarebbe spostato da Dubowikoff a Gadjutschje per riunirsi al V Battaglione *M* lì dislocato. Ma alle sei dell'11 dicembre iniziò l'attacco, nel settore tenuto dal *Grenadier-Regiment 218*, un Reggimento tedesco formato da personale di terra della *Luftwaffe*, che fu travolto da forze della 195ª Divisione fucilieri, passavano il Don anche il I e II Battaglione del 604°, che attaccavano il III Battaglione del 38° fanteria. I sovietici ricevettero un forte appoggio aereo, non contrastato dalla *Luftwaffe* e dalla Regia Aeronautica. Dall'altro lato del fronte, nella piana di Swinjucha attaccarono i fucilieri del 412° Reggimento Guardie, mentre al centro i siberiani del 128°/44ª attaccavano la Quota 218, al margine occidentale dell'ansa di Werch Mamon; intervenivano le Camicie Nere del V Battaglione *M* che raggiunsero la località di Krasno Orechowo per appoggiare il 38° fanteria. Per recuperare i capisaldi 9 e 9A furono inviate all'attacco le Camicie Nere della 2ª Compagnia del V *M* che riuscirono a riprendere le posizioni ed a rimanervi. Le azioni sovietiche della giornata non erano riuscite a conseguire risultati territoriali, ma avevano assorbito totalmente la riserva divisionale della *Ravenna*. Il comando della divisione chiese quindi al Comando di Corpo d'Armata l'utilizzo dei tre gruppi tattici del Raggruppamento *23 Marzo* (*Valle Scrivia I* e *II*, *Leonessa II*) per ristabilire la situazione. Il 12 dicembre il gruppo tattico *Leonessa II* mosse verso la zona d'impiego. Nel frattempo, alle 6 del mattino i sovietici della 44ª Divisione siberiana *Guardie* attaccarono il 37° fanteria attestato su Quota 218 e nella zona di Krasno Orechowo. Il V Battaglione *M* fu impiegato a sostegno dei capisaldi 8, 9, 9A e 10. Nel pomeriggio i siberiani espugnarono il caposaldo 6, ma la 3ª Compagnia del V *M* inviata a riconquistarlo, la strappava al nemico stabilendovisi. Alle 19 anche la 3ª Compagnia del XXXIV *M* venne inviata sulle posizioni presso la rotabile per Krasno Orechowo già tenute dei legionari del V Battaglione *M*. La lotta durò tutta la notte, ed alla fine, il Comando del V Btg. *M* giunse a Krasno Orechowo, mentre le sue Compagnie mantenevano il presidio dei capisaldi 6, 8, 9, 9A e 10. Nella giornata del 12 tutto il settore del II Corpo d'Armata era sotto attacco, con l'arrivo di nuove truppe tra cui il 549°/127ª che attaccava le postazioni di Quota 192 tenute dal II Battaglione del 90° fanteria della Divisione *Cosseria*. Dato l'estendersi dell'offensiva, il comandante del II C.d.A. Zanghieri si vide costretto ad annullare l'ordine di spostamento verso la linea della *Ravenna* del gruppo tattico *Leonessa II*, poiché, dato l'impiego già avvenuto delle riserve divisionali, i reparti dovevano esser riforniti con i battaglioni di secondo scaglione, e si stava prospettando come imminente la necessità di impiegare le riserve di Corpo d'Armata, costituite dai gruppi tattici delle Camicie Nere del *23 Marzo*. Una volta esaurite anche queste, se non fossero subentrate altre grandi unità di seconda schiera, la resistenza sarebbe cessata per esaurimento delle truppe. Il Luogotenente Francisci, avendo constatato come sino ad allora i battaglioni del Gruppo *Valle Scrivia* fossero stati impiegati quasi sempre per compagnie isolate (od addirittura per plotoni) perdendo così i risultati derivanti dall'impiego a massa di reparti scelti e ben amalgamati, intervenne presso il comando della *Ravenna* perché in futuro il Gruppo venisse impiegato unitariamente, ottenendo che il tratto di fronte (difeso oramai pressoché dalle sole Camicie Nere) fosse posto alle dipendenze del Console Bertoni, comandante del *Valle Scrivia*. Alle 10 del 13 dicembre, poiché le Guardie della 41ª Divisione minacciavano il caposaldo 21 del 38° Fanteria, il Primo Seniore Masper, comandante del V Battaglione *M* ricevette ordine dal comando divisionale di sostenere i fanti con il Plotone comando. Durante l'azione il Primo Seniore cadeva ucciso. Le Camicie Nere mantennero il presidio del caposaldo. La mattina i siberiani della 44ª *Guardie* si impadronirono del caposaldo n. 7. La 3ª Compagnia del XXXIV Battaglione *M* che avevano raggiunto alle 14 il caposaldo 21 venne inviata alla riconquista, mentre la 1ª Compagnia rinforzata del medesimo Battaglione venne inviata a sostegno del caposaldo 10, sottoposto ad un forte attacco nemico. Prima che scendesse la notte, le Camicie Nere della 3ª/XXXIV *M* strapparono il caposaldo 7 ai siberiani, perdendo nell'azione i suoi tre ufficiali – uno caduto e due feriti – e la metà degli effettivi. Poco dopo giunsero anche la 2ª Compagnia ed il comando di Battaglione. Il Seniore Gloria, comandante del Battaglione, assunse il comando del caposaldo 7, che rimase presidiato dai resti della 3ª e dalla 2ª Compagnia. La pressione dei siberiani continuò durante tutta la notte, e nei combattimenti venne ferito anche il Seniore Gloria. Intanto il Comando di Gruppo e aliquote del XXXIV Battaglione *M*, ossia la 1ª Compagnia e la Compagnia mitraglieri, rimasero tutta la notte tra il 13 ed il 14 a presidio del caposaldo 21. La stessa notte i sovietici attaccarono con forze ingenti due Battaglioni del 90° fanteria schierati a difesa di Quota 192 di Orobinskij impadronedosene; il gruppo tattico *Leonessa II* (Seniore Albonetti) fu fatta spostare d'urgenza da Dubowikoff, poco a sud della Quota 192, con una marcia sotto la neve a –23°. Alle 8.45 del mattino il gruppo tattico contrattaccava le truppe sovietiche a sud ovest di Deresowka, ed alle 11.05 le Camicie Nere del Plotone esploratori del XIV *M* comandate dal Capomanipolo Santinelli riconquistavano Quota 192 e ottenevano il controllo temporaneo di altri capisaldi perduti nella giornata precedente dai fanti del 90° della Divisione *Cosseria*, salvo abbandonarli per l'aumentare della pressione sovietica, due Battaglioni rinforzati del 172° Reggimento della 172ª fucilieri, che nel pomeriggio scatenarono tre violenti attacchi. Comunque le Camicie Nere di Albonetti e fanti del 90° mantennero le posizioni di Quota 192. Nel pomeriggio dello stesso 14, il gruppo tattico *Leonessa I* (Seniore Comincioli) venne spostato da Filonowo ad Orobinskij, mentre nel settore tenuto dalla Divisione *Ravenna* il V Battaglione *M* (gruppo tattico *Valle Scrivia I*) ormai provatissimo dai combattimenti dovette venir ritirato dalla linea; il gruppo *Valle Scrivia II* invece rimaneva con il suo XXXIV Battaglione *M*. Anche nella notte sul 15 i sovietici non allentarono la pressione con reiterati attacchi, mentre ormai anche i gruppi CC.NN. erano stati logorati come le altre scarse riserve di Corpo d'Armata. Il Gruppo *Valle Scrivia* era ormai frazionato anche in Squadre nella difesa di ogni caposaldo ancora in mano italiana, con i reparti alle dipendenze dei comandi di fanteria, una più compiuta fraternità d'armi, al di sopra di qualunque spirito di corpo, non avrebbe potuto essere attuata, scrivono a ragione De Vecchi e Lucas nel loro studio[1]. Un nuovo attacco dei fucilieri del 747° sferrato alle sei contro la posizione di Quota 192 la strappava ai fanti della *Cosseria* (le CC.NN. erano cadute tutte, ed il Capomanipolo Santinelli era stato massacrato a baionettate sull'arma con cui s'era difeso) dopo due ore di lotta, alle otto e mezza; anche dall'abitato di Samodurovka si stava per muovere un'altra colonna d'attacco, e il comando della *Cosseria* chiese al Comando d'Armata la disponibi-

---

1   Lucas, De Vecchi 1976, p. 542.

lità del gruppo *Leonessa I* per la riconquista della quota 192. Il gruppo tattico si unì con il gemello *Leonessa II*; alla testa dei due gruppi e di truppe del 90° fanteria si pose il comandante dell'intero Gruppo Battaglioni *M Leonessa*, il Console Graziano Sardu. L'azione fu violenta, e anche se Quota 192 tornò in mano italiana nel combattimento caddero il Seniore Comincioli, comandante del gruppo tattico *Leonessa I*, ed otto ufficiali e una trentina di Camicie Nere, mentre altre duecentoventi erano state ferite. Al 15 dicembre le Camicie Nere del Raggruppamento 23 Marzo avevano subito la perdita di 699 uomini, di cui 39 ufficiali, su 1792. Il sedici dicembre, le Camicie Nere del Gruppo *Valle Scrivia* occupavano i capisaldi che in origine erano presidiate dai fanti della *Ravenna*. Come sottolineano Lucas e De Vecchi, non era quello il loro ruolo: si trattava di truppe d'assalto, da utilizzare al momento del contrattacco, ma da ritirare sulle posizioni arretrate una volta concluso per riorganizzarsi e riformarsi per tornare eventualmente di nuovo all'assalto. Ora invece presidiavano posizioni fisse, con armamento leggero, senza che i comandanti della fanteria avessero intenzione di andare indietro degli ottimi combattenti per di più in un momento in cui le loro truppe erano decimate e spesso demoralizzate, combattenti che potevano prolungare la resistenza dei capisaldi. A partire dalle sei del mattino si scatenò un violento fuoco di mortai, di artiglierie e di lanciarazzi multipli mentre dall'alto i cacciabombardieri *Il 2 Sturmovik* attaccavano con i loro cannoncini controcarro da 23 mm. e le mitragliatici le posizioni degli italiani, che, senza tute mimetiche, erano visibilissimi nel bianco della neve con i loro pastrani grigioverdi; subito dopo si scatenò un nuovo violento attacco di fanterie, che sommersero i capisaldi avanzati malgrado la resistenza delle Camicie Nere e dei fanti, i cui pochi superstiti ripiegarono sulle posizioni arretrate. Ogni possibilità di movimento era impossibilitata dalla mancanza assoluta di qualsiasi rincalzo. Intorno alle 10 del mattino i *T-34* della 115ª Brigata corazzata fecero la comparsa nel settore, travolgendo Camicie Nere e fanti della *Ravenna* giungendo sino alla linea delle artiglierie, dove i serventi reagirono puntando i pezzi ad alzo zero e ricorrendo a improvvisati mezzi controcarro come bottiglie incendiare, e per quel giorno i sovietici non riuscirono a sfondare la linea difensiva. Nel primo pomeriggio la 172ª divisione appoggiata dai *T-34* travolse molti capisaldi della Krasno Orechowo, e la resistenza continuò sulle posizioni di Quota 204 e di Gadjutschje. I serventi di un pezzo controcarro da 47/32 del XLI Battaglione CC.NN. Armi d'Accompagnamento spararono a tiro accelerato contro un carro *T-34* avanzante. Il carro puntò contro il pezzo travolgendolo assieme ai tre serventi che non vollero abbandonare il cannone; un legionario, con le gambe stroncate dalle granate, ebbe ancora la forza di minacciare i russi avanzanti. Una Camicia Nera, vedendo un sovietico che stava sopraffacendo un ufficiale dei Bersaglieri, si lanciò sul russo uccidendolo a pugnalate[2]. Nel frattempo il Gruppo *Leonessa*, decimato dalle perdite dei giorni precedenti, continuò a resistere su Quota 192 di Orobinskji, in un alternarsi di attacchi e contrattacchi. Le Camicie nere, i fanti della *Cosseria* e i granatieri dell'*Infanterie-Regiment* 318 tentarono di riconquistare i capisaldi perduti con l'aiuto di pochi *Pz.Kf.Wg. III* della *27. Panzer-Division* (ne rimanevano solo quarantasette in totale), senza però riuscirci, subendo perdite in uomini ed armi. Il comando delle unità schierate nel settore della *Cosseria* nelle prime ore della giornata del 16 fu ceduto al Generale Eibl, comandante della *385. Infanterie-Division*, cosa resa necessaria dall'usura delle unità italiane, assai provate dalle perdite. Nelle prime ore 17 dicembre, con una temperatura di –30°, i sovietici ripresero gli attacchi di logoramento per tentare di sfondare il fronte, i cui capisaldi seppure indeboliti resistevano da sei giorni. Una nuova ondata di carri appartenenti al XVII Corpo corazzato della 6ª Armata travolse tutto il fronte tenuto dei resti della *Ravenna*. Il Comando del II Corpo di Armata decise di prolungare la resistenza sulle posizioni di Peretschschepnyj prima e poi su quelle di

---

2   Lucas De Vecchi 1976,p. 544.

Kusmenkoff dove si attestò quanto rimaneva del Gruppo *Valle Scrivia* per preparare una resistenza. Nel settore tenuto dalla *385. ID*, il Generale Eibl alle 19 e 30 si vide costretto ad ordinare alle unità tedesche ed italiane dipendenti di ripiegare su Mitrofanowka, verso ovest. Le circa trecento Camicie Nere superstiti, alla cui testa erano il Console Sardu e i Seniori Albonetti e Vannini, giunsero a Zapkowo, che però era stato occupato dai sovietici durante la notte tra il 17 ed il 18 dicembre. Le Camicie Nere, frammiste ai granatieri tedeschi furono accerchiate e investite dal fuoco di fucileria del nemico; la lotta diventò presto all'arma bianca. I tedeschi, autotrasportati, riuscirono a sganciarsi, lasciando i trecento legionari del *Leonessa* ad affrontare da soli i sovietici. Il Console Sardu, cui fu offerto dai tedeschi di porsi in salvo su un autocarro, respinse l'offerta affermando: *Il mio posto è qui finché ci sarà una sola delle mie Camicie Nere!* Sardu fu ferito prima al braccio e poi all'addome, morendo sul campo tra i corpi della maggior parte delle sue Camicie Nere. Solo pochissimi superstiti riuscirono, con una faticosa marcia a -36°, a raggiungere a piedi Mitrofanowka, dove si trovavano le salmerie e i servizi. Il Gruppo *Leonessa* era ridotto a quattrocento uomini. A Mitrofanowka si trovava il nuovo Comandante del Raggruppamento *23 Marzo*, Luogotenete Generale Martinesi, convocatovi dal Comando del II Corpo. Il generale Zanghieri inviò Martinesi a Kantemirowka la mattina del 18 dicembre, perché s'occupasse del riordino delle truppe defluite dal Don. Qui giunto, Zanghieri si rese conto con disappunto delle condizioni di spossatezza fisica e di crollo morale di quegli uomini, impegnati a combattere sin dall'11 dicembre senza soste in un clima terribile; inoltre erano state perse armi e artiglierie. Il 19 dicembre una puntata offensiva compiuta da corazzati sovietici contro Kantemirowka peggiorò la situazione. Il Comandante del *23 Marzo* con i suoi ufficiali continuò l'opera i riorganizzazione spostandosi prima a Belowodsk prima e a Woroshilowgrad poi. Qui il 21 si riunì con i superstiti del Raggruppamento, già schierati sul Donetz a protezione del ponte di Wesselaja Gora. Il 21 dicembre il totale del personale del Raggruppamento Battaglioni CC.NN. *M* d'Assalto *23 Marzo* era di 1.536 combattenti, molti dei quali feriti leggeri ed altri congelati di 1°, 2° e 3° grado ancora non ricoverati. Le perdite erano state di 125 caduti (19 ufficiali), 389 feriti (23 ufficiali), 1328 dispersi (26 ufficiali), 19 congelati (1 ufficiale). Gran parte dei dispersi erano stati visti cadere in combattimento, senza che ne fosse stato possibile accertare il decesso; gli altri vennero massacrati totalmente dai sovietici.

Perdite subite dal Gruppo CC.NN. M d'Assalto Valle Scrivia dall'11 al 24 dicembre 1942			
	Ufficiali	Sottufficiali	CC.NN.
Caduti	5	8	55
Feriti	11	22	198
Congelati	1	3	13
Dispersi	4	20	295
Totali:	21	53	561

Il 30 dicembre il Comando dell'ARM.I.R. ordinò che le Camicie Nere superstiti dei Raggruppamenti *23 Marzo* e *3 Gennaio* fossero ordinate in due battaglioni di formazione (ricordiamo che i Raggruppamenti corrispondevano a due piccole Divisioni!) comandati dal Console Bertoni, già comandante del *Valle Scrivia* e comandati dal Centurione Angelini (XXXIV Battaglione *M*) e dal Primo Seniore Rosmino (LXIII Battaglione *M*), tuttavia i superstiti del *3 Gennaio* erano talmente provati da far sì che si dovette soprassedere, almeno nell'immediato, ad includerli in reparti organici ed operativi; il 4 gennaio 1943 fu dunque stabilito di costituire due Battaglioni (I e II Battaglioni

M di formazione) con personale del *Valle Scrivia* (I Btg. *M*) e del *Leonessa* (II Btg. *M*) integrati da una Compagnia fucilieri ed una mitraglieri provenienti anch'essi dal Gruppo *Valle Scrivia*[3]. L'organico dei Battaglioni *M* di formazione era:

Un Plotone Comando di Raggruppamento

Tre Compagnie fucilieri

Un Plotone esploratori

Una Compagnia mitraglieri.

I due Battaglioni furono dislocati a Beloje, presso Woroshilowgrad, ma l'otto gennaio il II Battaglione fu trasferito a Sutagan dove erano disponibili migliori alloggiamenti. Il 21 gennaio i reparti CC.NN. si trasferirono a Rykowo, eseguito in giornata dagli elementi autocarrati, ossia i comandi di Raggruppamenti e di Gruppo, e personale non comprese nei due Battaglioni di formazione, che effettuarono il movimento in tre tappe a piedi arrivando a Rykowo il 24 gennaio. Il 25 gennaio, il Comando di Raggruppamento si trasferì a Dnjepropetrowsk dove giunse il 28; il I e il II battaglione di formazione ricevettero gli autocarri il trenta gennaio giungendo a Grischino il quattro febbraio. Di qui proseguirono in ferrovia per Klinzy e l'otto febbraio si ricongiungevano con il Comando di Raggruppamento, che si sistemò a Nejin. Il 23 febbraio le Camicie Nere si spostarono verso la zona di Gomel, raggiunta il 24, che venne lasciata il 27 per Kostiunowka. Nella notte tra il 16 ed il 17 marzo, i resti delle unità di Camicie Nere partirono per rientrare in Italia, subendo alla stazione di partenza un ultimo bombardamento.

---

[3]   9 ufficiali, 14 sottufficiali, 206 CC.NN.

LA LEGIONE CROATA (HRVATSKE LEGIJA)

Una storia delle unità della Milizia sul fronte russo non può prescindere da una sia pur schematica trattazione della Legione di volontari croati che combatterono a fianco degli italiani, indossando la camicia nera.

Dopo la conquista della Jugoslavia e la creazione del regno di Croazia (di cui venne proclamato re il duca di Spoleto – e, dopo la morte del fratello, d'Aosta – Aimone di Savoia Aosta col nome di Tomislao III) il poglavnik Ante Pavelich decise di appoggiare le operazioni belliche dell'Asse, creando una legione croata, appoggiata anche da un contingente aereo, che affiancasse tedeschi sul fronte sovietico[1]. In seguito, verso la fine del 1941, venne disposta la creazione di un'unità analoga (ma senza componente aerea) da far combattere a fianco degli italiani sul fronte russo, anche per dare un segno di buona volontà all'Italia, che aveva con i nuovo stato croato ragioni di tensione per la Dalmazia, di cui gli italiani avevano occupato le isole. Fra l'altro l'Italia aveva proibito la creazione di una marina croata in Adriatico.

Per cercare di attenuare le tensioni sorte tra Italia e Croazia, Pavelich acconsentì alla creazione di una Legione volontaria sotto comando italiano. Per motivi politici l'unità, formata da due battaglioni di fanteria ed uno armi d'accompagnamento, per complessivi 1.211 uomini, venne posta alle dipendenze della Milizia Volontaria Sicurezza Nazionale per quanto riguardava inquadramento, armi ed equipaggiamento. La Legione Croata (*Hrvatske Legija*) indossava la divisa italiana modello 1940 con le fiamme nere ed i fascetti della Milizia al bavero. Sul braccio destro della giacca e del cappotto era cucito lo stemma argenteo del regno croato con la scritta *Hrvatska* sulla scacchiera bianco rossa. I legionari croati indossavano la camicia nera ma non il fez, sostituito dalla bustina italiana con il fregio della M.V.S.N.. L'elmetto mod. 33 recava, stando a talune foto, una decalcomania con lo stemma croato[2]. La Legione venne costituita a Varazdin, presso il confine ungherese, ed includeva anche ufficiali *ustasha* che parlavano l'italiano, avendo vissuto in Italia come fuoriusciti. Diversi volontari croati erano di religione islamica, tanto che quando alcuni di loro caddero in combattimento vennero sepolti secondo il rito musulmano[3]. Il primo addestramento, ed il più efficace, furono le operazioni contro i partigiani di Tito; la Legione venne quindi spostata in Italia, a Riva del Garda, dove si trovava il deposito della Legione, per addestrarsi ulteriormente ed assimilare la tattiche di combattimento italiane. Qui i legionari croati, dopo aver giurato fedeltà al Duce ed al poglavnik Pavelich, a marzo del 1941 i treni che trasportavano i croati partirono a scaglioni per il fronte sovietico. Comandante della Legione era il colonnello Egon Zitnik. Giunti in Ucraina, i reparti si riunirono il 16 aprile, ricevendo in dotazione numerosi automezzi, e venendo affiancati alla 63ª Legione Tagliamento a Wladimirowka. Sorsero però diversi problemi sia di direzione che politici – le Camicie Nere friulane in particolare avevano un odio atavico per gli *sclafs* – che ne sconsigliarono l'impiego continuato in linea. Dopo una riorganizzazione e l'impiego antipartigiano nelle retrovie, la Legione Croata tornò in linea a luglio, comportandosi questa volta bene, tanto che la Legione ebbe diverse ricompense e numerose perdite. I sovietici, infatti, uccidevano sul posto tutti i croati prigionieri, sia perché fascisti, sia perché considerati traditori della Jugoslavia[4]. All'inizio dell'offensiva su Krasnij Lutsch, la mattina dell'11 luglio 1941,

---

1   Sui legionari croati della *Wehrmacht* si veda D. Littlejohn, *Foreign Volunteers of the Third Reich*, San Jose 1987.
2   P. S. Jowett, *The Italian Army 1940- 1945 [1] Europe 1940- 43*, Oxford 2000, p. 37, 44-5, pl. F 1.
3   L. Poggiali, "La Croazia come fede (3ª parte)", *Storia e battaglie*, 36 (2004), p. 3.
4   I volontari croati in divisa tedesca caduti in mano sovietica erano invece presi prigionieri, salvo poi essere consegnati agli jugoslavi a guerra finita e condannati a morte.

le Camicie Nere croate attaccarono la quota 253.4 di Vessielj, tenuta da elementi della 216ª Divisione sovietica, riuscendo ad impadronirsene. La bandiera del contingente croato venne decorata personalmente dal generale Italo Gariboldi, comandante dell'8ª Armata (ARM.I.R.). La Legione operò insieme con il Gruppo Battaglioni CC.NN. M Tagliamento nel settore di Schterowka e di Surajewka, ed insieme al Tagliamento ed al III Gruppo del Reggimento Artiglieria a cavallo la Legione fece parte del Raggruppamento Mittica, che inseguì i sovietici verso Krasnaja Poliana durane la manovra di Krasnij Lutsch. I legionari croati funsero da reparti esploratori ed entrarono per primi in Kolpakowo ed in Krasnaja Poliana nel pomeriggio del 18 luglio. La Legione venne poi inquadrata nel Raggruppamento *3 Gennaio* nel ambito del quale continuò ad operare in modo molto soddisfacente, senza che questa volta sorgesse alcun attrito tra croati e italiani. La Legione combatté, insieme alla divisione Pasubio, alle cui dipendenze era stata posta, nella prima battaglia difensiva del Don dell'agosto del 1942. Il 22 agosto, alle 22 e 10, elementi dell'828° Reggimento fucilieri sovietico passarono il Don nell'ansa di Merkulov, scontrandosi con i croati. A dicembre i volontari croati vennero travolti dall'offensiva sovietica *Piccolo Saturno* e si ritirarono con i resti dell'ARM.I.R., ma durante la ritirata, la Legione perse pressoché tutti i propri uomini tra caduti e dispersi (da considerare come morti) negli scontri presso il villaggio di Kasanskaya. Insieme ai Battaglioni Bersaglieri XX° e XXV° del 3°, i croati al comando del colonnello Egon Zitnik, ripiegarono su Kalmikoff e su Meschoff, dove legionari e bersaglieri tentarono di impadronirsi del ponte. I sovietici però inflissero pesantissime perdite, tanto che della Legione restarono in vita solo sei legionari e quattro ufficiali, tra cui il cappellano, capitano Bogutavac, e il sottotenente Vincenzo Smolcich, ufficiale di collegamento italiano. Caduto Zitnik, assunse il comando il tenente Zunic, facente funzione di aiutante maggiore, e dispose lo sganciamento. I superstiti riuscirono ad evacuare Meschoff, ma a Millorowo giunsero solo il sottotenente Smolcich ed una camicia nera croata. Come scrisse il colonnello Longo, comandante del 3° Bersaglieri, *non un uomo del 3° rgt. Bersaglieri è tornato indietro. Della legione croata, un ufficiale e un soldato.* Nel 1943 nuovi volontari croati affluirono a Riva del Garda per ricostituire la Legione; i croati restarono inquadrati nella M.V.S.N. anche dopo il 25 luglio, sostituendo la camicia nera con quella grigioverde. Quando l'otto settembre elementi della *1. SS Panzer-Division Leibstandarte Adolf Hitler* chiesero la resa della Legione, i volontari croati reagirono con le armi al tentativo dei tedeschi di disarmarli, perdendo diversi uomini.I superstiti vennero rimpatriati e inquadrati nelle divisioni 373ª e 392ª della *N.D.H.* del maresciallo Kwaternik, inquadrate nella *Wehrmacht*[5]. Dopo l'indipendenza della Croazia dalla Jugoslavia, la Repubblica croata dedicò ai legionari una serie filatelica: il francobollo da nove *kune* mostra il profilo di un legionario con l'elmetto italiano modello 33, la camicia nera e le fiamme nere, mentre sullo sfondo una colonna di camion porta in linea la Legione: la didascalia recita:

HRVATSKE LEGIONARE
DON

Un omaggio tanto tardivo quanto meritato.

---

5   *N.D.H.* era l'acronimo per *Nezavisna Drzava Hrvatska*, Stato Indipendente Croato.

LA M.V.S.N. STRADALE SUL FRONTE ORIENTALE
(1941-1943)

Alla nascita dello C.S.I.R., che era incentrato su un Corpo d'Armata autotrasportabile, con una presenza di veicoli molto elevata per lo standard del Regio Esercito, venne istituita un'Intendenza ad organizzare e dirigere i vati servizi logistici, ed in essa erano presenti elementi destinati a dirigere il traffico, al collegamento tra le varie autocolonne al servizio scorta veicoli, alla ricognizione ed alla segnaletica stradale. Tali compiti furono affidati alla 6ª Centuria della Milizia della Strada[1], addetta al VI Battaglione Movimento Stradale mobilitato dal 3° Reggimento *Savoia Cavalleria* con personale proveniente da quell'Arma. La Centuria, ovvero la Compagnia, era strutturata su un Comando, una Squadra comando e tre Manipoli[2] (Plotoni) per un totale di 4 ufficiali, 7 sottufficiali e 98 militi, che avevano a disposizione una autovettura, un autocarro, un camioncino Fiat Dovunque e 91 motociclette Guzzi Alce. La Centuria fu per ovvi motivi logistici tra i primi reparti a giungere in Ungheria per via ferroviaria il 13 luglio del 1941, entrando in servizio già il giorno successivo dirigendo il traffico delle truppe e dei mezzi diretti in Bessarabia, dov'era il punto di radunata dello C.S.I.R.. Ad agosto, sulla scia dell'avanzata di von Kleist, la Centuria raggiunse Balta, Bikowo ed Alexandra; dopo la battaglia di Petrikowka la Stradale seguì il percorso dell'avanzata delle truppe di Messe oltre il Bug, a Dnjepropetrowsk e nel bacino del Donetz, sino a Stalino e Gorlowka. Nella fase autunnale ed in quella invernale i militi compirono il loro servizio su centinaia di chilometri di strade spesso rese impraticabili dal fango, la terribile rasputitza, dalla neve, collegando le basi e le città di retrovia con il fronte, regolando il traffico di autocarri, carriaggi, salmerie, ed anche slitte, utilizzate durante l'inverno. Alla Milizia spettava spesso iniziare e sorvegliare la ripulitura delle strade dalla neve, eseguita dalle corvèes di civili, e insieme ai carabinieri, la scorta dei prigionieri. La durezza dei compiti portò al rimpatrio di elementi fisicamente più deboli, che vennero man mano sostituiti così che in primavera la Centuria era di nuovo pienamente efficiente. Con la nascita dell'ARM.I.R. venne inviato sul fronte anche il II Corpo d'Armata, che doveva radunarsi nella zona di Kharkov – silos di Merefa, in Ucraina, e quindi nella città ucraina venne distaccato un manipolo a disposizione di una nuova Delegazione d'Intendenza di Corpo d'Armata, perché prendesse conoscenza della rete stradale, i militi si spinsero, per quasi tremila chilometri, sino a Troppau (Slesia Orientale) per assumere il pilotaggio delle colonne motorizzate italiane che venivano scaricate in quella lontana testa di scarico, guidandole poi sino in Russia. Con il II Corpo d'Armata, con l'aumentare del traffico e dei veicoli, giunsero anche un nuovo battaglione Movimento Stradale (XXVI) e la 6ª Centuria della Milizia della Strada. I compiti tra le due Centurie furono così divisi:

6ª Centuria: itinerario Grischino- Stalino- Rykowo;

8ª centuria: itinerario Stalino- Charzysk, con un manipolo assegnato al XXXV Corpo d'Armata (C.S.I.R.);

Pattuglie per il servizio di scorta, pilotaggio e collegamento a disposizione della Direzione Trasporti dell'Intendenza d'Armata;

Nucleo di scorta personale del Comandante d'Armata Gariboldi.

Con lo stabilizzarsi delle linee in vista della stasi invernale anche la Milizia Stradale assunse carat-

---

1   La MVSN della Strada è l'odierna Polizia Stradale.
2   A differenza dei reparti combattenti le Milizie speciali conservarono la vecchia nomenclatura romana risalente agli anni Venti.

teristiche di stabilità: le due Centurie ebbero i comandi entrambe a Woroshilowgrad a disposizione della Direzione Trasporti, mentre i nuclei operativi erano dislocati presso le retrovie dei tre corpi d'Armata e presso ogni centro e deposito logistico. Qui continuarono a svolgere i loro fondamentali compiti d'istituto, resi più ardui dalla presenza di nuclei di partigiani ma soprattutto dalla condizione delle strade, dal clima e dalla vastità dell'area coperta dai servizi. Unità della Milizia Stradale effettuarono servizio scorta di convogli di reparti e materiali sino a Stalingrado, ed alcuni militi vi rimasero intrappolati quando i sovietici accerchiarono la città, combattendovi aggregati alle unità tedesche sino alla capitolazione di Paulus il 31 gennaio del 1943. Al momento dell'inizio dell'offensiva sovietica del dicembre 1942 la dislocazione della MVSN Stradale era la seguente:

Woroshilowgrad: 6ª ed 8ª Centuria, con i comandi ed i nuclei di riserva;

Wesselaja Gora (ponte sul Donetz): 1 nucleo della 6ª Centuria (Capomanipolo T. Bellettini);

Belowdosk: 1 nucleo della 6ª Centuria (Maresciallo Sorzia);

Ostrogoshk: 1 nucleo della 6ª Centuria (Milite scelto A. Bravo);

Rossosch: 1 nucleo della 6ª Centuria (Brigadiere G. D'Afflitto);

Kamensk; 1 nucleo della 6ª Centuria (Vicebrigadiere Parenti);

Rykowo: 1 nucleo della 6ª Centuria (Milite scelto F. Nunzi);

Millerowo; 1 nucleo della 8ª Centuria (Brigadiere E. Bernini);

Mikhajloalexandrowskji: 1 manipolo dell'8ª Centuria (Capomanipolo G. Baravelli);

Kantemirowka: 1 manipolo dell'8ª Centuria (Capomanipolo M. Tacconi);

Mitrofanowka: 1 manipolo dell'8ª Centuria (Capomanipolo F. Palmieri);

Kharkov: 1 nucleo dell'8ª Centuria (Maresciallo F. Alessandrini)[3].

La Milizia della Strada si prodigò durante la ritirata per assistere le colonne in ritirata, oramai più frequentemente formate da uomini appiedati e demoralizzati, se non addirittura da sbandati italiani, tedeschi, rumeni ed ungheresi che defluivano verso le retrovie, che dai sempre più scarsi autoveicoli, dovendo affrontare anche attacchi di partigiani e di pattuglie sovietiche infiltrate. Le cifre relative alla presenza della MVSN della Strada sul fronte russo sono molto eloquenti circa l'impegno profuso dai poco più di duecento militi:

Chilometri percorsi: 934.722

Autocolonne pilotate: 372

Ricognizioni stradali: 107

Ricognizioni ferroviarie: 10

Rilievi di polizia stradale e controllo: 5715

Scorte armate: 18.

Le perdite furono di quattro morti[4], un ferito in combattimento, quattordici feriti in servizio, sei dispersi (da considerare morti); furono decorati al valore 71 militi e tre ufficiali[5].

3   Lucas, De Vecchi 1976, p. 558. le notizie di questo capitolo sono riprese dal lavoro dei due Consoli (op. cit. pp. 555-559).
4   Il brigadiere D'Afflitto e le CC.NN. Angelini, Messori e Sesenna.
5   Lucas, De Vecchi 1976, p. 559.

APPENDICE FOTOGRAFICA

Fronte russo, aprile 1942. Camicie Nere della Tagliamento *riattano una strada.*

Aprile 1942. In questa foto e nella seguente, la progressione di un reparto di Camicie Nere. In primo piano una sezione di Breda 30. *Notare la cassetta Capo Arma, con fissate le due canne di riserva del fucile mitragliatore.*

Aprile 1942. Una bella immagine di una Sezione armata di mitragliatrice pesante Breda 37.

Fronte russo, 18 aprile 1942. L'arrivo della Legione Croata della MVSN, che darà il cambio alla Tagliamento.

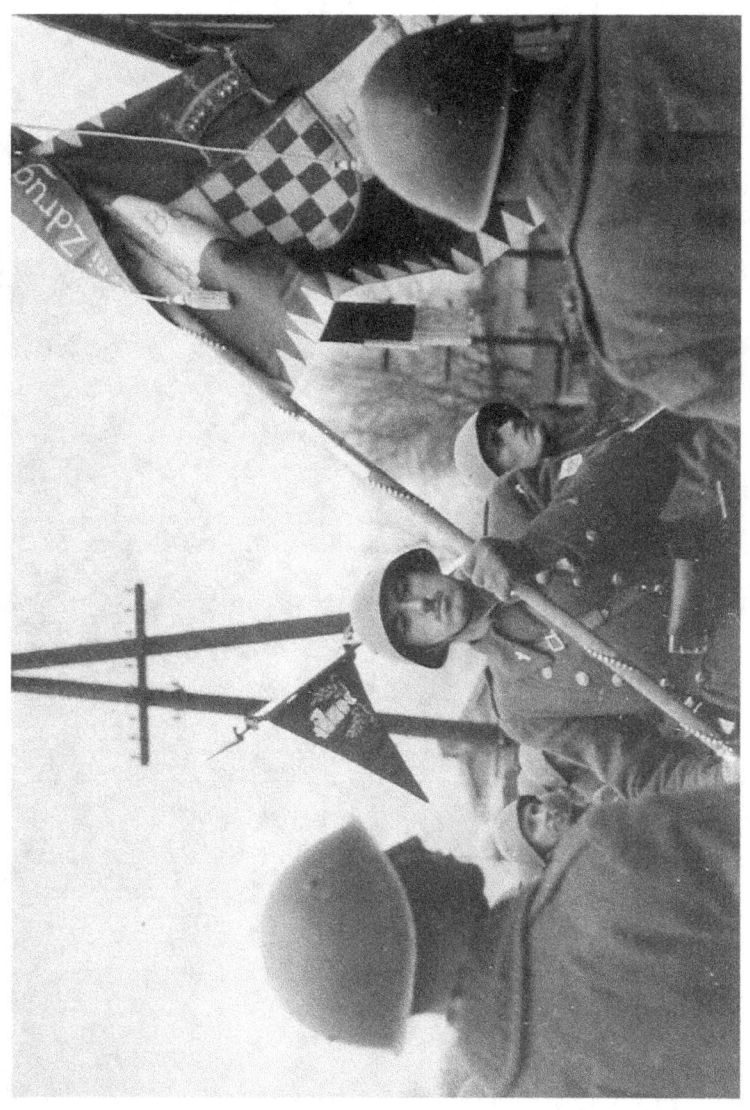

In questa foto e nella successiva, il labaro della Legione Croata.

L'incontro tra le Camicie Nere italiane e i Legionari croati. I fregi e i distintivi di questi ultimi sono chiaramente visibili nella foto successiva

Il Console Nicola Nicchiarelli, comandante della Tagliamento, *passa le consegne al Tenente Colonnello Egon Jtrich, comandante della Legione Croata.*

Maggio 1942. Camicie Nere della Tagliamento.

Una notevole sequenza di fotografie di un attacco delle Camicie Nere della Tagliamento *ad una località in mano sovietica. Il fuoco di preparazione dei lanciagranate* Brixia *da 45 mm...*

I Brixia *in attesa di entrare in azione. Notare come l'ufficiale sulla sinistra della foto sia armato di moschetto automatico* **Beretta MAB 38A**, *impiegato dalle CC.NN. in pochissimi esemplari.*

I Brixia *hanno aperto il fuoco...*

Coperti dal fuoco delle armi d'accompagnamento, i legionari avanzano...

Le Squadre avanzano, mentre le armi automatiche, come il Breda 30 *in primo piano sulla sinistra, battono il nemico.*

Una Sezione armata di Breda 30 *in posizione; i serventi, armati di 91, hanno posto le cassette portamunizioni davanti a loro.*

La Breda 30 *ingaggia il nemico...*

... e anche una Breda 37 viene messa in posizione. Le mitragliatrici pesanti sono raramente schierate così in avanti durante un combattimento ravvicinato, ma la mancanza di armi automatiche individuali nei reparti delle CC.NN. attaccanti ne condizionava in tal senso l'utilizzo.

...ormai i primi Legionari sono arrivati a ridosso dell'obiettivo...

...si serrano le distanze avanzando a sbalzi sfruttando ogni copertura disponibile...

Arrivati a distanza ravvicinata, inizia un fitto lancio di bombe a mano SRCM *e* Breda, *continuando ad avanzare…*

... in questa drammatica fotografia, scattata nel pieno dell'azione, una coraggiosa Camicia Nera supera per prima il muro tenuto dalla fanteria sovietica, seguito dai suoi camerati, mentre aleggia ancora il fumo e la polvere delle ultime bombe a mano lanciate dai Legionari.

L'alzabandiera salutato dai Legionari della Tagliamento. *Notare nella foto sotto, scattata a Perwomaika, il labaro del reparto, fregiato della Medaglia d'Argento appena consegnata.*

Legionari della Tagliamento *salutano sguainando il loro pugnale.*

Le Camicie Nere aiutano delle donne russe con la raccolta delle messi.

Luglio 1942. Due Legionari consumano il rancio seduti su una statua di Stalin decapitata.

Agosto 1942. Ad una fermata del viaggio verso la zona d'impiego, è distribuito un foglio di notizie.

Il Reparto Comando del Raggruppamento CC.NN., in partenza verso la zona d'impiego, fraternizza con un reparto tedesco.

Agosto 1942. Un reparto di CC.NN. attraversa il Donets su un ponte di barche, difeso da una mitragliera da 20 mm. È evidente la buona dotazione di mezzi delle CC.NN., che trasportando l'equipaggiamento dei militi ne rendevano più agevole la marcia.

Don, settembre 1942. Il Generale Diamanti, comandante del Raggruppamento 3 Gennaio, ricompensa il valore delle CC.NN. del Gruppo Tagliamento.

Settembre 1942. Il Gruppo Montebello, *appartenente al Raggruppamento CC.NN., passato in rassegna da Messe. Notare le armi automatiche di squadra* Breda 30 *e le armi d'accompagnamento, mitragliatrici pesanti* Breda 37, *controcarro 47/32 e mortai da 81 mm.*

Settembre 1942. Galbiati visita le Camicie Nere.

Settembre 1942. Gariboldi con Galbiati.

Settembre 1942. Galbiati visita le trincee a ridosso della prima linea.

Galbiati incontra il comandante delle SA *Dottor Lube, appena giunto con un* Junkers Ju 52.

Ottobre 1942. Galbiati con il comandante delle SA Dottor Lube, il Generale Longhieri e il comandante del II Corpo d'Armata Generale Francisci.

Galbiati pronuncia un discorso alle Camicie Nere.

Don, ottobre 1942. Una Breda 37 *viene messa in posizione. Notare i bastini per il trasporto dell'arma.*

La Breda 37 *apre il fuoco; il servente si appresta ad inserire una nuova lastrina da 20 colpi, presa dalla cassetta portamunizioni sulla sinistra dell'arma.*

Don, agosto 1942. Un T-34/76 *fuori combattimento è ispezionato da alcuni Bersaglieri.*

Don, agosto 1942. Veicoli sovietici distrutti in un villaggio appena conquistato dalle truppe dell'Asse. In primo piano, militari italiani osservano un carro medio statunitense Grant, *fornito all'Armata rossa nel quadro degli accordi* Lend Lease.

Don, agosto 1942. Un carro medio sovietico T-34/76 fuori combattimento è ispezionato da alcuni carristi italiani. In primo piano, il corpo di un carrista sovietico.

Settembre 1942. Un carro pesante sovietico KV in fiamme.

Ottobre 1942. Mortaisti del Gruppo 23 Marzo in trasferimento. Il mortaio **CEMSA** *da 81 mm è trasportato smontato in tre parti: la piastra rettangolare, il bipede e la canna.*

Novembre 1942. Schieramento di Legionari M, con la loro fiamma.

Dicembre 1942. Un Plotone di un Btg. M avanza in linea di fila.

Novembre 1942. Il Cimitero di guerra del Montebello.

Una notevole sequenza di foto, che ben rappresenta la difficile situazione della ritirata delle CC.NN. dal fronte del Don, immortala una pattuglia di Legionari, armata di Breda 30 e 91, *durante il ripiegamento. Dimostrando anche in questo momento una notevole efficienza combattiva, il reparto, completamente armato, si avvicina ad un ponte sul percorso della ritirata.*

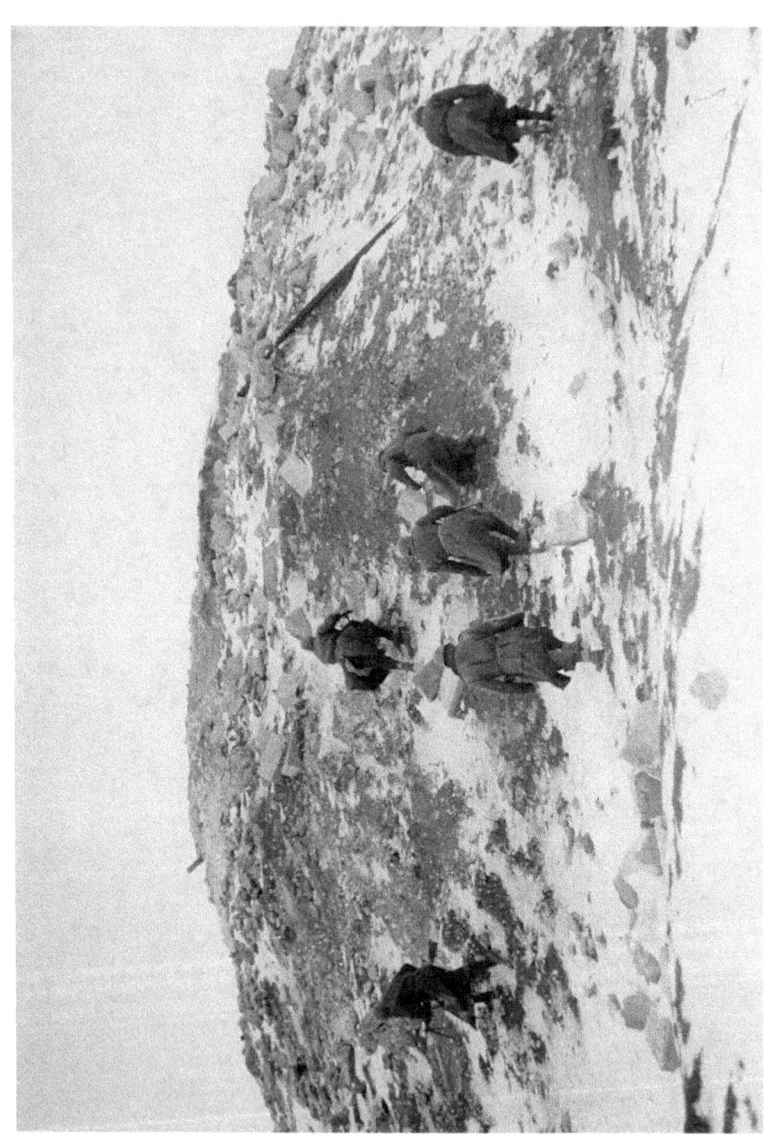

La Squadra di Camicie Nere, dalle divise lacere e incrostate di ghiaccio, ma ancora con le armi saldamente in pugno e con in testa un tiratore di Breda 30, continua la sua ritirata nella steppa russa marciando verso un incerto futuro...

APPENDICE 1

LA RITIRATA DELLA TAGLIAMENTO
(DICEMBRE 1942 - GENNAIO 1943)

19 dicembre: Medowa. Il paese è deserto: un rogo che riempie la notte di sinistri bagliori. Ci fermiamo a riprender fiato. Seduto sulla neve qualcuno rosicchia una galletta, più per abitudine che per desiderio di cibo. Si ha tanta fame da non saper più cosa voglia dire masticare. Non si ha voglia di nulla. E non c'è un attimo di pace. Qualcuno passa correndo e incita gli uomini ad alzarsi. In piedi! Arrivano i russi! Non sono le divise color senapa. Sono gli uomini della Divisione Ravenna, diretti a Malevanny dove ha sede il comando della Pasubio. In loro si rispecchiano le nostre sofferenze. Spettri, più che uomini. Vanno a Malevanny sperando di trovar un passaggio per uscire dalla sacca. Proprio così. Mentre noi ci scannavamo per non cedere la posizione, i russi erano passati largamente ai lati, e nonostante il nostro ripiegamento c'erano addosso da tutte le parti. Ci rimettiamo in cammino, e vai e vai, quan'ecco che si leva un gran clamore, e la colonna ondeggia. Vengono verso di noi alcuni autocarri carichi di truppa, e son presi d'assalto. Ognuno cerca di issarsi a bordo, e finchè i cassoni, il tetto della cabina, i parafanghi e le sponde ne possono portare, qualcuno riesce a salire. Accade che un isolato riesca raduna tutte le forze che gli restano per tentare di salire sul camion, e mentre sta per accavallare la sponda, le mani rattrappite dal gelo perdono la presa. L'uomo cade. È travolto, calpestato. Se non trova chi lo aiuta a spostarsi dalla carreggiata, finirà sotto le ruote di un veicolo, o sotto i cingoli di un carro armato. Sono scene impressionanti, e siamo appena al principio. Dove sono andati a finire gli atti generosi che annotammo al tempo delle battaglie di ieri? Si usciva dal riparo, sotto una pioggia di proiettili, per andare a prendere un camerata ferito. E si rischiava la pelle senza un pensiero al mondo. Ora tutto è diverso. La certezza che la diga è rotta e la massa d'acqua che sono i russi attorno a noi, ci esaspera [...] [questo tragico brano – come altri che seguono – di italiani costretti ad abbandonare dei compatrioti a causa della situazione drammatica della ritirata, ci spinge a considerare con la degnazione che si meritano i resoconti di Nuto Revelli e suoi compagni, che dipinsero analoghi comportamenti delle truppe tedesche come diretto risultato del "disprezzo nazista" verso gli italiani. Dovrebbe invece essere evidente come in situazioni di emergenza, anche in pace, molto spesso prevale non la solidarietà tra uomini, ma l'istinto di sopravvivenza del singolo. Se tale solidarietà manca nei confronti di connazionali, difficile aspettarsela verso degli stranieri, NdE]

Alle undici di questo giorno funesto, arriviamo alla periferia di Popowka. L'aria è azzurrina, e fa tanto freddo che l'alito si raggela nel medesimo istante che esce dai polmoni. Dai comignoli delle isbe si alzano pennacchi di fumo. C'è chi riesce ancora ad accendere un fuoco e scaldarsi. Intorno, adagiati sul manto nevoso, alcuni pagliai. Sembra di sognare. Nel caldo delle isbe, o sepolti nella paglia, si sta bene. Gli aghi del freddo che circolano nel sangue, per un po' ci tormentano. Poi viene la beatitudine. Quanto ho dormito, camerata dell'Accompagnamento? Un giorno, un'ora, o appena cinque minuti? Nemmeno tu lo sai. Ecco che bussano alla porta sgangherata, e una voce inverosimilmente scherzosa grida dal di fuori: "Sveglia, dormiglioni! Abbiamo visite! Arrivano i carri armati russi". È uno dei nostri, che conserva il proprio buonumore anche in questa bolgia. Usciamo all'aperto, e assistiamo all'arrivo degli ospiti. I carri armati russi par che escano di sottoterra e, lenti, implacabili, avanzano vomitando fuoco e fiamme. Siamo pronti per il battuto. Ma c'è un semovente tedesco che è stato nascosto dietro un'isba, e quando è il momento giusto mette fuori la proboscide e comincia a sparare. All'invito rispondono altre bocche da fuoco tedesche piazzate all'ingiro, e due dei carri armati russi restano immobilizzati. Gli altri si ritirano. Il battuto non si fa più. Intanto il giorno declina, e non conviene prolungare più oltre la sosta. Ci rimettiamo in marcia, mentre ricomincia l'affanno dell'andare alla deriva. I legionari della Tagliamento sono ancora insieme, affranti ma disciplinati. Ma anche in qualche altro reparto si notano ufficiali che conservano ancora fermezza e autorità, e riescono a mettere un po' d'ordine nelle file. Ci accodiamo ai resti della Torino, a tre a tre come i Re Magi, ma la stella guida non si vede. Il cielo è livido, e con le prime ombre della sera comincia a nevicare. Nel tratto iniziale della marcia troviamo gruppi di uomini riuniti attorno a giganteschi falò. Hanno messo a bruciare tutto quel che poteva prender fuoco, e stanno attorno alle fiamme da parere tante streghe nella notte del sabba. Ma anche per loro è tempo di alzare i tacchi. Gli uomini si danno un'ultima scaldata alle mani, e i loro volti sono arrossati dal riverbero del falò. Poi si mettono in colonna. E il signore inverno di Russia, per punirli di averlo offeso col fuoco, scatena una bufera di neve che stordisce, acceca, e ci sbattacchia come fuscelli. Questa e un'aggressione che non si vince nemmeno coi semoventi tedeschi. Ci accostiamo l'un l'altro, tenendoci stretti, per offrire minore resistenza all'urto della tormenta, e la marcia si fa più lenta, pesante. Si procede così per due ore, a caso, senza vedere a un palmo di distanza, finché la bufera si acqueta. Al muggito del vento succede un silenzio di tomba. Ma dura solo un attimo. Nel turbinio della tempesta non si sono udite le invocazioni, le imprecazioni, gli urli di pazzia di chi usciva di senno; non ci siamo accorti di coloro che si son fermati perché non avevano più un filo di fiato. Ora si scende giù per un costone, con la neve fino ai ginocchi. L'avanguardia si arresta e tutta la colonna è presto ferma. Nessuno si chiede il perché; nessuno vuol saper nulla. Siamo fermi. Ci si può adagiare sulla neve e riposare. Di fronte a noi è una pista lungo la quale la colonna deve passare, e sulle alture circostanti è il nemico in agguato. Non si vede, ma si fa sentire investendo d'un tratto la colonna con raffiche di mitragliatrici a proiettili traccianti. È tempo di riprendere il lavoro, camerati. Si piazzano le poche armi rimaste e si sparano le poche munizioni ragranellate in giro. Poi tutto si spegne. Ancora una volta l'avanguardia tedesca ha aperto il varco. Riprendiamo il cammino e raggiungiamo la gola dove i russi ci aspettavano per la mattanza. Vi troviamo molte salme di soldati tedeschi che hanno pagato con la vita la nostra momentanea salvezza [ovviamente, i sacrifici dei militari tedeschi per aprire la strada anche alle truppe italiane, dal potenziale combattivo ridotto per la mancanza di munizioni ed equipaggiamenti, dovuta all'istantaneo crollo della logistica e del comando e controllo appena iniziata la ritirata, sono sempre ignorati dai veterani del fronte russo scopertisi antifascisti, come Revelli e in maniera minore Rigoni Stern, NdE]. Presto siamo a Quota di Posdnjakcw. I bagliori di un grosso incendio illuminano la notte. Viene un ufficiale a radunare gli uomini. Parla a nome di un generale italiano che ha preso in mano la situazione, e ordina di non lasciare la Quota fino a nuovo avviso. I tedeschi hanno già orientato i loro pezzi anticarro, e sparano.

In quell'ansa del Don chiamata "berretto (o cappello) frigio", dove combattemmo con la fede di sempre prima di ammainar bandiera, le forze italiane erano costituite dalla Divisione di fanteria Pasubio, e dai Gruppi camicie nere d'assalto Tagliamento e Montebello. Tali forze erano appoggiate da un reggimento di artiglieria, e da un raggruppamento di pezzi di vario tipo. Contro di noi, i russi avevano inizialmente schierato: due divisioni di fanteria; un reggimento di artiglieria; un battaglione di sciatori, e duecento carri armati. Queste le informazioni ricavate da documenti trovati indosso a ufficiali fatti prigionieri. In seguito fu palese anche ai miopi che lo schieramento nemico si andava irrobustendo di giorno in giorno, nonostante le perdite inflitte dalle nostre violente reazioni. Chi fu sui caposaldi dell'ansa ricorderà che i soldati russi erano come i segmenti della tenia. Ne staccavi uno o cento, e altrettanti e di più se ne riformavano. Bisognava arrivare alla testa, ma noi si era troppo piccini per farlo. E duecento carri armati. Ci fu qualcuno, fra noi, che ne affrontò a bombe a mano, e fece l'arrosto con gli uominI che c'erano dentro. Ma son cose che riescono una volta su mille, e nessuno che abbia un po' di zenzero nella capoccia è disposto a giocare mille uomini per un carro armato. Duecento di quelle macchine da guerra spaccano una montagna. Eppure, finché restammo sulle posizioni dell'ansa, noi si ebbe sempre la soddisfazione di vederle tornare indietro. O fermarsi e non ripartire. Ma perché ricordare questi momenti? Ora anche il camerata che fece saltare, lui da solo, un carro armato, è sgomento come noi. I carri armati sono cresciuti, e di bombe a mano non ce n'è più. Ci ritiriamo, e dobbiamo ancora combattere. Ma che senso c'è in tutto questo? C'è camerata, c'è. Siamo in trappola, e se non rompiamo l'anello si va tutti in Siberia. O all'altro mondo.

Combattere quando, per usare il linguaggio militare, siamo in assetto di guerra, è normale, nonostante sia sempre una faccenda scomoda. Il difficile sta in quello che i romantici chiamarono "il battesimo del fuoco", come rappresentazione di una pioggia di proiettili che ti cascano in capo. Se ti scansi, o ti scansano, sei battezzato. Sennò sei morto. Poi anche alla guerra si fa l'abitudine. C'erano o non c'erano una volta i mercenari, i soldati di mestiere? Insomma, per riprendere il filo del discorso, è nelle regole che quando ti hanno insaccato in una uniforme, e ti hanno dato un tascapane di bombe e un fucile, tu debba combattere. E se capita che il farsetto a maglia va a coprire un petto di quelli come intendo io, allora il combattere non è più una costrizione, ma un invito non privo di fascino. Tu puoi venire dall'altro emisfero, ma prima o poi arrivi a una "base" dove ti assegnano a un reparto e ti mandano in prima linea. Qui giunto, ti battezzano. Sei quindi passato attraverso tutte le fasi, dall'arruolamento alla "presa in forza" in un reparto che combatte. Poi ti dicono: "Sotto ragazzi, andiamo fin là. Là ci sono le mitragliatrici che ti sparano addosso, ma tu non puoi aspettare che smetta di piovere. Vai là dove ti guidano i tuoi comandanti; lanci qualche bomba a mano nel "nido"; le mitragliattici e i mitraglieri saltano per aria, e tu sei promosso. O battezzato. Non dirò che tutto ciò sia bello. Resta comunque la constatazione che l'arma da cui furono uccisi tanti dei tuoi camerati, non farà più male a nessuno. Ma ora? Le uniformi sono a brandelli; le scarpe pesano un quintale ognuna, e le armi pesanti son rimaste chissá dove. Quando ti ritiri dal giuoco perchè il tuo avversario è cento volte più forte; quando lasci le posizioni che tenesti finchè non ti ordinarono di ripiegare, dovrebbe esser tutto finito. Gli antichi dicevano: a nemico che fugge ponti d'oro. Ma a quei tempi si combatteva all'arma bianca, e nessuno aveva voglia di correr dietro agli eserciti in ritirata. Ora ci sono i cannoni, i carri armati e gli aerei. I ponti d'oro per fare scappare la gente non li costruisce più nessuno. E ai soldati che si ritirano pare convenga dare addosso, perchè imparino la lezione, e non vadano più a seminar di morti le strade degli altri paesi. Siamo in assetto di guerra, ora? Ci sarebbe da ridere, se non fosse tutta una desolazione. Eppure bisogna combattere ancora. Combattere per sottrarci alla cattura o, in altri termini, continuare a farci ammazzare, nella speranza di riportare la pelle a casa. Per i tedeschi è un'altra cosa. Loro sono ancora in assetto di guerra. Hanno le armi, i rifornimenti, il rancio caldo. Quando li vedi attorno alle cucine da campo, a soffiare nel brodo della gavetta perchè scotta mentre siamo a quaranta gradi sotto zero, ti viene fatto di rincorrere certi pensieri che non giovano a sostenere il morale. E credi che ti invitino? Nemmeno a dirlo. I tedeschi hanno un particolare concetto della economia della guerra. Quel rancio caldo serve ai soldati per mantenersi efficienti. E i soldati lo consumano tutto per sè, come se rispettassero un ordine. E noi s'ingolla a vuoto, e se qualcuno conserva ancora un tozzo di pane, lo sbocconcella, masticando coi denti la crosta secca, e con l'immaginazione il rancio caldo dei soldati tedeschi. Ma cosa se ne fanno, anche loro, di tutta quella grazia di Dio? Fra poco dovranno rompere un'altra barriera di nemici, e molti di loro cadranno. Con lo stomaco pieno e col corpo pervaso dal benessere di un buon pasto, ma morranno. E allora era meglio se la gavetta la passavano a noi. Discorsi cretini. Chi te lo dice se appena hai strofinato il cucchiaio nella neve per "rigovernarlo" non tocca anche a te andare all'assalto e morire? Se tutti i soldati che fanno la guerra pensassero a certe cose, nessuno di loro mangerebbe più il rancio. O nessuno farebbe più la guerra. Secondo da che punto si guarda. [...]

Corre un altro giorno. Alle 15 del 20 dicembre entriamo in Popowka, che è una specie di manicomio dove nessuno capisce più nulla. Vi sono affluiti i resti delle Divisioni Ravenna, Celere, Pasubio, e gruppi di artiglieri di corpo d'armata e di armata. Rari gli ufficiali che si prendono cura dei propri reparti. Ancora unita e ordinata la Divisione Torino. A Popowka è anche una divisione germanica, con tanto di carri armati e cannoni semoventi. Sarà la nostra avanguardia durante la marcia per il rientro alle linee di base. Ci siamo appena guardati attorno, ed ecco che a mezzogiorno i russi attaccano, preceduti dai carri armati. A ricevere i visitatori vanno i carri armati tedeschi e, con loro, i soliti legionari che non vogliono perderne una, insieme ai bersaglieri della Celere. Evidentemente l'avversario ha fatto male i suoi calcoli, perché appena si accorge delle accoglienze che gli si preparano, fa marcia indietro e se ne va. Ma c'è ancora molto da fare. Viene da pensare ad un immenso gregge impaurito che ha perso la tramontana. Le camicie nere fanno da cani e da pastori e mettono un po' d'ordine. Frattanto il Console Galardo insieme al Console Vannini si presenta al comandante delle truppe tedesche, e mette a sua disposizione i reparti del Gruppo, un po' scorbacchiati, ma sempre fieri e volonterosi. L'ufficiale superiore tedesco mostra di apprezzare il gesto, e dà sommarie delucidazioni sull'itinerario da percorrere, e sui compiti delle camicie nere. A notte la colonna si mette in movimento, dirigendosi a sud. In testa i tedeschi coi legionari a ridosso e, di seguito, gli altri reparti italiani. La mattina del 21, i russi fanno ancora barriera al procedere della colonna. I battaglioni del Gruppo, uniti nello slancio ai fanti della indomita Torino e ad altri valorosi, vanno all'assalto, e aprono un varco per il quale sarà possibile far passare tutti i reparti. In questa azione, anche il Console Galardo resta ferito. Le perdite aumentano paurosamente. Chi non è morto in battaglia, morrà qui, ai lati di questa strada di torture, perché i feriti non si possono trasportare, e nemmeno i congelati [...]

Dobbiamo ancora lottare; dobbiamo ancora lasciare molti di noi sul percorso di questa via crucis che pare non abbia a finir mai. Forse finiremo prima noi, tutti noi, e questo immaginario tritacarne dentro al quale ci siamo infilati, ci macinerà senza remissione. Sul far della sera del 21 dicembre, i russi ci assaltano nuovamente. Si ha l'impressione di attraversare una folta foresta i cui alberi sono russi armati. Per un po' ci lasciano passare, poi cominciano a stringere la vite della morsa. Bisogna toglierceli di dosso, gente. Noi non ci possiamo fermare. E allora sotto di bel novo, camerati. Abbattiamo gli alberi della immaginaria foresta, e tiriamo a ire. Anche questo ultimo anello è rotto; molti altri di noi resteranno sul terreno; i russi fanno posto, e la colonna giunge nei pressi di Garbu-schowski. Almeno qui troveremo un po' di riparo, un fuoco per scal-darci, un giaciglio. Il paese è occupato dai russi, e meglio sarebbe dire "invaso" perché i nemici vi brulicano come formiche, L'accesso al paese è impedito da uno schieramento massiccio, aggressivo, imponente. Sono in così gran numero che non solo fermano la colonna, impegnando le avanguardie in uno scontro di estrema violenza, ma accennano anche a riaprire la bocca del sacco, per infilarci dentro tutti quanti siamo. Si combatte alla disperata per tutta la notte, e nella mattinata del giorno segnente.

È una carneficina alla quale concorrono le artiglierie, i mortai, le mitragliatrici, e quelle maledette "katiuska" che ti fanno impazzire. Garbuschowski, "la valle della morte" come la chiamammo noi. Una montagna di morti, un mare di feriti. E i primi non poterono essere seppelliti, e i secondi non ebbero assistenza. Tutti lì, sulla neve sconvolta dalle cannonate, tormentata dai movimenti convulsi dei reparti in battaglia. E quei feroci avversari, imbaldanziti dal successo, a ballarci attorno da ogni parte, e sempre in maggior numero, nonostante i larghi vuoti che la nostra esasperata reazione scavava nelle loro file.

Siamo al 22 dicembre, a tre giorni dal secondo Natale di guerra, e venticinquemila soldati italiani sono ormai chiusi in un cerchio, i cui limiti configurano il più grande mattatoio della storia. Venticinquemila soldati italiani, stretti in un cerchio implacabile di ferro, di fuoco e di ferocia, destinati a morir tutti. Il comandante dei reparti tedeschi tiene consiglio col generale Lerici, comandante italiano. Toccherà ancora a noi il compito di abbattere il muro, per aprire un varco e mantenerlo fino al deflusso di tutta la colonna. Gli uomini sono stremati, le armi difettano, e mancano le munizioni. Ma tutto questo non conta. Ci resta il cuore e ci resta il cervello, ed è cresciuta in noi tanta rabbia che se arriviamo a mordere qualcuno, quello è un uomo morto. Contro la marea nemica, esaltata, urlante, agguerrita; fanti, artiglieri, genieri, bersaglieri, carabinieri, ogni arma, ogni uomo, si preparano a recitare quello che potrebbe essere l'ultimo atto della tragedia. Le camicie nere sono fra i primi. Gli ufficiali di tutte le armi sono alla testa dei loro reparti. L'estrema, ciclopica lotta, sta per avere inizio. "Savoia!". "A noi!". Questi uomini che hanno addosso il peso inasprito di infiniti tormenti, che son denutriti, semiassiderati, scattano con un impeto più violento delle loro sofferenze, e si gettano nella mischia. Chi era Omero, e chi erano gli eroi dell'antichità? E com'erano quelle guerre lontane? Epiche, gigantesche, terribili per intensità e immensità. Un uomo contro un altro uomo, e migliaia di uomini contro altre migliaia di uomini. Gli uni addosso agli altri, senza spazio, senza respiro. Un turbine che tutto acceca e travolge.

Così combatterono i soldati d'Italia sulla via per Garbuschowski; così morirono i soldati d'Italia sulla via per Garbuschowski. Ogni balzo in avanti vede cadere gli uomini a centinaia. Ma i risparmiati non si arrestano. È il glorioso cuore della nostra gente a suggerire gli atti di quei momenti terribili. Il nemico è disorientato dalla impetuosità dei nostri assalti. Le file si scompongono, i reparti arretrano, si ritirano e lasciano sul terreno morti e feriti, Cinquecento prigionieri russi restano in nostre mani. I nostri reparti vittoriosi, alleggerita la pressione nemica presidiano il varco, e consentono il deflusso della colonna. La manovra del nemico è fallita, mercè l'esaltante comportamento dei nostri soldati. Tutti eroi, tutti magnifici, tutti uguali nell'ora durissima di una battaglia disperata, vinta più per coraggio che per l'ausilio delle armi. Il console Galardo riceve qui la seconda ferita. Mirabile il comportamento del seniore Nazareno Mezzetti, il sessantenne comandante del 63° battaglione camicie nere, che è stato alla testa dei suoi legionari per tutta la durata dello scontro, ed è poi caduto da prode. Uguale sorte toccherà al maggiore Tedeschi della Pasubio che aveva presidiato e valorosamente difeso con noi ed assai prima di noi il "berretto frigio". Caddero ancora in Garbuschowski il tenente Arghinenti ed il sottotenente Luparia delle Armi d'accompagnamento. Dopo una pausa di assestamento i russi tentano ancora, e per tre volte, d'imbottigliarci, appoggiati da un infernale cannoneggiamento. Ogni tentativo del nemico viene respinto, e le posizioni conquistate al mattino, saldamente mantenute. Aerei tedeschi riforniscono i reparti di munizioni e carburanti. Il resto della giornata viene speso per rimettere la colonna in assetto di marcia, e alle 23.30 la processione riprende il cammino. I processionanti non portano ceri. Le candele di questo corteo sono di acciaio e non benedette. Pure, tutta questa gente che va a cercare un posto dove riposarsi, si affida alla protezione del Cielo, anche se dal cielo, ogni tanto, cadono gli ordigni che danno la morte.

È notte fonda. Un'altra notte che ci porterà terrore e distruzione. Ai lati della pista su cui procediamo, bruciano i carriaggi colpiti dalle cannonate. Intorno è un pazzo andare di voci, grida, lamenti. Dalle lontananze dove sono orientati i nostri passi, giungono gli echi di un furioso combattimento. Ci dicono che al di là di un altro sbarramento, formato dai russi per far diga al corso della nostra colonna, gli alpini si battono alla disperata per liberare il passo. Ma ora non importa più nulla a nessuno. Ci siamo scannati per passare, e non è ancora finita. Non finirà mai. Siamo stremati, inutili, miserabili. Combatti per ore ed ore, contro un nemico strapotente; devi fare economia di munizioni, e tuttavia riesci a vincere. Poi, per premio, ti rimettono in colonna, e via. Chi resiste più? Che venga una cannonata e ci faccia a pezzi, cosi il conto é chiuso, e siamo in pari con tutti. Troppo sbrigativo. A questo punto, anche se può sembrare un paradosso, è più semplice morire che restar vivi. C'è ancora un mare di neve su cui zampettare, e un firmamento di proiettili che solcano la notte, e non già per illuminare il cammino. Il freddo stringe sempre più le tenaglie, e anche noi come gli automezzi, abbiamo consumato tutta la benzina interna, o siamo agli sgoccioli. Facciamo anche questo passo, eppoi quest'altro. Tiriamoci dietro questi piedoni che pare appartengano ad un altro, e aspettiamo l'ultimo battito del cuore per andare in paradiso. Ad un certo momento, la slitta sulla quale abbiamo caricato le nostre poche robe, si arresta dinanzi a una baracca. Il cavallo ha sentito odor di stalla e si é fermato. Siamo sempre in Garbuschowski. Sorge un altro giorno ed è l'antivigilia di Natale del 1942. È caduto il vento, son cessati gli spari. Di
mano in mano che la luce cresce, il paese appare nella sua impressio-nante desolazione. Molte isbe sono distrutte; nell'aria e sulle cose è un presagio di morte. I russi, inaspriti per la recente sconfitta, riprendono il concerto delle artiglierie, pestando il villaggio dove gli uomini della colonna affluiscono in cerca di un qualche riparo. Finchè siamo raggiunti da un ordine: "Gli uomini della Pasubio e della Torino si portino sul costone. Gli altri reparti si organizzino e aspettino ordini". Vivaddio c'è ancora chi non accetta questo andare errabondo, e tenta di reagire. Ritorna l'occasione buona per lasciare il vello della pecora, e rimetterci al collo la criníera del leone. Corre voce che il generale Lerici ha concordato col generale tedesco un tentativo di manovra avvolgente per impedire alle dilaganti forze nemiche di soffocarci. Da una postazione tedesca i cannoni semoventi fanno sentire la loro voce. Sul fronte da cui più forte incombe la minaccia nemica, i resti della Torino e della Pasubio sono investiti da masse d'uomini che arrivano a ondate massicce come un mare infuriato. E torna nel discorso quell'Omero che cantò di epici scontri. Gl'italiani, come i guerrieri dell'antico poeta, combattono all'arma bianca. Non hanno armi da fuoco, e le poche di cui dispongono son prive di munizioni. I moschetti vengono usati come clave. I soldati vanno all'assalto brandendo sbarre di ferro, paletti, pugnali. Il nemico rovescia sugli attaccanti il fuoco ben nutrito delle sue mitragliatrici, e si comporta come se proprio fosse nella proverbiale botte di ferro. Tuttavia i soldati italiani non frenano il loro slancio. Un primo urto fa ondeggiare la massa dei nemici; un secondo assalto abbatte ogni difesa, e il nemico si ritira sulle posizioni attorno al paese. Anche questa volta le mitragliatrici hanno avuto torto. Abbiamo combattuto con un impeto che veniva da una accesa ribellione; che veniva dalla rabbia; dalla disperata volontà di morire piuttosto di darla vinta al più forte, e dalla certezza che nella valutazione delle componenti ideali, noi si era più saldi di tutti. [...] Ansa frigia del Don; Ogolew; Krassnogorowka; Getreide. Incomincia di qui la marcia della desolazione. Le ultime, furibonde battaglie per tenere posizioni insostenibíli; gli ultimi canti di

vittoria; gli ultimi olocaustí alla vittoria, eppoi il lungo, atroce cammino in compagnia della morte dai mille volti: del gelo, della fame, della pazzia, dei carri armati, delle cannonate. [...] Si procede come allucinati nella notte gelida, mentre all'eccitazione prodotta dagli scontri succede una stanchezza mortale. Perchè non ci fermiamo un po', ora che "quelli là" pare se ne stiano quieti? Non dobbiamo fermarci. Occorre mettere fra noi e il nemico una distanza che ci dia sicurezza. Allora ci fermeremo, non prima. Ritorna la implacabile, disumana legge del "chi si ferma è perduto". I feriti di Garbuschowski, gli sfiniti per denutrizione, si fermano sul ciglio della strada. Ti si spezza il cuore a lasciarli, soli nella notte e nel gelo, col peso delle loro sofferenze e della loro disperazione. O Signore di misericordia, manda a ognuno di essi un angelo consolatore, che li prenda per mano, e li porti da te, dove non c'è posto per la guerra e il male; da te dove non esistono strade gelate, ai margini delle quali si fermano i soldati feriti e stanchi ad aspettare la morte. Per tutta la notte sul 24 dicembre, si cammina e si cammina, e dentro di noi non c'è piú nulla: né un pensiero, né una luce di speranza. Si va. Guidati dalla schiena di chi ci sta davanti, e sospintí dal passo strascicato di chi ci segue. Se ognuno di noi fosse solo, si fermerebbe. Ma c'è quello davanti e c'è quello di dietro, e nessuno si ferma. Le resistenze che incontriamo il giorno 24 e il successivo, si rivelano insolitamente deboli. Le avanguardie tedesche ne hanno prontamente ragione, e la colonna può snodarsi in relativa tranquillità. È anche possibile fare, ogni tanto, una sosta. Fermarsi da soli è pauroso, ma quando siamo in tanti conforta. Si ha finalmente un po' di sollievo, si torna ad essere uomíni. Poi, quando siamo rientrati in noi stessi, ci sí guarda attorno, e cerchiamo di illuderci con una pietosa bugia dicendo che i camerati mancanti si son forse confusi in altri reparti. Ma sappiamo che non è vero. Gli assenti non torneranno, perchè il reparto al quale sono stati aggregati, non restituisce nessuno. [...]

Sulle quote dominanti il paese, i russi si sono riorganizzati, dilatandosi fino a crearci intorno una corona di bocche da fuoco e di uomini. Bisogna prepararsi ad una nuova battaglia per uscire dalla rete, attuando un'azione combinata fra i tedeschi e noi. (Vedi cosa si guadagna a fermarsi? Appena ti sei rimesso in palla, devi correre a far l'inferno un'altra volta, e così risiamo da capo). Attaccano prima i russi, dalla parte del bosco e sulle ali, e si ripetono gli episodi che già vivemmo ieri: le mani contro le armi da fuoco, e quando cento mani non hanno più vita, due si salvano e raccolgono l'arma del nemico abbattuto dalle cento mani sacrificate. Allora, uno di noi vale mille. Ecco perché uscimmo anche da questo trabocchetto. E ancora in cammino, per la strada che non ha fine. Ora sono con noi alcuni soldati russi disarmati e qualche civile. Fra questi uno sciame di ragazze, che si stringono al braccio dei soldati e sembrano felici. Cosa trovino di bello in questa baraonda, lo sanno loro soltanto. Non certo il nostro aspetto, che è piuttosto deprimente. Nell'andare troviamo numerosi carriaggi russi colpiti dal fuoco dei semoventi tedeschi, e molti morti. Anche i nostri nemici, con tutta la loro strapotenza, pagano a caro prezzo l'affannoso inseguimento della colonna in ritirata. Attraversiamo un villaggio senza far sosta. Si marcia a ovest, ma dove siamo diretti nessuno lo sa. Superato il paese dobbiamo attraversare un fiume gelato. È largo e spettrale. Adagiati sullo strato del ghiaccio troviamo tre soldati tedeschi morti, e i resti carbonizzati di due uomini. Pare che i russi usino cospargere di nafta i nemici meno simpatici, e farli arrostire. Oltre il grigiore del cielo si avverte il rombo di un motore. La colonna ha un fremito, pensando all'aviazione nemica. Dalla foschia esce la sagoma di uno Stukas, che si tuffa fin quasi a sfiorarci, e lascia cadere qualcosa appeso ad un paracadute. Si rialza, ridiscende, e ripete la manovra finchè non ha ultimato il rifornimento. Poi si infila tra le nubi e sparisce. Ha portato carburante e munizioni. Come se il rombar dell'aereo avesse strappata l'involucro delle nubi, incomincia a nevicare. Andiamo avanti ancora per due ore, finchè raggiungiamo un kolkos, e qui ci fermiamo per un breve riposo. Quando riprendiamo il cammino verso la steppa, cade una neve così fitta da impedire ogni visibilità. Superiamo altri villaggi, troviamo altre isbe, stalle, ma non ci fermiamo. A ovest, da qualche parte troveremo l'ultimo ostacolo, superato il quale il gioco è fatto. Qualcuno si ricorda che oggi è Natale. Non bisogna pensare a queste cose tenere. Vai avanti legionario, e non indugiare con lo sguardo sulle baracche che trovi lungo il cammino. Ora l'orizzonte è sgombro, ed è lassù che devi guardare. A quell'altura che ci viene incontro via via che camminiamo. Superata quell'altura siamo in salvo. Forse. Sull'altura i tedeschi sono impegnati in combattimento per aprire il passo alla colonna. Lasciamoli fare, e fermiamoci, anche se solo per un momento. La bufera di neve è rimasta indietro, e un pallido sole fora il cielo tingendolo di azzurro. E ancora in cammino. Su con la vita, legionario; tirati su anche se ti par di avere sulle spalle una balla di carbone. Siamo sotto lo striscione dell'ultimo chilometro, e bisogna prender posizione per la volata. Ma non è facile come a dirsi. Anche durante il passaggio del colle, e lungo la discesa, il fuoco dei mortai russi batte la colonna. E per tutta la giornata è un'ansiosa ricerca di ripari, un alternarsi di marce e di soste, finchè a sera entriamo in Scheptuchowka, paese conquistato dai tedeschi nella mattinata.

È un ammasso fumigante di rovine. Un paese distrutto, per uomini distrutti. Di qui passa una linea ferroviaria, e sul piazzale antistante lo scalo è una calca enorme. "I treni non corrono, camerati. E Scheptuchowka non è l'ultima tappa. Ci son da fare altri quaranta chilometri". […] Ripiombiamo nella marea sconvolta, ritrovandovi tutti gli agguati e tutte le tentazioni. I tedeschi all'avanguardia combattono ancora, mentre la voce che il cammino sta per finire, corre con maggiore insistenza. Alle porte di un villaggio si verifica un altro episodio di ferocia. Un nostro gruppo isolato, che arranca per raggiungere all'abitato nella speranza di trovare asilo, è assalito da uno squadrone di cavalleggeri cosacchi, e accerchiato. Gli ufficiali e i sottufficiali vengono messi al muro e abbattuti. I soldati vengono incalzati dai cavalieri e dispersi nella steppa. Sarà uno del gruppo, sfuggito miracolosamente alla cattura, che racconterà l'episodio dopo essere riuscito a raggiungere la retroguardia della colonna. È uno dei tanti episodi disumani esplosi durante il trascorrere di questi giorni terribili. E per noi che teniamo l'anima coi denti, il fatto è scontato e nessuno se ne stupisce. È accaduto di peggio, e di peggio accadrà. L'importante è uscire da questa pista maledetta. Se è vero che siamo prossimi alla salvezza, tiriamo fuori dalle budella quel poco di energia che ci resta, e andiamo avanti, andiamo avanti… All'imbocco di una strada, due tedeschi stanno collocando una serie di cavalli di frisia. Lasciateci passare, cristiani. Veniamo dall'inferno e dobbiamo mangiare e riposarci. Lasciateci passare.

I tedeschi in testa alla colonna hanno il carriaggio ancora efficiente. Al rifornimento delle truppe provvedono gli aerei, e così i nostri alleati hanno sempre le munizioni, i viveri, e il carburante per gli automezzi. Per noi la situazione è diversa. Nessuno che ci rifornisce di niente; il carriaggio è ridotto al minimo, e il più degli automezzi è rimasto per la strada perché, senza carburante, i motori non girano. Ecco perché le nostre perdite, anche in fatto di materiale bellico, raggiungono cifre ingenti. […] Comunque il Natale è trascorso; noi siamo più morti che vivi, e oggi 26 dicembre facciamo il nostro ingresso a Tscherkowo. […] Durante questi primi giorni a Tscherkowo, si ha modo di rimetterci in pari con l'appetito; c'è da bere e da fumare, e si può anche dormire come sassi. Questo apparente ritorno alla calma, alimenta la speranza d'essere ormai usciti dall'accerchiamento, il che si dimostrerà falso. Nelle scuole del paese trovano ricovero i feriti e i congelati più gravi. L'edificio è vasto, ma sarà presto affolato. […] Tutti gli ufficiali medici accorrono, e ognuno porta con sé quel poco di cui dispone: i ferri chirurgici, qualche benda, aghi e seta da suture, disinfettanti. Poco di tutto, per le enormi necessità che si presentano. [...] Fra i medici accorsi è anche il tenente Organo, vicentino. Sa che in una delle aule della scuola è il capomanipolo Guerriero Battistini, e va a trovarlo. Lo conforta; gli presta le cure che il caso e la scarsezza dei mezzi gli consentono, e nelle sue mani è tutta l'ansia e il desiderio di salvare la vita ad un amico. Battistini avverte l'affettuoso impegno del medico, ed è certo che l'amico lo salverà. Poi arriva l'esplosione di un colpo anticarro, e Organo e Battistini muoiono insieme.

A Tscherkowo troviamo il capomanipolo Gleijeses, con un nucleo di cacciatori del notro Gruppo, costituito dal XXXV Corpo d'Armata per la lotta contro i partigiani. È sul posto fin dal 18, e da quel momento, lui e gli uomini del reparto si sono prodigati senza risparmio, per tener lontani i russi. Altre truppe italiane hanno validamente combattuto per mantenere il possesso del caposaldo, ostinatamente conteso dal nemico. [...] Il nucleo cacciatori, messo a disposizione di un reparto di truppe tedesche d'assalto, assume la difesa di una parte del settore a nord del paese. Su Tcherkowo, i russi si ripresentano scortati dai carri armati, e proprio nel settore difeso dagli uomini di Gleijeses. I legionari non aspettano di avere addosso le tanks, e vanno all'assalto di sorpresa, con una foga da sbalordire. Sta di fatto che i carri armati virano di bordo e si allontanano, con il loro codazzo di uomini. Ritirandosi, i russi lasciano sul terreno numerosi morti, ed un considerevole bottino in armi automatiche, subito impegnate dai difensori del settore. In data 29 dicembre, il Comando dell'A.R.M.I.R. ordina al Raggruppamento italiano agli ordini del generale Lerici, di provvedere alla difesa del caposaldo. Andiamo a rafforzare la posizione prima tenute dal nucleo cacciatori, e provvediamo a tutte le incombenze imposte dalle regole di una guerra di posizione: opere di fortificazione, scaglionamento delle armi automatiche ancora disponibili, impianto di reparti di formazione, turni di guardia e di lavoro. Nella giornata del 4 gennaio, si riprende a combattere, e per sette ore consecutive è un massacro reciproco. I russi hanno la peggio, ma non si danno per vinti. Retrocedono, si riorganizzano, e in nottata ritornano. Ma nemmeno questa volta hanno ragione. [...]

Il 15 gennaio giunge la notizia tanto temuta. Bisogna sbaraccare e riprendere il cammino, provvedendo prima ad aprire una breccia nelle masse avversarie che ci accerchiano. Ritorna in mente il drappo bianco con la croce rossa, che vedemmo pendere da un muro diroccato in Garbuschowski. Quando ce ne andammo, i molti infermi ammassati là furono lasciati al loro destino, e le grida, le suppliche, le imprecazioni di quegli sciagurati ci rintronano ancora nel cervello. Lo stesso succederà anche qui. Non abbiamo i mezzi per caricare i feriti e portarli con noi. [...]

I legionari della Tagliamento si sono affiancati ai tedeschi, per infrangere l'anello di ferro e di fuoco serratoci attorno dal nemico. La battaglia è furiosa. Si combatte anche all'arma bianca, con la disperata decisione di chi non vuole cedere. Questo scontro riassume tutte le violenza della guerra. I semoventi tedeschi battono sulla massa d'uomini, che avanza scortata dai carri armati; i morati e le artiglierie russe, picchiano su di noi. Nessuno retrocede. L'impegno è di resistere, costi quel che costi. Poi viene un momento in cui l'offesa da lontano non è più possibile. Gli avversari sono a contatto e ognuno deve vedersela da sé. [...] Anche a Tcherkowo si muore, camerati della Tagliamento. E si muore in bellezza, appunto perché sappiamo di morire e non ce ne frega un cavolo. Siamo disarmati, o quasi, ma siamo più forti. Più forti di tutti. I russi non reggono, indietreggiano, si ritirano. Il varco è aperto, e la colonna può riprendere il cammino. [...]

Usciremo dall'accerchiamento in serata, ma non sarà solo questione di metterci in colonna e marciare. I russi sono dappertutto, e da qualunque parte si'intenda andare, bisogna tagliare la siepe. La siepe fatta di carri armati, cannoni, mortai, e tanti uomini da non poterli contare. Alle ore 20 siamo ancora in movimento, dopo aver combattuto un nuovo ostacolo. Del nostro Gruppo, due battaglioni di camicie nere e uno di fanti delle Armi accompagnamento, sono rimasti diciannove ufficiali, otto sottufficiali, e centottantaquattro uomini di truppa. Lungo l'itinerario requisiamo alcune slitte, e vi adagiamo i feriti dell'ultimo scontro. Puntiamo su Belowosk marciando fuori strada attraverso la steppa. Ci dirigiamo a sud-ovest per un certo tratto, poi la colonna si incanala in altra direzione. Siamo contrabbandieri che trasportano merce preziosa: l'onore delle armi italiane. Per un paio di chilometri marciamo anche noi con i camerati del Montebello, col console Pianini. Poi li perdiamo di vista. Di lì a poco i russi si rifanno vivi. Come contrabbandieri si vale ben poco. Si sperava di eludere la vigilanza dei gendarmi, e siamo stati sorpresi. L'avanguardia, formata da reparti tedeschi e legionari del nucleo cacciatori, disperde gli assalitori, e la colonna passa. Passa per un po', e di nuovo il nemico ci è addosso. Per tutta la notte è un alternarsi di brevi marce e rabbiosi combattimenti. Marciare e combattere. Il fuoco nemico dirada ancora le nostre file, mentre procediamo affannosamente sulla neve, incalzati dalle formazioni russe d'assalto. Ma di dove viene tutto questo coraggio, tutta questa forza? Lo sa Dio. Anche per tutta la giornata del 16 gennaio, è la solita canzone. Un ennesimo attacco dei carri armati russi, viene neutralizzato dagli Stukas. Di rimando, l'aviazione nemica sorvola la colonna mitragliando, e i morti aumentano. Quando sembra che la marcia non abbia più fine, ecco che arriviamo a Streslowka. Qui, ci dicono, staremo tranquilli. E ora dateci una bracciata di paglia e un tetto, e lasciateci dormire. Dieci ore o dieci anni. Ci sveglierete quando i russi verranno a snidarci anche di qui. Ma ora lasciateci stare. C'è rimasto solo il cuore stretto in una morsa; l'anima nei calcagni, e gli occhi che non vedono più nulla. Per il resto potete buttarci nel bidone della spazzatura.
Lasciateci dormire.
Ora, conta solo questo.

Da: L. Lenzi 1968, Dal Dnjeper al Don. Storia della 63ª Legione CC.NN. Tagliamento nella campagna di Russia, Roma, pagg. 374-417.

APPENDICE 2

MESSAGGIO RIVOLTO DA MUSSOLINI AI REDUCI DELL'ARM.I.R. AL LORO RIENTRO IN ITALIA

Ufficiali, Sottufficiali, Graduati e Soldati dell'8a Armata!

Nella dura lotta sostenuta a fianco delle armate germaniche e alleate sul fronte russo, voi avete dato innumeri decisive prove della vostra tenacia e del vostro valore. Contro le forze preponderanti del nemico vi siete battuti fino al limite del possibile e avete consacrato col sangue le Bandiere delle vostre divisioni. Dalla Julia, che ha infranto per molti giorni le prime ondate dell'attacco bolscevico, alla Tridentina che, accerchiata, si è aperta un varco attraverso undici successivi combattimenti, alla Cuneense che ha tenuto duro sino all'ultimo secondo la tradizione degli Alpini d'Italia, tutte le divisioni meritano di essere poste all'ordine del giorno della Nazione. Così sino al sacrificio vi siete prodigati voi, combattenti della Ravenna, della Cosseria, della Pasubio, della Vicenza, della Sforzesca, della Celere, della Torino, la cui resistenza a Cerkovo è una pagina di gloria, e voi, Camicie Nere dei Raggruppamenti 23 Marzo e 3 Gennaio, che avete emulato i vostri camerati delle altre Unità. Privazioni, sofferenze, interminabili marce hanno sottoposto a prova eccezionale la vostra resistenza fisica e morale. Solo con un alto senso del dovere e con l'immagine onnipresente della Patria potevano essere superate. Non meno gravi sono state le perdite della battaglia contro il bolscevismo vi ha imposto, ma si trattava e si tratta di difendere contro la barbarie moscovita la millenaria Civiltà europea. Ufficiali, Sottufficiali, Graduati, Soldati! Voi avete indubbiamente sentito con quanta emozione e quanta incrollabile fede nella vittoria il popolo italiano ha seguito le fasi della gigantesca battaglia e come esso sia fiero di voi.

Saluto al RE!

MUSSOLINI

APPENDICE 3

DECORAZIONI AI REPARTI E MEDAGLIE D'ORO DELLA M.V.S.N. IN URSS, 1941-1943

Il numero di decorazioni, evidentemente inferiore a quello di altri reparti che pure meno si distinsero in combattimento, è dovuto al limitato periodo di tempo intercorso tra la campagna di Russia ed il 25 luglio 1943; con l'avvento della Repubblica italiana, poi, non vennero concesse decorazioni a reparti e membri della M.V.S.N. Va, infatti, ricordato come, il 21 agosto del 1945, sia stato promulgato un decreto legge luogotenenziale n. 535 concernente la revoca delle concessioni di Medaglie al Valore a favore degli appartenenti alla disciolta Milizia Volontaria Sicurezza Nazionale e sue specialità. Tale decreto (ancora in vigore) portava la firma del ministro guardasigilli, Palmiro Togliatti[1]. Questo spiega perché nell'elenco dei decorati di Medaglia d'Oro non compaiano ufficiali comandanti caduti sul campo, o non vi siano decorazioni per fatti d'armi quali la battaglia di Natale o gli scontri dell'agosto 1942, che pure valsero le decorazioni al Labaro della *Tagliamento*. È da notare infine come tutte le Medaglie d'Oro individuali siano state concesse alla memoria.

---

1   Tuttavia, malgrado tale decreto, che tra l'altro vieta ai decorati di indossare le relative medaglie e di ricevere il soprassoldo, le decorazioni al V.M. della M.V.S.N. compaiono nelle pubblicazioni ufficiali della Difesa e del Nastro Azzurro (per esempio ne *Le Medaglie d'Oro al Valor Militare*, I-III, Roma 1965-1973) e le motivazioni siano reperibili sul sito ufficiale della Presidenza della Repubblica (www.quirinale.it).

DECORAZIONI A REPARTI DELLA M.V.S.N. IN RUSSIA

MEDAGLIA D'ARGENTO AL VALOR MILITARE
AL LABARO DELLA 63ª LEGIONE D'ASSALTO
TAGLIAMENTO

Esponente di silenziosa abnegazione e di consapevole spirito di sacrificio, nella gelosa tutela di un alto dovere ideale, il suo Labaro ha visto ovunque, dal Nipro alla zona del Donez, il nemico piegare dinnanzi alla risolutezza delle sue fila robuste di fede ed agguerrite di capacità guerriera. Ovunque chiamata, a lato dei Fanti o a fianco di unità celeri, ha fieramente contribuito al successo delle nostre armi, con inesausto ardore di sentimento e generoso tributo di sangue che, in un'ora culminante, contro l'urto di orde fanatiche e di ferina barbarie, ha ragguagliato l'elevatezza dell'olocausto. Ridotta nel numero, ma integra negli animi, ha tutelato inviolabilmente un'importante posizione tattica avanzata, resa più ardua dagli eccezionali rigori dell'inverno e dell'aggressività che l'avversario vi dimostrava.

Fronte Russo (Nipro – Gorlowka – Krestowka – Nowo Orlowka – Malo Orlowka – Mikailowka – Woroscilowa) agosto 1941 – maggio 1942.

MEDAGLIA D'ORO AL VALOR MILITARE
AL LABARO DEL 63° GRUPPO BATTAGLIONI M D'ASSALTO
TAGLIAMENTO

Erede e continuatore di unità CC.NN. della quale, col nominativo, assumeva titoli preclari di reputazione e di valore, durante inseguimento di nemico agguerrito ed esperto, riaffermava tempra battagliera, sicura prestanza e saldezza militare. Dislocato in posizione fiancheggiante in settore di delicata importanza, al primo allarme, balzava compatto contro colonne bolsceviche, che tentavano di guadagnare terreno sulla destra del Don, e in cruenti duelli, ne frenava l'urto. Successivamente accerchiato in un caposaldo, vi resisteva intrepido per alcuni giorni, sopportando perdite gravi in morti e feriti. Mentre le munizioni stavano per esaurirsi, i superstiti si facevano largo tra i nemici, con bombe a mano: rompevano il blocco e raggiungevano con gli altri combattenti delle posizioni vicine con inalterato spirito offensivo e indomita volontà di riscossa.

Fronte Russo (Nikitino – Schterowa – Ansa del Don – Tschebotarevskij) luglio-agosto 1942.

MEDAGLIE D'ORO INDIVIDUALI
A MEMBRI DELLA M.V.S.N. IN RUSSIA

PAOLUCCI MARIO

Camicia Nera del LXXIX Battaglione Camicie Nere *M* d'assalto, 63° Gruppo Battaglioni CC.NN. *M* d'assalto *Tagliamento* (alla memoria).

Insofferente di attesa, pur essendo ufficiale in congedo, si arruolava come semplice gregario. Sempre volontario nelle azioni più rischiose, durante violento combattimento si lanciava all'assalto di munite posizioni a colpi di bombe a mano, esempio ed incitamento a tutti i compagni. Gravemente ferito al braccio destro non desisteva dall'azione continuando a combattere con leonino coraggio. Raggiunta la posizione avversaria e determinatosi un violento contrattacco, poiché scarseggiavano le munizioni, attraversava la zona battuta portando alcune cassette di rifornimento col solo braccio sinistro. Visto cadere il proprio ufficiale, mentre più furiosa si scatenava la reazione nemica, prontamente accorreva per portargli aiuto. Colpito da raffica di mitragliatrice che gli immobilizzava il braccio sinistro, raggiungeva carponi l'ufficiale ed afferratolo coi denti per il lembo della giubba, in un supremo sforzo riusciva a trascinarlo per brave tratto, finché, colpito a morte, consacrava sul campo di battaglia il suo indomito eroismo.

Schterowka, Fronte Russo – 17 luglio 1942.

VALLANI DIONISI FRANCESCO

Capomanipolo M.V.S.N., Corrispondente di guerra (alla memoria).

Volontario di guerra reduce dal fronte albanese ove già aveva date numerose prove di valore, veniva assegnato quale corrispondente di guerra presso le truppe operanti in Russia. Mentre si trovava nel settore di una divisione particolarmente impegnata[1], veniva informato che i reparti in linea avevano subito forti perdite in ufficiali ed offriva al comandante della divisione i propri servigi. Ottenuto il comando di una compagnia di fanteria[2], per alcuni giorni sosteneva con i suoi soldati dure lotte di fronte a preponderanti forze nemiche. Cadeva ferito da pallottola nemica allorché, in testa al reparto, lo portava al contrattacco. Fulgido esempio di valore italiano.

Fronte del Don, Russia, 13 – 16 Agosto 1942.

---

1   9ª Divisione leggera *Honvéd*, ungherese.
2   34a compagnia *honvéd*.

DI PASQUALE ETTORE

Centurione, VI Battaglione d'Assalto *M* autocarrato, Gruppo Battaglioni Camicie Nere *M* d'assalto *Montebello* (alla memoria).

Comandante di compagnia di grande capacità ed inesauribile entusiasmo, chiedeva ed otteneva di partecipare a difficile azione di guerra. Malgrado nutrito fuoco avversario e su terreno particolarmente difficile per l'attacco, portava decisamente la compagnia all'assalto dirigendone ogni movimento sotto il fuoco sempre più violento. Ferito, rifiutava ogni cura e non desistendo dall'azione di comando, manovrava personalmente il reparto di rincalzo, conducendolo fin sopra le posizioni nemiche e combattendo egli pure con l'arma bianca. Ferito una seconda ed una terza volta da bomba a mano, stoicamente continuava malgrado le gravi ferite, con spirito indomito, a guidare l'attacco facendosi sostenere. Con un ultimo supremo sforzo raggiungeva alla testa dei propri uomini, la posizione contesa sulla riva del Don, dove una quarta ferita ne stroncava l'eroica esistenza. Esempio mirabile di assoluta dedizione al dovere.

Fronte Russo, 12 dicembre 1942.

BIAGI ORESTE

Aiutante di battaglia, VI Battaglione d'Assalto *M* autocarrato, Gruppo Battaglioni Camicie Nere *M* d'assalto *Montebello* (alla memoria).

Aiutante di battaglia di preclare virtù militari, dette in più circostanze prove di sereno fulgido coraggio personale. Comandante di plotone da lui forgiato a strumento di particolare aggressività, in ardua contingenza di guerra portava il suo reparto all'attacco di munitissima postazione nemica. Dopo dura lotta, raccolti altri reparti rimasti senza ufficiali, rapidamente li riordinava, conducendoli personalmente all'attacco con foga trascinatrice ed imprimendo particolare mordente all'azione. Tre volte ferito, per tre volte ritornava sempre dopo sommarie medicazioni e malgrado le lacerazioni evidenti, dove più pericolosa era la lotta, entusiasmando gli affascinati dipendenti con l'esempio e l'incitamento. In uno sforzo supremo raggiungeva con pochi superstiti la difficile posizione conquistandola di slancio, trovando in quest'ultimo atto di grande indomito ardire fine gloriosa alla sua vita di combattente votato al sacrificio.

Arbusow, Fronte Russo – 23 dicembre 1942.

BATTISTINI GUERRIERO

Capomanipolo LXXIX Battaglione CC. NN. d'Assalto *M*, 63° Gruppo Battaglioni CC.NN. *M* d'assalto *Tagliamento* (alla memoria)

Durante un lungo aspro ciclo operativo invernale, si distingueva per spiccato sprezzo del pericolo. Facente parte di un caposaldo attaccato da preponderanti forze, concorreva alla tenace difesa con indomito coraggio. In successivo ripiegamento, benché sofferente per congelamento e pur essendo ferito, animava i difensori e li trascinava in audaci contrassalti per arginare l'incalzante aggressività avversaria. Accerchiato, a corto di munizioni, esausto per le minorate condizioni fisiche, persisteva nella lotta cruenta per aprirsi un varco nelle fila dell'agguerrito nemico, finché cadeva colpito mortalmente.

Fronte del Don, Russia – Tscherkowo, 15 dicembre 1942 – 5 gennaio 1943.

CREMISI AMEDEO

Capomanipolo, XII Battaglione d'assalto *M*, Gruppo Battaglioni Camicie Nere *M* d'assalto *Montebello* (alla memoria).

Ufficiale di altissime doti distintosi in precedenti azioni per sereno sprezzo del pericolo ed ardente entusiasmo. In difficile, aspra contingenza di guerra, malgrado le atroci sofferenze causategli da un congelamento di terzo grado agli arti inferiori, rifiutava sdegnosamente di allontanarsi dalla linea del fuoco. Durante un violento attacco nemico appoggiato da mezzi corazzati, benché ferito da scheggia di mortaio, alimentava con la parola e con l'esempio la strenua resistenza. In un momento tragico, raccolti i pochi superstiti, vinto con la sua indomabile volontà il dolore delle ferite, si scagliava al contrassalto. Nuovamente ferito e grondante sangue, trovava ancora la forza di gettarsi contro il nemico manovrando a clava il moschetto, finché cadeva colpito da una raffica di mitragliatrice. Fulgido esempio di indomito ardimento e di suprema dedizione al dovere.

Russia, 9 gennaio 1943.

APPENDICE 4

LE CANZONI DEI BATTAGLIONI M IN RUSSIA

Riportiamo qui alcuni degli inni cantati dalle Camicie Nere in Russia. Il primo è l'inno ufficiale dei Battaglioni *M*, probabilmente il più bell'inno italiano della seconda guerra mondiale, nato all'indomani della campagna di Grecia, così come in Grecia nacque l'inno del Raggruppamento *Galbiati*, adattato poi dal Gruppo *23 Marzo* in Russia con nuove strofe – il Gruppo includeva i Battaglioni *M* del vecchio Raggruppamento *Galbiati*, e, dopo l'otto settembre 1943 dalla Legione *Tagliamento* della R.S.I. (ciò che porta ad attribuire impropriamente al canto il titolo di "*Inno della Legione* Tagliamento"). Il vero inno della 63ª Legione era invece il *canto della 63ª Legione* Tagliamento (*Sessantatré!*) cantato dalle Camicie Nere friulane già nell'anteguerra. In Russia, probabilmente nell'inverno del 1942 nacque invece l'inno del LXXIX Battaglione CC.NN. della *Tagliamento*. Alle *Cantate dei Legionari* della Guerra d'Etiopia si ispirava invece, per le strofe, *Vecchia Pelle*, inno del *Gruppo* Montebello. Infine alcune strofe di *Mamma non piangere*, canto degli Arditi della Prima Guerra Mondiale popolarissimo tra le camicie Nere, adattate durante la campagna di Russia.

BATTAGLIONI M

(musica di Francesco Pellegrino – parole di Mauro D'Alba)

Battaglioni del DUCE, battaglioni

Della morte creati per la vita,

a primavera s'apre la partita,

i continenti fanno fiamme e fior!

Per vincere ci vogliono i leoni

Di Mussolini, armati di valor!

Battaglioni della morte,

battaglioni della vita,

ricomincia la partita,

senza l'odio non c'è amor!

Emme rossa, uguale sorte,

fiocco nero alla squadrista,

noi la morte l'abbiam vista

tra due bombe e in bocca un fior!

Contro l'odio c'è il sangue e fa la storia,

contro i ghetti profumano i giardini,

sul mondo batte il cuor di Mussolini,

a Marizai[1] il buon seme germogliò!

Nel clima di battaglia e di vittoria

La Fiamma nera a ottobre divampò!

---

1   *Sic* per Maritzait, il fiume dell'Albania presso il quale nel 1941 le CC.NN. di Galbiati e le truppe di Messe annientarono la divisione scelta *Kritai* (*Creta*), arrestando l'avanzata greca.

Contro Giuda, contro l'oro

Sarà il sangue a far la storia!

Ti daremo la vittoria, DUCE,

o l'ultimo respir!

Battaglioni del lavoro,

battaglioni della fede,

vince sempre chi più crede,

chi più a lungo sa patir!

INNO DELLA 63ª LEGIONE CC.NN. TAGLIAMENTO

Sessantatré! Sessantatré!
Legione squadrista che sprezza la vita,
legione d'arditi che sfidan la morte,
più vigile e pronta, più fiera e più ardita
fra l'altre Legioni tu sei la più forte.

Tu presso i confini dell'Itala terra
La Fede rinsaldi guardando lontano
Tu vivi soltanto d'un sogno di guerra,
tu sogni rifatto l'Impero Romano!

Tagliamento! Tagliamento!

Quando passa la Legione
Sale al vento una canzone
D'ardimento e fedeltà.

Tagliamento! Tagliamento!
Siam tremila ed un sol cuore,
una fede e un sentimento,
Tagliamento, eja alalà!

Sessantatré! Sessantatré!
Da Roma, l'Eterna, risplende una luce
Che infiamma e ritempra nel core la Fede,

a Roma tu guardi, aspettando che il DUCE

ti additi la meta che gloria concede.

Al cielo i tuoi canti solleva, o Legione!

Non canti la gloria ma canti l'ardore:

la Fede che nutri ha una bella canzone

che l'anima detta e riecheggia nel core.

Tagliamento! Tagliamento!

Quando passa la Legione

Sale al vento una canzone

D'ardimento e fedeltà.

Tagliamento! Tagliamento!

Siam tremila ed un sol cuore,

una fede e un sentimento,

Tagliamento, eja alalà!

INNO DEL LXXIX BATTAGLIONE CC.NN. M

(musica di G. Prati, parole di A. Bellini)

Falange invitta

d'una Fede e d'un cor,

fedele scolta

del patrio onor,

tu passi, e il popolo

ritrova in Te

la fiamma di sua fe'.

La russa pianura gelida

Sentì la tua maschia forza,

le barbare torme vinse

il fiero tuo valor!

Sul Nipro ed oltre

l'ali fulve serrò

E rostro e artigli

fiera avventò;

poi assurse, per te,

l'aquila al sol

con rapido vol.

Tua Fiamma è promessa:

si vince o si muor!

VECCHIA PELLE

(inno del Gruppo Battaglioni CC.NN. *M Montebello*)

Ci siamo fatti ormai la pelle dura,

su tutti i fronti, sotto ignoti cieli,

son già fioriti tante volte i meli

e il Legionario è ancora a guerreggiar!

Ci siamo fatta la pellaccia dura

Coi bolscevichi e i giuda d'oltremar!

Vecchia pelle, cieli ignoti

Fiamme Nere dappertutto,

nascerà da tanto lutto una nuova umanità!

Per i figli, pei nipoti

Ci battiam su tutti i fronti

Solo agli ultimi orizzonti

La vittoria in armi sta.

Da un continente all'altro detta Roma

L'eterna legge dell'antica razza

Col mitra col pugnale e la ramazza

L'Ordine nuovo noi vogliamo dar!

Ce ne fregammo un dì della galera,

ce ne freghiamo adesso di cantar!

Legionario tieni duro

Che il tallone è quel degli avi

Quando il mondo dominavi

Con romanica virtù.

Metteremo Giuda al muro,

con il DUCE in testa a noi

diventiamo tutti eroi

e la morte a tu per tu!

INNO DEL RAGGRUPPAMENTO CC.NN. M D'ASSALTO 23 MARZO

Per voi ragazze belle della via,

che avete il volto della primavera,

per voi che siete tutta poesia

e sorridete alla Camicia Nera,

per voi noi canteremo le canzoni

dei nostri vittoriosi battaglioni!

A noi camerati

Degli emme siam fregiati[2],

lerai!

Il Don ci ha battezzati,

a noi!

Precede il nostro Gruppo idealmente

La schiera degli Eroi del Paradiso,

se son chiamati al grido di *Presente!*

Noi rispondiam guardandoci nel viso:

in terra d'Albania quegli eroi

sono caduti ma son qui con noi!

A noi camerati

Degli emme siam fregiati,

lerai!

---

2   In origine *Del Gruppo di Galbiati*; una variante è: *degli emme decorati.*

Il Don ci ha battezzati,

a noi!

Partiti un dì da Roma madre antica

Per continuar la marcia redentrice,

andammo nella Russia bolscevica

portando in cor la Fede innovatrice.

Ci precedette un'epica Legione[3],

ci accolse il rombo cupo del cannone.

A noi camerati

Degli emme siam fregiati,

lerai!

Il Don ci ha battezzati,

a noi!

Poi venne il dì dell'algido squallore[4]

In riva al grande fiume dei cosacchi,

allor rifulse indomito il valore

che invermigliò la lotta negli attacchi:

la nostra *M* ormai dal tempo stinta

col sangue degli Eroi venne ritinta!

---

3   La *Tagliamento*.
4   L'offensiva sovietica del 1942 (operazione *Piccolo Saturno*), dagli italiani chiamata Seconda battaglia difensiva del Don.

A noi camerati

Degli emme siam fregiati,

lerai!

Il Don ci ha battezzati,

a noi!

Verranno l'armi poi ringuainate,

a quando a Roma noi ritorneremo

le nostre insegne tutte insanguinate

innanzi al nostri DUCE inchineremo:

su di esse inciso v'è come nel quarzo

tutto il valor della *23 Marzo*!

A noi camerati

Degli emme siam fregiati,

lerai!

Il Don ci ha battezzati,

a noi!

E quando alfine a Roma sfileremo,

innanzi al nostri DUCE vincitore,

a tutti gli italiani mostreremo

che vince sol chi Fede porta in cuore

chi crede sa combattere e ubbidire,

e per il DUCE è pronto anche a morire!

MAMMA NON PIANGERE SE VADO IN RUSSIA

Mamma non piangere
se vado in Russia
Vado a trovar
quel porco di Stalin,
E se lo trovo in camicia rossa
Tutto di nero lo farò vestir!

L'ardito e bello, l'ardito è forte,
ama le donne, beve il buon vin
con la camicia color di morte
trema il cosacco quand'è vicin!

CORRISPONDENZA TRA I GRADI DELLA M.V.S.N. E QUELLI DEL R.E.I.

Milizia Volontaria Sicurezza Nazionale	Regio Esercito
Primo Caporale d'Onore[1]	Primo Maresciallo dell'Impero[2]
Comandante Generale	Generale di Corpo d'Armata
Luogotenente Generale	Generale di Divisione
Console Generale	Generale di Brigata
Console	Colonnello
Primo Seniore[3]	Tenente Colonnello
Seniore	Maggiore
Centurione	Capitano
Capomanipolo	Tenente
Sottocapo manipolo	Sottotenente
Primo Aiutante	Maresciallo Maggiore
Aiutante Capo	Maresciallo Capo
Aiutante	Maresciallo Ordinario
Primo Caposquadra	Sergente Maggiore
Caposquadra	Sergente
Vicecaposquadra	Caporal Maggiore
Camicia Nera scelta	Caporale
Camicia Nera	Soldato

(Note)

1   Benito Mussolini. Il grado di Caporale d'Onore, puramente onorifico, non è stato incluso, non avendo corrispondenza con i gradi dell'Esercito.
2   Vittorio Emanuele III e Benito Mussolini.
3   Nella Milizia Coloniale

NOTA BIBLIOGRAFICA

La mole delle pubblicazioni dedicate alla Campagna di Russia è immensa. Abbiamo perciò citato solo le opere che abbiamo consultato per la redazione del presente lavoro, senza alcuna pretesa di completezza. Sino ad oggi, l'unica opera monografica dedicata a quest'argomento è stata quella di Luis Lenzi, *Dal Dnjeper al Don. Storia della 63ª Legione CC.NN.* Tagliamento *nella campagna di Russia*, Roma 1968, un ottimo volume, anche se di taglio apologetico, dedicato esclusivamente alla 63ª Legione *Tagliamento*, cui si deve aggiungere senza dubbio il dettagliatissimo volume dei Consoli Lucas e De Vecchi, *Storia delle Unità Combattenti della MVSN*, Roma 1976, dedicato a tutti gli avvenimenti militari che videro impegnate le unità CC.NN. dal 1923 al 1943, e che dunque per forza di cose sorvola molti aspetti relativi alla campagna di Russia, pur costituendo ancor oggi una fonte preziosissima di notizie[5]. Invece il pur ottimo volume pubblicato dall'Ufficio Storico dello S.M.E. sulle Operazioni delle Unità italiane in Russia (Ufficio Storico dello Stato Maggiore dell'Esercito, *Le operazioni delle Unità italiane al Fronte russo*, IV edizione, Roma 2000) è, per quanto riguarda la Milizia, spesso impreciso nella nomenclatura dei grandi reparti (i Raggruppamenti sono definiti a volte raggruppamenti, a volte Gruppi ed a volte Divisioni!) e comunque descrive gli avvenimenti in modo più generale. Rimane tuttavia la fonte principale sull'attività dello C.S.I.R. e dell'ARM.I.R..

I diari e le relazioni delle unità combattenti della MVSN sul fronte russo, esclusi quelli del Gruppo Btgg. CC.NN. *M Montebello*, perduto probabilmente per eventi bellici, sono conservati negli Archivi dell'Ufficio Storico dello Stato Maggiore dell'Esercito.

---

5   Nella scarsissima bibliografia sulla Milizia sul fronte orientale è da ricordare anche il capitolo sulla Legione *Tagliamento* in J. Baudin (ed.), *Vita e morte del soldato italiano nella guerra senza fortuna*, IV, Ginevra 1973. Le uniche testimonianze dirette di cui siamo a conoscenza di CC.NN. in Russia sono quelle di Calamai 2002 e quelle pubblicate da Giulio Bedeschi in *Fronte russo c'ero anch'io*, 2, Milano 2005.

AA.VV. 1962, *Milizia Armata di Popolo*, Roma

AA.VV. 1988, *The Third Reich. Iron Fists*, New York

P. Abbot, N. Thomas 1982, *Germany's Eastern Front Allies*, Oxford

C. Ailsby 1994, *World War 2 German Medals and Political Awards*, Londra

C. Ailsby 1998, *SS: Hell on the Eastern Front*, Osceola

C. Amè 1954, *Guerra segreta in Italia 1940-1943*, Roma

M. Axworthy, C. Scafes, C. Craciuniou 1995, *Third Axis, Fourth Ally. The Rumenian Army of World War II*, Londra

C. Barret (cur.) 1989, *Hitler's Generals* Londra (tr. it. Milano 1991)

O. Bartov 1985, *Eastern Front 1941-45. German Troops and the Barbarisation of Warfare*, Londra

J. Baudin (ed.) 1973, *La Legione* Tagliamento, in *Vita e morte del soldato italiano nella guerra senza fortuna*, IV, Ginevra

G. Bedeschi 1980, *Gli italiani nella Campagna di Russia del 1941 al 1943*, in C. de Laugier, G. Bedeschi, *Gli italiani in Russia. 1812. 1941-1943*, Milano

G. Bedeschi 2005, *Fronte russo c'ero anch'io*, 2, Milano

A. Beevor 1998, *Stalingrad*, Londra (tr. it. Milano 2000)

G. Berto 1985, *Guerra in camicia nera*, Venezia

O. Bovio 1999, *In alto la bandiera. Storia del Regio Esercito*, Foggia

G. Bucciante 1987, *I generali della dittatura*, Milano

P. Calamai 2002, in P. Calamai, N. Pancaldi, M. Fusco, *Marò della X^a Flottiglia MAS*, Bologna

P. Carrell (P. Schmidt) 1963, *Unternehmen Barbarossa. Der Marsch nach Russland*, Francoforte – Berlino (tr. it. Milano 2000)

P. Carrell (P. Schmidt) 1966, *Verbrannte Erde*, Francoforte – Berlino (tr.it. Milano 2000)

E. Cataldi 1990, *Storia dei Granatieri di Sardegna*, II ed. Roma

U. Cavallero 1984, *Diario 1940-1943* (a cura di G. Bucciante), Roma,

G. Ciano 1990, *Diario 1937-1943* (a cura di R. De Felice), Milano

Com. Divisione *Sassari*, *Il LXIII battaglione* Sassari *della Legione* Tagliamento, s.a.i.

F. Conti 1986, *I prigionieri di guerra italiani 1940-1945*, Bologna

S. Corvaja 1982, *Mussolini nella tana del lupo*, Milano

F.W. Deakin 1962, *The Brutal Friendship. Mussolini, Hitler and the Fall of Italian Fascism*, Londra (tr. it. in 2 voll., Torino 1990)

R. De Felice 1981, *Mussolini il duce*. II *Lo Stato totalitario 1936- 1940*, Torino

R. De Felice 1990, *Mussolini l'alleato. 1. L'Italia in guerra 1940-43. 1. Dalla guerra "breve" alla guerra lunga*, Torino.

R. De Felice 1990b, *Mussolini l'alleato. 1. L'Italia in guerra 1940-43. 2. Crisi e agonia del regime*, Torino

D. Del Giudice 2003, "L'85° Battaglione Camicie Nere. Storia ed impiego dal 1937 al 1945", *Storia e battaglie* 22 (2003)

J. Fest, 1973, *Hitler. Eine Biographie*, Francoforte − Berlino, Vienna (tr. it. Milano 1974)

E. Galbiati 1942a, *La Milizia al vaglio della guerra*, Milano

E. Galbiati 1942b, *Battaglioni* M, Roma

E. Galbiati 1950, *Il 25 luglio e la MVSN*, Milano

V. P. Galitzki, 1993, *Il tragico Don. L'odissea dei prigionieri italiani nei documenti russi*, Varese

V. P. Galitzkij 2001, *"Il più efficace degli antidoti". La morte dei prigionieri italiani in Russia*, in S. Bertelli, F. Bigazzi (curr.), *P.C.I.: la storia dimenticata*, Milano

F. Gambetti 1974, *Gli anni che scottano*, Milano

A. Giovanditto 1977, *Panzer all'attacco. La guerra dei carri dalla Russia a Berlino*, Roma

D. Glantz, J. House 1995, *When Titans Clashed: How the Red Army Stopped Hitler*, Lawrence

J. Goldstein 2003, "*Stalingrad and the end of German Invincibility*", *Strategy and Tactics* 219 (2003)

J. Greene, A. Massignani 1994, *Rommel's North Africa Campaign,* New York (tr. it. Milano 1996)

Gruppo Medaglie d'Oro al Valor Militare 1965-1973, *Le Medaglie d'Oro al Valor Militare*, I-III, Roma

H. Heiber, D.M. Glantz (edd.) 1962, *Hitlers Lagebesprechungen. Die Protokollfragmenten seiner militärischen Konferenzen 1942-1945*, Monaco (tr. ingl. Londra 2002)

D. Irving 1989, *Hitler's War*, Londra (tr. it. Roma 2001)

S. Jowett 2000, *The Italian Army 1940- 1945 [1] Europe 1940- 43*, Oxford

L. Lami 1970, *Isbushenkij l'ultima carica*, Milano.

B. Liddel Hart 1956, *The Other Side of the Hill. The German Generals talk*, Londra (tr. it. Milano 1979)

L. Lenzi 1968, *Dal Dnjeper al Don. Storia della 63ª Legione CC.NN. Tagliamento nella campagna di Russia*, Roma

D. Littlejohn 1987, *Foreign volunteers of the Third Reich*, San Jose

L. E. Longo 1991, *I "Reparti speciali" italiani nella Seconda Guerra Mondiale 1940-1943*, Milano

E. Lucas, G. De Vecchi 1976, *Storia delle unità combattenti della M.V.S.N.*, Roma

J. Lucas 1992, *Hitler's Mountain Troops*, Londra (tr. it. Milano 1997)

K. Macksey 1996, *Why the Germans Lose at War. The Myth of German Military Superiority*, Londra

D. Mack Smith 1976, *Le guerre del Duce*, tr. it. Roma-Bari

A. Massignani 1991, *Alpini e Tedeschi sul Don*, Valdagno

G. Massimello, G. Apostolo 2000, *Italian Aces of World War II*, Oxford

C. Mazzantini 1986, *A cercar la bella morte*, Milano

C. Mazzantini 1995, *I balilla andarono a Salò*, Venezia

C. Merridale 2006, *Ivan's War. The Red Army 1939-45*, Londra

S. Merrit Miner 2006, *Stalin's Holy War. Religion, Nationalism and Alliance Politics, 1941-1945*, Raleigh

G. Messe 1963, *La guerra al fronte russo. Il Corpo di Spedizione Italiano in Russia (C.S.I.R.)*, V ed., Milano

A Mollo 1981, *The Armed Forces of World War II*, Londra (tr. it. Novara 1982)

P. Puntoni, *Parla Vittorio Emanuele III*, Bologna 1983

F. Paulus 1960, *Ich stehe hier auf Befiel!*, Francoforte (tr. it. Milano 1968)

G. Pini, D. Susmel 1973, *Mussolini l'uomo e l'opera, IV, Dall'Impero alla Repubblica (1938-1945)*, IV ed. Firenze

L. Poggiali 2004, "La Croazia come fede (3ª parte)", *Storia e battaglie*, 36

A. Ricchezza 1972, *Storia illustrata di tutta la Campagna di Russia*, Milano

O. Ricchi, L. Striuli 2007, *Fronte Russo. C.S.I.R. Operations 1941-1942*, Virginia Beach

E. von Rintelen 1947, *Mussolini l'alleato*, Roma

P. Romeo di Colloredo 2008, *Passo Uarieu. Le Termopili delle Camicie Nere in Etiopia*, Genova

G. Rosignoli 1995, *M.V.S.N.. Storia, organizzazione, uniformi e distintivi*, Parma

A. Rosselli 2002, "Le forze romene a Stalingrado", *Storia e Battaglie* 19 (2002)

B. Rovighi, F. Stefani 1992, *La partecipazione Italiana alla guerra civile spagnola (1936- 1939)*, I, Roma

B. Shepherd 2006, *War in the Wild East. The German Army and Soviet Partisans*, Harvard

N. Thomas 1993, *Partisan Warfare 1941-45*, Oxford

C. Tomaselli 1943, *Battaglia sul Don*, Milano – Roma

Ufficio Storico dello Stato Maggiore dell'Esercito 1946, *L'8a Armata italiana nella Seconda battaglia difensiva del Don (11 gennaio 1942-31 gennaio 1943)*, Roma

Ufficio Storico dello Stato Maggiore dell'Esercito 1948, *Le operazioni del C.S.I.R. e dell'Armir dal giugno 1941 all'ottobre 1942*, Roma

Ufficio Storico dello Stato Maggiore dell'Esercito 2000, *Le operazioni delle Unità italiane al Fronte russo*, IV ed., Roma

F. Valori 1967, *Gli italiani in Russia. La Campagna del C.S.I.R. e dell'ARMIR*, Milano

B. Vandano 1964, *I disperati del Don. La battaglia del Don 1942- 1943*, Milano

A. Werth 1964, *Russia at War 1941-45*, New York

J. Wieder 1962, *Stalingrad und die Verantwortung des Soldaten*, Monaco (tr.it. Milano 1967)

G. Williamson 2004, *The Waffen SS (2) 6. to 10. Divisions*, Oxford

J. Whittam 1977, *The Politics of the Italian Army*, Londra (tr. it. Milano 1979)

R. Zizzo 1996, *1942-1943. La tragedia dell'ARM.I.R. nella Campagna di Russia*, Campobasso

INDICE

PREMESSA 5

LE ORIGINI DELLA MVSN 7

LA GUERRA D'ETIOPIA 8

LA GUERRA DI SPAGNA 10

ESPANSIONE E DISFATTA 13

IL FRONTE GRECO 16

LE OPERAZIONI DEL CSIR 21

L'ARMATA ITALIANA IN RUSSIA 23

LE UNITA' DELLA MVSN SUL FRONTE ORIENTALE 29

LA LEGIONE D'ASSALTO CCNN TAGLIAMENTO 32

IL GRUPPO CCNN D'ASSALTO MONTEBELLO 60

IL RAGGRUPPAMENTO CCNN D'ASSALTO 23 MARZO 73

LA LEGIONE CROATA 85

LA MVSN STRADALE SUL FRONTE ORIENTALE 87

APPENDICE FOTOGRAFICA 89

APPENDICI 160

NOTA BIBLIOGRAFICA 189

www.ingramcontent.com/pod-product-compliance
Lightning Source LLC
LaVergne TN
LVHW081541070526
838199LV00057B/3742